Egypt 埃及

no.81

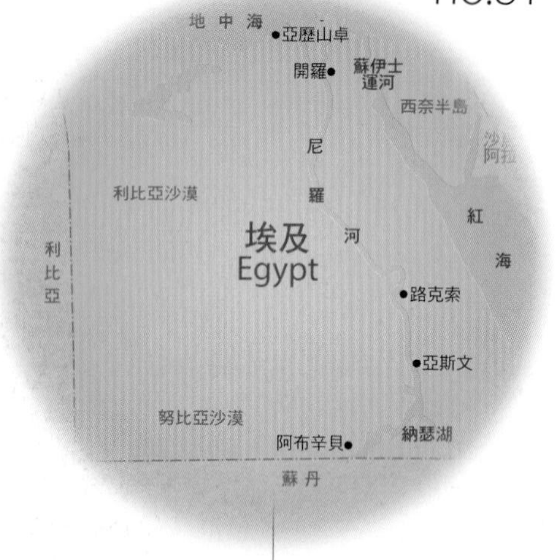

地中海
●亞歷山卓
開羅●
蘇伊士
運河
西奈半島
沙烏
阿拉

尼
羅
河

利比亞沙漠

紅
海

利
比
亞

埃及
Egypt

●路克索

●亞斯文

努比亞沙漠

阿布辛貝●

納瑟湖

蘇丹

MOOK NEWAction

埃及 Egypt

©彭浩誠

本書所提供的各項可能變動性資訊，如交通、時間、價格、地址、電話或網址，係以2023年12月前所收集的為準；但此類訊息經常異動，正確內容請以當地即時標示的資訊為主。
如果你在旅行中發現資訊已更動，或是有任何內文或地圖需要修正的地方，歡迎隨時指正和批評。你可以透過下列方式告訴我們：
寫信：台北市104中山區民生東路二段141號9樓MOOK編輯部收
傳真：02-25007796
E-mail：mook_service@hmg.com.tw

符號說明

- ☎ 電話
- ⓕ 傳真
- ⓐ 地址
- ⓣ 時間
- ⓗ 休日
- ⓢ 價格
- ⓦ 網址
- ⓔ 電子信箱
- ⓘ 注意事項
- ⓢ 特色
- ⏱ 所需時間
- ⤴ 距離
- ⤵ 如何前往
- ⓜ 市區交通
- ⓘ 旅遊諮詢
- ⓗ 住宿
- f Facebook
- ⓘ Instagram
- ⓛ Line

歡迎來到埃及

埃及為世界四大古文明發源地之一，在將近五千年的歷史中，歷經多神信仰的古埃及，希臘羅馬時期的基督教、阿拉伯統治下的伊斯蘭教信仰，先後遭波斯人、南方的努比亞人，甚至法國和英國人的統治，因而孕育出多元而繽紛的文化。其中，最神秘的當屬古埃及王國，包括象形文字、金字塔、獅身人面像、神廟……數不盡的謎題，至今仍令考古學家瘋狂、令遊客心儀不已。

尼羅河沿岸的開羅、路克索及亞斯文，處處綻放著古埃及輝煌歷史。

首都開羅是一座清真寺之城，而開羅南邊坐落

著吉薩金字塔群，幾千年來吸引遊人前來探訪古
文明的神秘色彩。

　　路克索古稱「底比斯」，這座古都留給後世無
價的珍貴遺產，一座座神殿、陵墓建立於此，今
日仍可一窺昔日繁華。

　　亞斯文有濃厚的努比亞風情，這裡有尼羅河最

美麗的河段，周邊的阿布辛貝神殿更是焦點。

　　此外，受亞歷山大大帝欽點的亞歷山卓，如今
是地中海沿岸最知名的濱海度假勝地；而傳說中
摩西獲頒十誠的西奈山所在的西奈半島，如今則
是紅海一帶最熱門的潛水地點，也增添了埃及更
多樣的觀光魅力。

地中海
ranean Sea

約旦河西岸

安曼Amman

巴提姆Baltim
丹米艾塔Damietta

加薩Gaza

死海Dead Sea

亞歷山卓
Alexandria

羅塞塔Rosetta

塞德港Port Said

Rafah

以色列
Israel

約旦Jordan

El Alamein

阿布米納
Abu Mena

達曼胡爾
Damanhur

坦塔Tanta

Mansura

蘇伊士運河Suez Canal

伊斯美利亞Ismailla

吉薩Giza

開羅Cairo

大比特湖
Great Bitter Lake

及
ypt

沙卡拉Saqqara
達蘇爾Dahshur

曼菲斯Memphis

蘇伊士Suez

陶非格港Port Taufig

塔巴Taba
艾拉特Eilat

貝尼蘇Beni Suef

札法拉納
Zafarana

西奈半島
Sinai Peninsula

努威巴Nuweiba

巴赫利雅綠洲
Bahariya Oasis

西奈山
Mt. Sinai

聖凱瑟琳修道院St.Catherine's Monastery

Bawiti

Minya

東部沙漠 Eastern Desert
(阿拉伯沙漠 Arabian Desert)

達哈布Dahab

阿卡巴灣
Gulf of Aqaba

沙烏地阿拉伯
Saudi Arabia

Qasr Al-Farafra

夫拉綠洲
ra Oasis

Deir Mawas

胡爾加達Hurghada

夏慕雪Sharm El-sheikh

Asyut

索哈格Sohag

沙法加港Port Safaga

基納Qena

亞比多斯Abydos

登達拉Dendara

Al-Quseir

紅海 Red Sea

Mut

庫斯Qus

路克索Luxor

達克拉綠洲
DakhlaOasis

Al-Kharga

艾斯納Esna

Marsa Alam

卡加綠洲
Kharga Oasis

艾德芙Edfu

孔翁波Kom Ombo

Baris

亞斯文高壩
Aswan High Dam

亞斯文Aswan

柏雷尼西Berenice

納瑟湖 Lake Nasser

領地爭議區

阿布辛貝Abu Simbel

蘇丹 Sudan

領地爭議區

必去埃及理由

謎樣的古埃及神秘文明

古埃及文明從西元前3000年發展至西元前300年，留下了眾多難解的謎題，包括象形文字、金字塔，甚至眾神與諸王，總是令考古學家瘋狂，令遊客心生嚮往。

體驗絕無僅有的埃及風情

來到埃及，除了參觀、讚嘆古文明的遺跡，更要好好感受埃及風情。不論是穿梭於熱鬧的市集中；或乘著遊輪、三桅帆船巡遊尼羅河；或至咖啡館中感受埃及的日常；或走訪清真寺深入伊斯蘭文化，全都是屬於埃及的大探險！

象徵永恆的金字塔及陵墓

為了讓能得到來生，法老王用一生的時間建立陵寢，歷經漫長歲月的嘗試，古埃及最偉大的建築「金字塔」終於誕生。到了新王國時期，法老王不再興建金字塔，改於山谷尋找隱密的葬區，成就後世最偉大的考古發現。

穿梭於拔天挺立的神殿間

古埃及人深信世間一切都由神靈所創造及管轄，萬能的神祇掌控生命與死亡、豐饒與貧瘠、循序與紊亂，為了祈求諸神庇祐，古埃及人廣建神殿，敬奉「掌管」該地區的神祇，今日在尼羅河谷地中仍可看見獨具特色的神殿。

購物天堂大掃貨

埃及堪稱是一座購物天堂，從香料、香精、香水瓶、地毯、土耳其式長衫，到沙草紙畫、法老王雕像等古埃及風格紀念品，通通都令人愛不釋手，令人想全部掃貨帶回家！

融合多樣特色的美食料理

埃及的料理充滿了濃郁的北非風情及土耳其、阿拉伯色彩，使用食材包括農作物、海鮮、香料，簡易的料理手法千年未改，被戲稱為「活化石食物」，待遊客以舌尖親自感受。

旅行計畫
Plan Your Trip

Top Highlights of Egypt
埃及之最　文●墨刻編輯部　攝影●墨刻攝影組·彭浩誠

讚嘆神殿之美
The Impressive Temples

神殿既是神的住處，也是宇宙的象徵，埃及神殿建築為創造宇宙的中心點與神明居住之所，主建築外繞圍牆，其建築形式隨著朝代更迭而有所不同。

如同其他古文明帝國，古埃及人同樣深信世間的一切都是由神靈們所創造及管轄，萬能的神祇掌控生命與死亡、豐饒與貧瘠、循序與紊亂，為了祈求諸神庇祐，古埃及人廣建神殿，分別敬奉「掌管」該地區的神祇。

如今在尼羅河谷地中仍保有不少獨具特色的神殿，像是古埃及首都底比斯的兩個重要聖地：路克索神殿和卡納克神殿、全埃及保存最好的荷魯斯神殿、同時供奉鱷魚神和鷹神的孔翁波神殿，以及拉美西斯二世興建的阿布辛貝神殿等等，都是一探神殿精髓的好去處。

最佳神殿 The Best Temple	路克索神殿／路克索 Luxor Temple／ Luxor (P.129)	卡納克神殿／路克索 Temples of Karnak／ Luxor (P.134)

沉浸亞斯文的努比亞情調
Nubian Villages in Aswan

努比亞是指從亞斯文的尼羅河畔直到南部的蘇丹喀土穆(Khartoum)地區，過去屬於庫什王國，當地居民擁有自己獨特的文化、建築、語言。

1960年代，為了徹底整建尼羅河，納瑟政府著手興建高壩，使努比亞人被迫遷居到亞斯文和蘇丹南部，昔日家園及無數文物淹入水庫之中。如今，努比亞人散居在納瑟湖畔、大象島及孔翁波，遊客除了可前往上述地點參觀努比亞村落，也能在亞斯文的努比亞博物館中，一探努比亞地區從史前時代到現代將近四千五百年的歷史、文化和藝術各方面的展現。

荷魯斯神殿／艾德芙	孔翁波神殿／孔翁波	阿布辛貝神殿／阿布辛貝
Temple of Horus／	Temple of Kom Ombo／	Temples of Abu Simbel／
Edfu (P.171)	Kom Ombo (P.174)	Abu Simbel (P.194)

© 彭浩誠

探索金字塔及陵墓
Explore Pyramids & Necropolises

　　金字塔是古埃及法老王的陵寢，根據古埃及的文獻，古埃及人相信為了讓法老王能登上天庭到達太陽神拉(Ra)那裡，必須建立一座建築物，而這座建築物的形狀，如同太陽光從雲間穿透時的形狀，也是國王升天時的景象。為了讓自己能得到來生，法老王用一生的時間建立一座死後的陵寢，歷經漫長歲月的錯誤嘗試之後，終於誕生了迄今世人仍無法理解的偉大建築。

　　最早期的金字塔是位於沙卡拉的階梯金字塔，然後是達蘇爾的彎曲金字塔、全世界最早的金字塔模型紅色金字塔，集大成的則是位於吉薩的古夫金字塔……而後到了新王國時期，法老王不再興建金字塔，而是在山谷間尋找隱密的葬區，也因此形成了多達數十座陵墓聚集的帝王谷。

最佳金字塔
The Best Pyramid

古夫金字塔／吉薩
Great Pyramid of Khufu／
Giza (P.111)

卡夫拉金字塔／吉薩
Pyramid of Khafra／
Giza (P.114)

走訪市集大掃貨
Wander in the Markets

想要一探埃及人的日常生活，便不能錯過當地的市集，香料、香水、莎草紙畫、地毯、銅製品、掛燈、金銀飾品、水煙、金字塔、填充駱駝、法老王雕像……成堆陳列在架上，讓埃及搖身一變為充滿異國風情的購物天堂。

埃及各大城小鎮都有市集，其中知名度最高、貨品最集中，當屬位於開羅市區的哈利利市場，串連起數條街道，組成一座令人眼花撩亂的迷宮，不僅滿足旅客的購物慾，更是考驗買家的殺價功力！

©彭浩誠

見證埃及博物館的考古寶藏
The Egyptian Museum

　　如同巴黎羅浮宮是藝術的麥加，埃及考古博物館有相同的地位。館內蒐藏品達十多萬件，幾乎涵蓋了古埃及各個時期的珍品，分成兩個樓層展示，其中，二樓的圖坦卡門蒐藏更是震驚全球，每天吸引眾多觀光客前來參觀。

　　建議大家，在進入博物館，展開一趟考古文物之旅前，不妨先研讀相關資料，或者先參觀過各大古蹟與神殿，對古埃及文化有初步認識之後，一定能入寶山豐收而歸！另外值得一提的是，考古博物館前的廣場有一個水池，栽種了代表上埃及的莎草與下埃及的蓮花。

最佳博物館
The Best Museum

埃及博物館／開羅
Egyptian Museum／
Cairo (P.62)

伊斯蘭藝術博物館／開羅
Museum of Islamic Art／
Cairo (P.86)

品味咖啡館風情
Taste Lifestyle
in Coffee Shop

埃及人最大的消遣，便是前往咖啡館消磨時光！

埃及的咖啡館不講究裝潢，但絕對注重氣氛，老舊的板凳、小桌和靠牆處一排排的水煙是一成不變的擺設，早在16世紀，咖啡(Ahwa)就傳入了埃及，最初是伊斯蘭教中的蘇菲派信徒作為提神修行用，直到今天，這種含渣味濃的土耳其式咖啡依然是最能振奮精神的飲品。在埃及咖啡館裡，沒人會計較咖啡是否道地，但水煙(Sheesha)絕不可馬虎，可説是咖啡館中的靈魂。

15

尼羅河巡遊：遊輪及三桅帆船
Cruising on the Nile

　　希臘哲學家希羅多德說：「埃及是尼羅河的獻禮」，古埃及人形容他們的土地像是一朵蓮花，尼羅河三角洲是盛開的花苞，埃及的文明發展自尼羅河兩邊的綠洲延伸，尼羅河給了埃及生命、文化與歷史。

　　尼羅河是世界上最長的河流，全長6,680公里，發源於中非，旅行了將近七千公里之後，由埃及北端匯入地中海。對埃及而言，尼羅河是運輸供需的命脈，而船更是航行的利器，早在5世紀時，王室就喜愛以裝飾富麗堂皇的大型三桅帆船航行其中，欣賞兩岸風光旖旎。

　　如今，仍可乘著三桅帆船航行於尼羅河中，不論是短程或長程航行，都深受遊客歡迎。另外，遊輪更成為遊客拜訪尼羅河谷地最盛行的旅遊方式，隨著遊輪的緩緩行駛，感受路克索和亞斯文間最悠閒的旅程。(尼羅河遊輪P.48、三桅帆船P.182)

最佳陵墓及靈殿
The Best Necropolis &
Mortuary Temple

帝王谷／路克索
Valley of Kings／Luxor (P.152)

皇后谷／路克索
Valley of Queens／Luxor
(P.154)

《聖經》舞台西奈半島
The Stage of the Bible : Sinai Peninsula

西奈半島面積不大，但夾嵌在亞、非兩塊大陸間，無可避免的成為不同宗教與民族鬥爭的戰區。

數千年前，法老王經此攻打迦南及敘利亞，而後，亞述、波斯、希臘、阿拉伯、土耳其也魚貫由此侵犯肥沃的尼羅河谷地，看盡世態炎涼的西奈半島，介紹詞卻通常只有一句「61,000平方公里荒無人煙」。

由於雨水稀少，不利耕作，加上酷熱及嚴寒交替的氣候，奠定了與世隔絕的印象，也維持了完整無暇的原貌。海拔2,285公尺的西奈山，據說是《聖經》中上帝頒《十誡》給摩西的地方，而西奈半島周邊更擁有首屈一指的珊瑚礁層，成為遊客進行水上活動的熱門地點。(P.212)

| 哈塞普蘇女王靈殿／路克索 Mortuary Temple of Hatshepsut／Luxor (P.155) | 拉美西斯二世靈殿／路克索 Mortuary Temple of Ramesses II／Luxor (P.158) | 拉美西斯三世靈殿／路克索 Mortuary Temple of Ramesses III／Luxor (P.160) |

深入開羅伊斯蘭區
Discover the Islamic Cairo

　　阿拉伯人在7世紀統治埃及之後，正式以開羅為首都，於是，伊斯蘭文化在開羅迅速地發展，其中，繁華的伊斯蘭區是觀光重鎮，集合了清真寺、阿拉伯市集，是伊斯蘭教文化的精華所在。

　　錯落於此區的清真寺多達八百餘座，令人嘆為觀止，已被列入聯合國教科文組織的遺產保護，也是開羅極富特色的地區。圓圓的寺頂與尖尖的喚拜塔形成伊斯蘭區特有的天際線，其中又以位於大城堡中的穆罕默德‧阿里清真寺最為醒目，其他像是哈金清真寺、阿茲哈清真寺、蘇丹哈山清真寺和伊本圖倫清真寺……也都寫下了伊斯蘭教統治埃及的歷史。

最佳清真寺
The Best Mosque

阿茲哈清真寺／開羅
Al-Azhar Mosque／
Cairo (P.84)

穆罕默德‧阿里清真寺／
開羅
Mosque of Mohammed Ali／
Cairo (P.92)

避暑勝地亞歷山卓
A Retreat from the Heat : Alexandra

　　瀕臨美麗地中海的亞歷山卓有著獨特氣質，與瀰漫著神秘色彩的古埃及截然不同，這座海港城市，憑恃優越的地理位置，自古以來，始終是歐洲與非洲接駁的橋樑。

　　兩千多年前，意氣風發的亞歷山大大帝欽點這處濱海的小漁村，作為連結埃及與馬其頓的國都。而後在托勒密的接手下，使亞歷山卓成為科學、哲學、文學的交流中心。如今這座被稱為「地中海的珍珠」的埃及第二大城，呈現的歐洲風情與中東地區大不相同，連保守的阿拉伯蒙面女子，到了亞歷山卓都變成精明幹練的現代容貌。(P.200)

蘇丹哈山清真寺／開羅
Mosque-Madrassa of Sultan Hassan／Cairo (P.94)

伊本・圖倫清真寺／開羅
Mosque of Ibn Tulun／Cairo (P.96)

安奎沙克清真寺(藍色清真寺)／開羅
Mosque of Aqsunqur (Blue Mosque)／Cairo (P.98)

埃及精選行程 Top Itineraries of Egypt

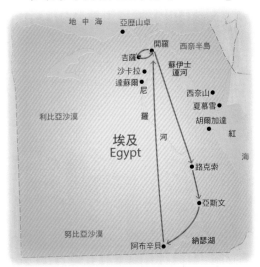

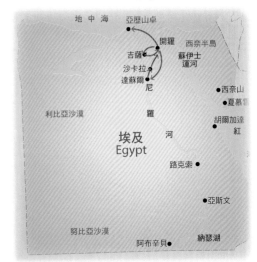

追尋古埃及之旅8天

●行程特色

　　這個行程是參觀古埃及遺跡的經典行程，首日到達開羅，可以先在市區參觀景點，接著乘臥鋪火車或搭乘飛機前往路克索。昔日古埃及首都底比斯就位於路克索，對神殿、陵墓、博物館有興趣的人，不妨在此停留幾天時間，好好參觀位於尼羅河東西兩岸的各大景點。

　　從路克索可以參加尼羅河遊輪行程，從路克索出發，沿途停留艾德芙的荷魯斯神殿、孔翁波的孔翁波神殿，也可看見艾斯納水閘周邊的特別景象。遊輪抵達亞斯文後，除了可以乘三桅帆船和一探努比亞村落之外，周邊的阿布辛貝神殿和費麗神殿更是一大焦點。旅程最後回到開羅，這時前往參觀吉薩金字塔區、埃及博物館，想必會有更加深刻的感受！

●行程內容

Day 1：開羅
Day 2：路克索
Day 3：路克索
Day 4：乘尼羅河遊輪造訪艾德芙、孔翁波
Day 5：亞斯文
Day 6：阿布辛貝
Day 7：開羅
Day 8：開羅、吉薩

開羅周邊及亞歷山卓6天

●行程特色

　　這個行程主攻開羅周邊及亞歷山卓，安排了充足時間細細品味開羅，盡覽開羅市中心、伊斯蘭區、科普特區等各區風格，推薦必遊景點包括埃及博物館、哈利利市集、大城堡及穆罕默德‧阿里清真寺等，當然不可錯過的還有吉薩金字塔區，這三座矗立於吉薩高原的金字塔是僅存的「世界七大奇景」。

　　此外，也可從開羅安排周邊一日遊，前往沙卡拉的階梯金字塔、達蘇爾的彎曲金字塔與紅色金字塔，見證金字塔的起源與演變。

　　行程最後前往亞歷山卓這處避暑勝地，一探希臘羅馬文化遺跡。

●行程內容

Day 1：開羅
Day 2：開羅
Day 3：開羅、吉薩
Day 4：達蘇爾、沙卡拉
Day 5：亞歷山卓
Day 6：亞歷山卓

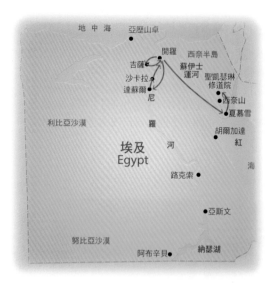

開羅及紅海周邊悠活度假6天

●行程特色

這個行程同樣以開羅及周邊為一大重點，可以盡覽開羅各區景點，造訪老城、清真寺、埃及博物館等，並安排前往吉薩金字塔區及達蘇爾、沙卡拉一日遊。

另一大重點便是前往位於西奈半島的夏慕雪，住進紅海旁的度假村盡情享受，並可參加多樣的水上活動，如果有興趣，還可以安排前往聖凱瑟琳修道院及西奈山，於此登頂觀日出是相當受歡迎的行程。

●行程內容

Day 1：開羅

Day 2：開羅、吉薩

Day 3：達蘇爾、沙卡拉

Day 4：夏慕雪

Day 5：夏慕雪

Day 6：聖凱瑟琳修道院

全面暢遊埃及15天

●行程特色

如果有充足的時間，不妨來趟全覽埃及的旅程！這趟旅程由開羅出發，於開羅停留約兩天後，接著前往亞斯文，在這裡乘三桅輕帆遊尼羅河、參觀努比亞村落。也可在亞斯文參加尼羅河遊輪之旅，參觀過亞斯文、阿布辛貝周邊景點後，遊輪啟程前往路克索，途中會參觀孔翁波神殿、荷魯斯神殿。抵達路克索後，可以多花點時間參觀尼羅河東、西兩岸的景點。

之後，由路克索乘車前往度假勝地胡爾加達，可參加水上及水底活動、乘四輪驅動車奔馳沙漠。接著返回開羅，至吉薩、沙卡拉、達蘇爾等地參觀，建議這時再前往吉薩金字塔區及埃及博物館，造訪過各大神殿、陵墓後，對古埃及文物可有更深的理解。行程最後幾天前往亞歷山卓，看看這處避暑勝地的歷史風華。

●行程內容

Day 1：開羅	Day 13：達蘇爾、沙卡拉
Day 2：開羅	Day 14：亞歷山卓
Day 3：亞斯文	Day 15：亞歷山卓
Day 4：亞斯文	
Day 5：阿布辛貝	
Day 6：乘遊輪造訪孔翁波、艾德芙	
Day 7：路克索	
Day 8：路克索	
Day 9：路克索	
Day 10：胡爾加達	
Day 11：胡爾加達	
Day 12：開羅、吉薩	

When to go
最佳旅行時刻 文●墨刻編輯部　攝影●墨刻攝影組

乾燥及炎熱是埃及氣候兩大特徵，北部地中海沿岸地區有明顯的四季之分，1月份氣候最冷，夜間氣溫可降至8℃，南部地區全年皆夏，7、8月份最熱，高溫可突破40℃。每年初春3月左右，西部沙漠定期颳起夾帶沙塵的暴風，風速可達每小時150公里，這段時間黃沙蔽日，防風沙成為當地居民及遊客共同關心的焦點。因為上述原因，氣候涼爽宜人的10月至翌年2月，成為最適合旅遊埃及的季節，可以準備秋、冬裝；3月起則可以穿著夏季衣物。不過由於日夜溫差較大，建議準備外套或披肩，同時也能防曬。

埃及**旅行日曆**

月	內容
1月	·1/7科普特聖誕節 ·於路克索舉行「埃及馬拉松」(Egyptian Marathon)，起點及終點為哈塞普蘇女王靈殿。
2月	·2/22阿布辛貝太陽節(Abu Simbel Sun Festival)，時間為2月和10月22日，當天太陽光會照進阿布辛貝大神殿的聖壇。2/22為拉美西斯二世登基紀念日。
3月	·3/21母親節
4月	·開齋節(Eid al-Fitr)，是穆斯林慶祝齋戒月結束的節日。日期依據伊斯蘭曆，2024年為4/10。 ·4/25西奈解放節(Sinai Liberation Day)
5月	·5/1勞動節 ·聞風節(Sham el-Nessim)是埃及的古老節日，全國放假慶祝春天到來，埃及人會至公園、河畔野餐。時間為科普特復活節後的週一，2024年為5/6。
6月	·宰牲節(Eid al-Adha)，是伊斯蘭教最重要的兩大節日之一。日期依據伊斯蘭曆(在麥加朝聖過後)，2024年為6/17。 ·6/30起義節
7月	·7/23革命紀念日(Revolution Day)
8月	·8/15「Wafaa Al-Nil」是古埃及流傳至今的節日，慶祝尼羅河氾濫帶來沃土。儘管高壩建成後，尼羅河不再氾濫，現在還是會舉辦音樂會、詩歌閱讀等活動。
9月	·9/11科普特新年(Coptic New Year) ·先知穆罕默德誕辰(Mawlid al-Nabi)，日期依據伊斯蘭曆。2024年為9/16。
10月	·10/6武裝部隊日(Armed Forces Day) ·10/22阿布辛貝太陽節，這天為拉美西斯二世生日 ·10月至11月於開羅舉行「市中心當代藝術節」(Downtown Contemporary Arts Festival)，每年舉行的日期會變動，請上網查詢。 ·10月至11月於開羅歌劇院(Cairo Opera House)舉辦阿拉伯音樂節(Arab Music Festival)，每年舉行的日期會變動，請上網查詢。
11月	·「開羅國際電影節」(Cairo International Film Festival)，是非洲最大的電影節之一。每年舉行的日期會變動，請上網查詢。

Best Taste in Egypt
埃及好味

文●墨刻編輯部　攝影●墨刻攝影組

埃及食物附帶濃郁的北非風情及土耳其、阿拉伯色彩，農作物、海鮮、香料源源不絕供作食材，
簡易的料理手法千年未改，博得「活化石食物」之喻，其中精妙滋味，靜待遊客親身體驗。
另外，埃及有濃郁的咖啡及香茶，最重要的是它展現跨越千年的氛圍，其奧妙可在老式咖啡館
及汩汩作響的水煙中尋得。

料理篇

麵包Pita

Pita就是麵包，以
埃及當地所產的玉
米、小麥為原料，
烘烤成蓬鬆鼓脹的形
狀，可填塞蠶豆泥、
煎豆餅或其他食材，也
可撕成小塊配著蘸醬吃。

蠶豆泥Full

將蠶豆浸泡一夜蒸熟後搗成糊狀，
淋灑橄欖油、檸檬汁，再以鹽、胡
椒、茴香調味，填入Pita麵包中就
完成了。蠶豆泥已有五百多年的歷
史，傳統方式是以柴火餘溫將豆子
燜上一晚，直到今日仍作為傳統早餐。

煎豆餅Ta'amiyya

煎豆餅的做法是將蠶豆搗成糊狀加入
香料，入鍋炸至焦黃，外層麵
衣鬆脆、裡層香軟，和沙
拉、芝麻醬(Tahini)填入
Pita麵包中就成了可口
三明治。蠶豆泥和煎豆
餅常有許多變化，如添
加蛋、蒜、洋蔥、奶、肉
末，還常作成沙威瑪。

鷹嘴豆泥Hummus

這是種散發中東風味的蘸醬，
製法是將鷹嘴豆煮熟輾成醬，添
加大蒜、檸檬汁、橄欖油、芝麻
醬調味即成。

醃菜Torshi

顏色鮮豔的醃菜是很棒
的開胃小菜，餐館經常隨
餐附贈。

芝麻醬Tahini

這就是大名鼎鼎以芝麻
子製成、稀釋的蘸醬。

茄子泥醬
Babaghanoug

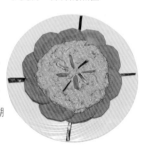

這種無刺激性的蘸醬富含
脂肪，製法是將茄子烘焙
出帶煙燻味，而後和芝麻
醬、大蒜、檸檬汁一起搗糊
而成。

烤肉Kabab・Kofta

Kabab和Kofta是最常見的烤肉，Kabab是將肉塊(通常
是羊肉)和洋蔥、蕃茄一起串著烤，Kofta是先將肉塊以
香料、洋蔥調味後再串著烤，講究點的會舖在西洋芹
上，配著麵包和沙
拉吃。

串燒Shish Kabab

在伊斯蘭教國度裡，羊肉是最普遍的食物，這種串燒就是將羊肉切成小塊厚片，和番茄、洋蔥一起燒烤的肉串，大塊燒烤更過癮。

通心粉拌飯 Kushari

飯、麵、黑扁豆、炸洋蔥、番茄醬混在一起就成了Kushari，吃時可依個人口味添加辣醬，也可請店家裝在塑膠袋中外帶。

埃及披薩Fiteer

埃及披薩有、甜鹹兩種口味，廚師將麵糰甩開攤平，甜的加葡萄乾、核果、細糖，鹹的放起司、橄欖、肉、蛋，放入鐵盤內烘烤即成。

沙威瑪Shwarma

主要有雞肉和牛肉兩種口味，肉片添加洋蔥、芥末就成了豐富的一餐。

乳鴿Hamam

鴿肉來源是飼養在三角洲區的乳鴿，由開羅往亞歷山卓的路上可見飼養鴿群的圓錐形鴿塔。料理方式可炭烤，可填入香料調味過的米烘焙，也可將鴿肉、洋蔥、番茄、米放入陶甕內燉煮。

湯 Shurbah

最普遍的是蔬菜湯，常會加些秋葵增加黏性，另外，扁豆湯也相當受歡迎。

沙拉Salad

番茄、生菜、小黃瓜、洋蔥、胡蘿蔔灑上鮮檸檬汁調味就成了沙拉，純粹呈現生蔬鮮味，在慣食肉類的國度，生食蔬菜是幫助消化的必要食物。

烤雞Firekh

烤雞在埃及是種相當常見的食物，選擇半雞、全雞都行。

Kunafa

Kunafa是普遍的甜點，做法是將放了奶油的平底鍋架在爐上，然後將麵糊放進漏杓篩出細絲條，在鐵鍋上加熱一下而成。糕餅店裡秤重計價，1/4公斤是基本消費量，一人吃綽綽有餘。

在埃及可以喝酒嗎？

埃及人大多信奉伊斯蘭教，根據教義不吃豬肉、不飲酒，因此，在埃及的一般商店是買不到酒的，如果想品嘗埃及在地啤酒，只能在餐廳、飯店或酒吧買到。

雞肉捲

鮮嫩的雞塊中，填塞了剁碎的蔬菜，吃起來香滑不膩。

牛肉盅‧魚肉盅

這兩種燉煮的食物口味不重，很合乎東方遊客的胃口。

千層酥 Baklava

Baklava屬土耳其式甜食，就是在薄麵餅上填加堅果、開心果、糖漿，放入大盤烘烤，內容豐富，通常是分成數塊切片販售。

咖啡館 • 咖啡Ahwa

埃及人標榜最懂得品味咖啡及水煙，這份自誇當之無愧，積存了上千年悠閒的生活態度，無怪乎能這麼心安理得的在咖啡館裡靜坐終日。

埃及的咖啡館不講究裝潢，但絕對注重氣氛，老舊的板凳、小桌和靠牆處一排排的水煙是一成不變的擺設，雖不常見漂亮的磁磚，典雅的掛飾，但濃郁的咖啡香絕不缺席，就像該現身的老主顧總是准時報到。

不管傳播媒體如何精進發達，咖啡館始終是埃及主要的「新聞發布中心」，聊是非、傳謠言是樂趣，也是使命，大家齊心散播，確保了閒言閒語源源不絕。

早在16世紀，咖啡(Ahwa)就傳入了埃及，最初是伊斯蘭教中的蘇菲派信徒作為提神修行用，直到今天，這種含渣味濃的土耳其式咖啡依然是最能振奮精神的飲品。

咖啡經常都加了些豆蔻，至於加糖比例請確切說明：Ahwa Saada是不加糖、Ahwa Mazbut是加一些糖、Ahwa Ziyada是要多加些糖。咖啡上桌請靜待粉渣沉澱再飲，莫心急，在埃及，「等待」是一門必要藝術。

在埃及連買礦泉水也要殺價！

在埃及街頭可見到背著容器賣飲料的小販，若為了避免水土不服，亦可選擇飲用罐裝水，罐裝水或飲料在路邊小販、雜貨店或超市都買得到。基本上，1公升礦泉水大約為E£7~10，現打果汁大約E£30~45。如果遇到老闆開價高得太離譜，千萬要記得殺價，別忘了埃及是個連買礦泉水也可以殺價的國家喔！

水煙Sheesha

在埃及咖啡館裡，沒人會計較咖啡是否道地，但水煙(Sheesha)絕不可馬虎。

水煙是咖啡館中的靈魂，高及腰部的尺寸陳列在最醒目的位置，氣勢驚人。客人上門點了水煙，店家便不慌不忙的準備煙草、炭火，最後將水煙拿到客人跟前，抽煙的濾嘴開在一側，客人一吸，煙氣透過底部玻璃瓶內的清水汩汩作響，一股甜味瀰漫開來。

埃及煙草多屬甜膩口味，講究的癮君子會自備煙草，Maasil是最受歡迎的口味，不過於濃烈，也太不膩人。

茶Shay

茶(Shay)和咖啡一樣屬舶來品，19世紀傳入埃及後即成為新寵。在這個氣候炎熱、慣常食肉的國度，茶適時發揮了消化情緒及腸胃的功效。添加大量甜糖和薄荷是百年不變的飲茶習慣，稱不上香醇，純屬特色而已。

果汁Asiir

果汁(Asiir)是最普及的飲料，老少咸宜，在這乾燥的國度，飲一杯清涼香甜、濃度百分百的鮮果汁最是暢快。

在街頭巷尾或市場中都可尋到果汁攤，口味繁多，包括香蕉(Moz)、芭樂(Guafa)、檸檬(Limoon)、芒果(Manga)、柳橙(Bortuaan)、石榴(Rumman)、草莓(Farawla)、甘蔗(Asab)等，任君選擇。

Best Buy in Egypt
埃及好買

文●墨刻編輯部　攝影●墨刻攝影組·彭浩誠

埃及堪稱購物天堂，香料、香水、莎草紙畫、肚皮舞孃服裝、土耳其式長衫、T恤、地毯、銅製品、掛燈、金銀飾品、莫斯基玻璃、棋盤、水煙、鑲嵌盒、雪花石膏、編籃、樂器、皮件、金字塔模型、駱駝玩偶、沙畫瓶、法老王雕像、陶器……成堆陳列在架上，令遊客人人行李超重，但滿心歡喜。埃及各大城小鎮都有市集，知名度最高、貨品最集中的，當屬開羅市中心的哈利利市場。

香料·藥草

丁香、肉桂、薑黃、辣椒、荳蔻、番紅花……幾乎能想到的香料、藥草，都能在各大城市的市集裡找到。除了烹煮，這些色彩鮮亮、香味濃郁的香料、藥草，還蘊含著增進精力、性感魅力的功效。

肚皮舞舞衣

撩人的比基尼加上叮噹作響的亮片綴飾，就是最誘人的肚皮舞舞衣。想成為眾人目光焦點的遊客可一試亮片胸罩、彩珠飾帶、透明面紗和單薄長裙，性感指數保證百分百。

T恤

棉花是埃及最大宗的農作物，以埃及棉製成的襯衫、T恤都具品質保障，價格略高。

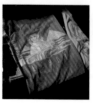

香水瓶

單對香水瓶感興趣的遊客不在少數，除了香水店的老闆隨貨附贈的樣式，市場上的貨色更是豐富，價格依瓶子尺寸及玻璃材質而定，婀娜的瓶身肯定令人愛不釋手，但別太衝動，記得考慮包裝的問題再下手。

香精

古埃及人迷戀芳香潔身，直到今日，埃及仍是供應法國香精的要地，這就是埃及境內充斥香水舖的主因。從香精、香水的分類到各種精油的保健療效，樣樣介紹得鉅細靡遺，當然，最重要的是說明香精每盎司的售價，香水的價格比香精平易近人，原則上，在這出產香精的大宗國度裡議價，怎麼算計都划算。

土耳其式長衫

寬鬆的罩衫獨具慵懶的中東風情，素面的、鑲飾邊的、棉質的、絲質的，都令人享有輕鬆的心情。

27

地毯・掛毯

　和土耳其相較，埃及雖不是大宗的織毯產地，但市場裡仍不乏地毯、掛毯，不論是穆斯林祈禱用的小墊毯，或貝督因人特有的駱駝毛飾毯都很獨特。

掛燈

　銅製的掛燈散發強烈的阿拉伯風情，直教人聯想起魔幻的「一千零一夜」。

©彭浩誠

樂器

　市面上常見的埃及傳統樂器包括多種琴、笛、鼓，造形優雅、精緻美麗。

莫斯基玻璃

　綠、藍、紅、棕等鮮明色彩構成莫斯基玻璃(Muski Glass)奇幻世界，形狀各異的杯、瓶、壺、罐讓人瞧得目不轉睛。產品確實獨特，不過，購入之前請留意這是令人費神的易碎品。

莎草紙畫

　莎草紙畫是遊客絕不會遺漏的紀念品，紙莎草曾一度面臨絕滅的危機，今日在莎草紙畫精品店裡，可見到店家殷勤的介紹傳統造紙過程，質優的莎草紙捲壓後不會變形破碎，精緻的圖案也全仰賴人工描繪，因而售價高達數百美金。市場街頭所販售的莎草紙畫混雜了他種植物的纖維，一經擠壓就破裂，圖案也是以機器大量複印，價格不高，送禮實惠。利用紙莎草製成的信紙、卡片、書籤，也是埃及特產的紀念品。

紙莎草的造紙過程Step by Step

原貌 ❶ 紙莎草植物的原貌

❷ 削去紙莎草外皮，把莖部切成薄片
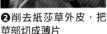

❸ 把莖片捶打成扁平狀

❹ 把莖片經緯交錯的鋪疊在布上

加壓 ❺ 一張紙的紙莎草片放在機器下，把交錯鋪疊成

❻ 一張貨真價實不怕揉壓的紙莎草紙就誕生了

❼ 以人工在紙上細細描繪圖形

❽ 旅客最愛的紙莎草畫，大功告成！

訂製古埃及象形文字紀念品

來到埃及，如果想訂製個人化的紀念品，金銀飾品或T恤都是不錯的選擇。遊客可以將自己的名字譯為古埃及象形文字，刻入飾品或印在T恤上，有些客製T恤除了可印姓名之外，還提供更多形式的圖案選擇。

在此提供古埃及象形文字的英文字母對應表給大家參考，購入紀念品前就可以先參考自己的名字會是哪幾個字母喔！(註：部分譯音有不同版本)

金銀飾品

在開羅哈利利市場的西端集中著數家金銀飾品店，首飾的樣式主要取材古埃及各種護身符，如荷魯斯之眼、聖甲蟲、安卡等，最受歡迎的，還是鑲嵌法老王名號的橢圓形飾品，遊客可將自己的名字譯為古埃及象形文字刻入。講究純度的顧客請注意驗證純度印記及最新的金飾牌價。

水煙壺・煙草

尺寸高大的水煙壺(Sheeha)抽起來架勢十足，售價依材質及做工而定，可分普通樣式水煙，或飾花漂亮、使用防熱玻璃的高級品，除了純擺飾外，若要實抽記得買齊濾嘴、煙草及放煙草的小陶甕等配備。一般的水煙煙草都屬甜膩口味，紙盒上會畫著芒果、薄荷、橘子、蘋果、檸檬等圖案，表示煙草浸漬在不同口味的糖汁中製成，可愛的包裝像賣糖果。

棋盤

下棋是埃及人在咖啡館殺時間的消遣之一，市場裡販售的棋盤多屬粗糙品，材質及作工差異很大，最佳的棋盤是以硬木製成，盤內圖案的設計細緻講究，要細心比對觀察。

鑲嵌盒

琳瑯滿目的鑲嵌盒具獨特的中東風情，選購時要注意接縫處及鑲嵌手工的精細，質優的鑲嵌盒採木料、珍珠母製成。

雪花石膏

雪花石膏是種特殊石材，主要產地在鄰近石料礦區的路克索，當地尼羅河西岸遍佈著雕刻店，瓶瓶罐罐堆在路邊，小心魚木混珠的石膏贗品不少。

銅製品

　鑴刻著伊斯蘭特有風格紋飾的銅鍋、銅盤、銅碟、銅壺，既具份量，也相當搶眼。質優的銅製品標榜的是世代相傳的手藝及年代，不要隨意聽信商家吹噓，所謂的百年古董很可能是數星期前才完成的贗品。

編籃

　大大小小的編籃是平實的手工藝品，主要的買主是當地民眾，有心搜購的遊客可在大市場外圍邊緣地帶或村鎮小市集尋獲，編籃樸實的手工及造型，頗具特色。

皮件

　市場裡可見到多種皮件製品，如背袋、皮包、皮夾、涼鞋、拖鞋等，都屬物美價廉。

念珠

　穆斯林使用的念珠色彩繽紛，分別採貝殼、珊瑚、石、駱駝骨、塑膠為材質製成，材質不同，價格差距也大。

到雜貨店、超市挖寶去！

　除了在市集掃貨之外，雜貨店或超市也是大家喜歡尋寶的地方，不管是印有阿拉伯文及金字塔圖案的飲料，或者是在地人推薦的巧克力蛋糕卷、牛角麵包巧克力卷、零食等，甚至是調味料包、茶包等，都令人想嘗鮮或買回家與親友分享，由於價錢通常不高，旅客都很樂於嘗試。

通俗紀念品

　具異國風情的小禮物，例如：金字塔、填充駱駝、沙畫瓶、神祇筆、神祇吸鐵、法老王小雕像、卡片、打火機、小型陶器或陶偶、法老王棺廓珠寶盒等。

埃及百科
Encyclopedia of Egypt

History of Egypt
埃及歷史

文●墨刻編輯部　　攝影●墨刻攝影組

埃及的歷史可上溯至西元前3000年，在將近五千年的歷史中，埃及歷經多神教的古埃及、希臘羅馬時期的基督教、阿拉伯統治下的伊斯蘭教信仰，曾遭波斯人、南方的努比亞人、法國拿破崙、英國軍隊入侵；悠久的國家常歷經兵戎戰亂的苦難，卻也因而孕育了多種繽紛的文化色彩。

曼尼多(Manethon)為西元前3世紀的祭司，他率先將埃及史劃分為31個王朝，分屬於4個時期，分別是古王國時期、中王國時期、新王國時期與後王朝時期，這也是目前所有的歷史學者採用的方式。

前王朝時期
約西元前3300年~3100年

散居在尼羅河谷的民眾逐漸聚居在下埃及(埃及北部)三角洲地區和上埃及(埃及南部)的希拉孔波利斯(Hierakonpolis)兩地，原始的城邦型態建立，進而形成威權核心並催生出領袖代表。

雖然納麥爾留下的色盤浮雕被視為是首位統一上下埃及的領導者，但嚴格的說，這段時期的統治者如蠍王(Scorpion)、納麥爾(Narmer)均屬傳說人物。

早期王朝時期
約西元前3100年~2658年

這段歷史可信度依然不高，曼尼斯(Menes)和阿哈(Aha)可能為同一人。依照傳說，曼尼斯創建了第1王朝，並在一塊新生地闢建了首都曼菲斯城。

這兩朝的統治者都出自堤斯(This)城鎮，此城鎮所在的確實位置尚未確認，由目前出土文物推斷極可能是位於上埃及的亞比多斯(Abydos)附近。

古王國時期
約西元前2658年~2150年

此時期開始建造大型石造建築及雕像，第三王朝左塞爾(Zoser/Djoser)的大祭司印何闐(Imhotep)率先在沙卡拉(Saqqara)創造出頂天立地的階梯金字塔，左塞爾王的坐姿雕像也是首尊法老王巨像。

開啟第4王朝的斯涅夫魯(Snefru)在達蘇爾(Dahshur)再造彎曲金字塔，最後催生出空前的紅色金字塔，這段「實驗」時期前後未超過六十年的時光。緊接著，古夫(Khufu/Cheops)、卡夫拉(Khafra/Khephren)和孟卡拉(Menkaura/Mycerinus)祖孫三代在吉薩高原上矗立起三座三角錐形金字塔。

第5王朝出現了膜拜太陽神的神殿，此階段建造的金字塔規模逐漸縮小，Unas王的金字塔內首度出現了「金字塔文」。到了第6王朝末期，法老王權勢削弱，各地貴族擴張權力、醞釀獨立，君主政體崩潰。

第一中間期
約西元前2150年~2100年

第一中間期由第7王朝延續至第11王朝初期，這段時期埃及南北分裂，各地貴族自立為王，戰爭頻仍，許多統治者無法確認。

到了後期，底比斯(Thebes)地區的因提夫(Intef)與

曼圖霍特普(Mentuhotep)兩大家族聯手擊潰了北方勢力取得統治權。

中王國時期

約西元前2100年~1750年

中王國時期，底比斯勢力崛起，阿蒙涅姆赫特一世(Amenemhat I)建立起第12王朝，領導政局回歸安定，大型建築及雕刻恢復興造，文學藝術發展蓬勃。

阿蒙涅姆赫特一世和薩努塞一世(Senwosert I)相繼在里希特(El-Lisht)建造金字塔；阿蒙涅姆赫特二世(Amenemhat II)則在達蘇爾建金字塔；薩努塞二世(Senwosert II)選在拉罕(El-Lahun)建金字塔；阿蒙涅姆赫特三世(Amenemhat III)則在哈瓦拉(Hawara)造金字塔。

隨著埃及國勢遠播，文化交流加速，埃及的雕刻、飾金技藝也更加精進。天下富庶，民眾也有能力安排鋪張的葬儀，冥神信仰更加普及。

第二中間期

約西元前1750年~1550年

第二中間期主要是希克索斯王朝(Hyksos)時期，「希克索斯」一詞源自Heka-Khasut，意為「異族統治者」，一般咸信希克索斯人來自敘利亞，他們駕著埃及人未曾見過的戰車入侵，奪取了下埃及的統治權，建都於北方三角洲的阿瓦利斯(Avaris)，法老王淪為無實權的虛位者。

第17王朝埃及政權在底比斯復興，大約在西元前1550年，亞摩斯(Amosis)崛起驅走強敵，並開創第18王朝，埃及自此開始振興武力衛國。

新王國時期

約西元前1550年~1076年

第18王朝開啟之初，外患仍不斷，圖特摩斯二世(Tuthmosis II)逝後，哈塞普蘇(Hatshepsut)奪取王位，自立為法老王，成為埃及史上赫赫有名的女王。

哈塞普蘇逝後，圖特摩斯三世(Tuthmosis III)奪回王位，毀去哈塞普蘇的雕像、浮雕洩恨。圖特摩斯三世加強戰備，並積極出征，使埃及的勢力擴及美索不達米亞平原、敘利亞、努比亞、利比亞，豐厚的戰利品進入底比斯轉化成華麗的路克索神殿、卡納克神殿和尼羅河西岸一座座靈殿、陵墓，使底比斯成為繁華之都。

阿蒙霍特普四世(Amenhotep IV)掀起宗教改革，排斥阿蒙神獨尊太陽神阿頓，將帝號阿蒙霍特普四世改為阿肯納頓(Akenaten，意為阿頓神靈)，並將首都由底比斯遷往阿馬爾奈(Tell al-Amarna)，顛覆兩千多年的傳統，進而瓦解祭司階級制度。阿肯納頓逝後，即位的圖坦卡門(Tutankhamun)恢復埃及古老而熟悉的傳統。

第19王朝開啟後重整軍備，賽提一世(Sethos I/Seti I)、拉美西斯二世(Ramesses II)相繼與利比亞、敘利亞、西臺人(Hittite)作戰，西元前1275年卡德墟(Kadesh)之役後，西臺人與拉美西斯二世簽和平協議，這些戰績都浮雕於阿布辛貝神殿(拉美西斯二世大神殿)。

第20王朝的拉美西斯三世(Ramesses III)擊潰敘利亞人及來自海上的部族，擴建卡納克神殿，底比斯權勢如日中天，而阿蒙神的祭司也權傾天下，釀致祭司篡奪王位，導致埃及走入了混亂的黑暗時期。

第三中間期

約西元前1076年~712年

第三中間期始於阿蒙神的祭司篡奪王位，埃及陷入分裂混亂的時局，到了西元前約950年，利比亞後裔部族入侵統埃及約兩個世紀，直到西元前約720年，崛起於蘇丹北部的庫什人(Kush)成為新的統治者。

第23王朝統治時期政局混亂，分別在底比斯、

赫爾摩波利斯(Hermopolis)、赫拉克里奧波利斯(Heracleopolis)、萊翁托波利斯(Leontopolis)、塔尼斯(Tanis)產生許多統治者。

後王朝時期
約西元前712年~332年

異族接連入侵，豐盛了埃及的文化，但令埃及人民飽受凌侮及屠殺，古城和神殿也迭遭掠奪破壞，殘暴的亞述人(Assyrian)尤其不留情的重創埃及，直至西元前664年，薩美提克起義驅走亞述人，埃及才恢復往日秩序，貿易得以振興，但這段復興歲月僅維持約六十年，波斯王岡比西斯(Cambyses)在西元前525年攻入埃及。

120年後，埃及成功奪回政權，但也僅獨立了六十多年，再度遭波斯進軍，雙方衝突連連，直到西元前332年，亞歷山大大帝(Alexander the Great)揮軍而入，埃及才恢復平靜。

托勒密王朝時期
西元前332年~西元639年

亞歷山大大帝闢建亞歷山卓城為國都，繼位的將軍托勒密一世(Ptolemy I)於西元前305年開啟托勒密王朝，這個末代王朝建立了登達拉哈特神殿、艾斯納卡努神殿、艾德芙荷魯斯神殿、亞斯文費麗神殿、網羅優秀學者的繆思學院，以及名列世界七大奇景的巨型燈塔。

亞歷山卓成為科學、哲學、文學中心，引爆羅馬入侵野心，克麗奧佩脫拉女王先後拉攏凱撒、安東尼，最後屋大維在亞克提姆岬(Actium)一役擊潰安東尼，埃及王朝就此終結，成為羅馬的一省。

羅馬統治時期
約西元前30年~西元395年

法老制度廢除。

阿拉伯統治時期
西元639~1517年

鄂圖曼土耳其帝國的將領阿斯佔領巴比倫的拜占庭堡壘，成為了尼羅河谷的主人，埃及成了阿拉伯領地，成為鄂圖曼軍王哈里發蘇丹統治下的省份，並廣推阿拉伯語化，在埃及建立宗教伊斯蘭為基礎的新國家。

圖倫王在868年開始掌權，是埃及圖倫(Tulunid)王朝開祖，他早年在巴格達給阿拔斯(Abbasid)王朝哈里發當奴僕。大約在接續的4個世紀當中，幾個外來王朝在埃及建立了政治基礎，開啟了穆斯林在埃及的統治。

與巴格達哈里發的鬥爭導致圖倫王朝垮台，接著上台的是法蒂瑪(Fâtimid)王朝、阿優比(Ayybids)王朝和馬穆魯克(Mamluk)王朝。

在馬穆魯克蘇丹的統治下，埃及經歷革命。馬穆魯克原是中世紀哈里發的奴隸兵，後來，他們逐漸成為強大的軍事統治集團，原來是效命於阿優比王朝，後來隨著舊王朝的解體而統治埃及三百年，直到14世紀末，儘管他們崇尚暴力和血腥權力鬥爭，但也締造了現代唯一的埃及帝國。

除了政權穩定外，馬穆魯克君王還為埃及和開羅帶來繁榮和聲望。儘管被鄂圖曼帝國擊敗，但直到19世紀阿里即位前，他們一直是埃及真正的主人。從13世紀後，大多數埃及人接受了伊斯蘭教，變得比原統治者更阿拉伯化。

鄂圖曼土耳其帝國統治時期
西元1517~1798年

土耳其統治埃及並非難事，因為馬穆魯克就是土耳其人或土耳其裔。他們另委派行政官統治埃及是為了稅收，但治理國家的工作卻交給了馬穆魯克人，行政與軍事兩權分別管理，這情形一直維持了3世紀，直到1798年法國的拿破崙入侵，趕走馬穆魯克人為止。

法國統治時期

西元1798~1805年

　　法國人的佔領很短暫只有7年，並沒有留下長遠的影響，反而有支來自伊斯坦堡的軍隊重建國家秩序，留下了深遠的影響。

　　穆罕默德・阿里(Muharomad Ali)是此軍隊首領，他雖是總督，但幾乎成為皇帝，在英國軍隊撤出時他奪得政權，於是埃及又回到鄂圖曼帝國的手中。

穆罕默德・阿里統治時期

西元1805~1839年

　　穆罕默德・阿里令埃及其他地區恢復了秩序，並征服了蘇丹國。

　　1819年，他在埃及實行一系列基本改革，使埃及成為社會經濟發展的典範。但在英國的支援下，蘇丹迫使阿里投降，作為交換條件，他只被授予埃及的世襲總督職位。

　　阿里的管轄只延續到1952年，他是阿拉伯國家近代史上的著名穆斯林君主，通過全面改革，他使埃及發生了前所未有的變化，因而被譽為現代埃及之父。

英國統治時期

西元1840~1922年

　　1914年之前的埃及是鄂圖曼帝國的一個省，在英國監督下受獨立的英國總督控制。1914年，埃及自行成了一個王國，但卻宣佈為英國的屬國，控制帶來了少有的政治和平，埃及成了政治穩定區，進入了繁榮和現代化的時代。

　　1907年，埃及自組民族主義黨，反對英國統治。札格魯爾(Sad Zaghlul Pasha)提出埃及獨立要求，英國拒絕，造成騷亂和罷工。1910年，英國結束對埃及的

保護，但對埃及的佔領沒有完全結束，而英國的勢力也藉此得以進入埃及政府。一次世界大戰時埃及加入了協約國，土耳其則加入了以德國為首的同盟國。

現代埃及

西元1922年之後

　　接下來進入埃及的「自由」年代。

　　瓦夫德黨與英國談判，終於在1936年成功了。好景不常，1952年開羅動亂，六個月之內，1954年納瑟(Gamal Abdu I-Nasser)上校接管軍權力，實行強權政治，埃及的激進主義抬頭，納瑟成為阿拉伯世界代言人，並極力主張發動對以色列的戰爭，但卻在停戰協議達成時去世。

　　1971~1981年是經濟大改革期，因財物困難使埃及轉向其他國家，埃及總統沙達特(Anwar al-Sadat)實行經濟改革與自由市場，希望以快速經濟發展來贏回支持，但不成功，伊斯蘭運動重新出現，他於1981年遭刺殺身亡。在這之後，伊斯蘭運動不斷加強。

　　時任副總統的穆巴拉克(Mohammed Hosni Mubarak)隨即繼任總統，採取對抗政策的他連續執政約三十年之久。

　　2011年1月，因受突尼斯茉莉花革命的影響，對政治腐敗、失業問題嚴重等現行制度和生活不滿的埃及人民，開始投入遊行、示威、抗議等活動，不敵民意的聲浪，穆巴拉克終於在2011年2月11日時宣布退位。

　　歷經長達數個月的過渡時期，2012年6月穆爾西(Mohamed Morsi)成為穆巴拉克後首位埃及民主選舉下的總統，但是他上任一年即遭軍方罷黜，2014年5月底，時任埃及國防部長的阿卜杜勒-法塔赫・塞西(Abdel-Fattah el-Sissi)當選總統，目前的埃及仍處於邁向民主之路的十字路口。

World Heritages of Egypt
埃及世界遺產 文●墨刻編輯部 攝影●墨刻攝影組‧彭浩誠

埃及的世界遺產以陵墓群與金字塔區居多，因為地點密集故所列遺產地點並不多，另兩處聖凱瑟琳區、阿布美納城，皆因名列宗教聖地而入選，2005年入選的鯨魚谷，地處西南沙漠區，發現最早出現的械齒鯨，是人們已知的原始鯨類之一，是埃及唯一被列為世界自然遺產之處。

①阿布美納城
Abu Mena

登錄時間：1979年
遺產類型：文化遺產

　　阿布美納是早期基督教聖城，位於亞歷山卓的南部，建於3世紀，城內有教堂、洗禮池、長方形教堂、街道、修道院、民房和工場等，但都建在基督教殉教者美納斯(Menas)的墳墓上，美納斯死於西元296年。

　　聖美納斯修道院是主要景點，教堂是埃及科普特教徒於1959年興建的。所有建築房頂部都裝飾著十字架，牆上有上帝傳播福音的壁畫，教堂內有兩具科普特主教的棺木，並有與人身等高的雕像陳列，牆上有多幅基督教畫作。另有一個放置聖美納斯遺骨的小教堂，是虔誠的科普特教徒朝聖地。

　　此遺址是亞歷山大時代留下來的惟一歷史古跡，在1979年被評為世界文化遺產，但因為整個城市地面下沉，故於2001年被納入世界瀕危遺產名錄。

埃及世界遺產

②古底比斯及其陵墓群
Ancient Thebes with its Necropolis

登錄時間：1979年　遺產類型：文化遺產

　　路克索神殿與卡納克神殿是古埃及首都底比斯的兩個重要聖地，祭祀底比斯的守護神阿蒙、姆特、孔蘇。

　　路克索神殿是新王朝時期拉美西斯二世所建，在他打敗了西臺人(Hittites)之後，為了對底比斯的守護神表示尊敬，也為了底比斯一年一度舉行的迎神慶典。每年尼羅河水氾濫時，底比斯(現在的路克索)會舉行歐佩拉迎神慶典(Opet Festivel)，埃及人把這「底比斯三神」用帆船，從卡納克神殿沿著尼羅河迎送到路克索神殿內。

　　當年古希臘詩人荷馬(Homer)曾形容底比斯為「百門之城」，這「門」指的是神殿的塔門，底比斯的規模由此可見一斑，今日的路克索風華依舊，與開羅、吉薩分庭抗禮。

③開羅伊斯蘭區 Historic Cairo

登錄時間：1979年

遺產類型：文化遺產

西元969年，法蒂瑪王朝(Fatimid Dynasty，唐朝稱「綠衣大食」)征服埃及，建都於現在的開羅(意謂征服者、勝利)，一直到馬木路克王朝(Mamluk Dynasty，亦稱奴隸王朝，1250-1517年)結束，為期五百餘年的時間，開羅一直都是伊斯蘭世界的中心，掌控著東地中海的貿易大權，創造了開羅最繁盛的時期，人口密集，生活富庶，清真寺比

鄰而建，數量驚人，當時曾被稱為「千塔之城」。

沿著穆埃茲里‧阿拉哈(Al-Muizz li-Din Allah)，一路迤邐到山頂上壯麗的納席，穆罕默德清真寺(Mosque of An-Nasir Mohammed)的是兩長排的清真寺建築，圓圓的洋蔥頭與尖尖的塔頂沿線排列。

目前伊斯蘭區仍有為數八百座以上的清真寺，為數眾多的寺院在時間的摧殘下顯得蒼老頹圮，在國際組織的協助之下，有些重要的寺院已開始修復工作，但礙於經費，進行得相當遲緩。

④曼菲斯及其陵墓群——從吉薩到達蘇爾

Memphis and its Necropolis – the Pyramid Fields from Giza to Dahshur

登錄時間：1979年

遺產類型：文化遺產

這個區域屬於古埃及曼菲斯地區的墓地，周遭大小金字塔約有八十餘座，不過，最完美、最引人注目的當屬吉薩區的這三座金字塔，被譽為「世界七大奇景」之一，同時也是唯一倖存的奇景，再加上前方的人面獅身像，形成異常壯觀的面貌。

曼菲斯是古埃及舊王國時期的首都，在西元前3100年前就是一個繁華的大都會，在希臘哲學家希羅多德的描述下，曼菲斯的熱鬧與進步，大概不下於今日之紐約，當時，首次一統上下埃及的法老王定都於此，盛況可以從沙卡拉陵墓區的氣派、金字塔的壯觀來判定。其中，最著名的是金字塔各個不同的建築時期，包括階梯金字塔、彎曲金字塔，與世界上第一座真正成功的紅色金字塔。

⑤努比亞遺址：阿布辛貝至費麗

Nubian Monuments from Abu Simbel to Philae

登錄時間：1979年

遺產類型：**文化遺產**

　　阿布辛貝以拉美西斯二世建立的兩座神殿聞名全球，一座是自己祭祀太陽神拉神、阿蒙神、卜塔神的大阿布辛貝神殿(拉美西斯二世大神殿)，一是妻子娜菲塔莉祭祀哈特女神的神殿(小阿布辛貝神殿)。

　　神殿完成於西元前1290~1224年之間，迄今已超過三千年的歷史，現在，神殿外四尊拉美西斯二世的石像，已成為繼金字塔之後古埃及的象徵了。

　　1964年，由於興建亞斯文高壩將使尼羅河水位提高，造成包括阿布辛貝、費麗神殿等14處遺跡將淹沒於水中，因此，埃及政府向聯合國教科文組織尋求協助，將阿布辛貝從原址(距離亞斯文280公里處)遷移到現址。

　　費麗神殿歷史非常悠久，可上溯到古埃及第6王朝，環繞地中海的艾西斯女神信徒都不遠千里來此祭拜，而它附近的畢佳島(Biga Island)，更是古埃及人深信宇宙間最初被創造的一堆土丘，當時只有祭司與神殿工作人員可以住在島上。

⑥聖凱瑟琳區 Saint Catherine Area

登錄時間：2002年　遺產類型：**文化遺產**

　　早在聖凱瑟琳修道院建立之前，已有許多基督徒湧進西奈半島，泰半是為了躲避羅馬君主的迫害，避居到這塊聖經所提及的聖地清貧修行。6世紀之後，東羅馬皇帝查士丁尼(Justinian)命人重建教堂，擴建成今日所見的規模。

　　聖凱瑟琳於西元294年誕生於亞歷山大港，她因虔誠信奉基督教而遭處死。據傳，6世紀時，一名修士發現了聖凱瑟琳完好如初的遺體，並將之運回修道院安置。

　　聖凱瑟琳殉教事蹟經由十字軍傳入了西方，使修道院成為信徒朝聖的聖地。1966年，慶祝成立1400週年紀念，不僅見證了千百年來政權交替，更見到東正教在埃及的傳播痕跡。

　　這座修道院戒律嚴謹，因此，開放參觀的地點及時間都嚴格受限，訪客僅能參觀「燃燒的荊棘」和「摩西井」遺址及教堂部分廳堂。此區是東正教、基督教的熱門朝聖景點。

⑦瓦地‧阿海坦(鯨谷)

Wadi al-Hitan (Whale Valley)

登錄時間：2005年

遺產類型：**自然遺產**

©UNESCO Veronique Dauge

　　在埃及西部沙漠的一處鯨魚化石谷，有許多罕見的化石和已絕種的鯨魚。這些化石代表演變中的一個重要階段，生動地刻畫這些鯨魚形式和生活。這些化石的數量、集中度和質量，使此地成為一個有吸引力和被保護的獨特風景區。

　　鯨魚谷位於沙漠深處，從法尤姆再往西，方圓幾十公里的地域內，有座明顯地標加倫湖。目前已知，鯨魚谷發現最早出現的鯨類為古鯨亞目(Archaeocetes)中的械齒鯨，是人們已知的原始鯨類之一，雖然屬於鯨魚的一種，但外貌特徵卻和大海蛇相似，進化後後面的肢體也沒有，顯示了現代鯨魚的身形，但保留頭骨和牙齒結構的原始主幹。

The Ancient Egyptian Pharaohs

文　墨刻編輯部　攝影　墨刻攝影組

神與權的代表—認識法老王

昔日，「法老」(Pharaoh)是對尼羅河流域國家統治者的稱呼，現在則為古埃及君主的尊稱。「法老」原指「王宮」，由於法老此詞的獨特性，自第22王朝以後，成為國王的尊稱。習慣上，古埃及的國王通稱為「法老」，他既是國家政權的最高代表，更是太陽神阿蒙之子，也是神在地上的代理人和化身。

掌管全埃及的法老王是軍隊和祭司的首領，身份尊貴，甚至擁有長達五個稱謂的王銜，在穿著打扮上也極盡華麗之能事，特別是出席重大節慶和宗教活動時，更力求展現其威儀，如今透過帝王谷的陵墓壁畫及收藏於開羅考古博物館等地的各項文物，可一窺法老王的象徵符號。

王冠

象徵王權的頭冠有五種，最常見的包括代表統治上埃及的白冠、代表統治下埃及的紅冠，以及代表統一上、下埃及的紅白雙冠，其他還包括藍冠及阿特夫(Atef)頭冠。

第18王朝的統治者慣戴藍冠，形似戰盔的藍冠常被誤認為戰盔，這是錯誤的，藍冠與戰爭毫無關係。阿特夫頭冠形似白冠，兩側加上羽飾、冠頂鑲上小圓盤，這種頭冠僅在出席特殊的宗教儀式才會配戴。

假髮

埃及人的髮型在各個朝代有不同變化，如古王國時期，男女慣於留短髮，而新王國時期又流行留長髮，基本上，孩童通俗的樣式是剃個精光，只在頭側留了束髮絡，祭司同樣剃光頭，以表潔身虔誠奉獻神祇。

一般男女多是以青銅刀片削成短髮，甚至剃成光頭外戴假髮，這符合埃及人講求潔淨、剔除毛髮的習慣，更可掩飾白髮、禿頭等象徵衰老、醜陋的形象。製作假髮的材質包括真髮、植物纖維，目前尚無證據顯示採用其他動物的毛。

涼鞋

製鞋的材質通常包括紙莎草、燈心草，皮革較為罕見。埃及一般民眾多赤足，僅在重要場合才穿著涼鞋。

首飾

精緻的珠寶首飾在古埃及是階級地位的表徵，早在四千多年前已陸續出現裝飾彩珠的項鍊及以貝殼、象牙製成的手鐲、護身符，接著，黃金、寶石、綠松石、紫水晶、紅玉髓等材質都陸續出現。

衣著

近代學者是根據壁畫、浮雕、雕像研究古埃及的服飾，雖然每個時期的服飾均有變化，但改變幅度不大。

埃及人勇於裸露身體、展現美體，因此，男性(包括法老王)主要的衣著為纏腰布，以長短、腰飾、褶飾的不同變化區別階級地位，而女性主要穿著剪裁合身的連身長裙，質料輕薄且半透明，男性只有神祇及法老王在盛大場合穿著這種服飾。

亞麻是最主要的衣料，紡織技術已可紡出細緻的麻料及紗線，染色技巧也已染出紅、黃、藍等色彩，並利用漿布技術做出褶飾。

頭飾

這種白、藍色條紋的頭飾名為「Nemes」(斑紋頭巾)，以亞麻織成布包於頭上，固定在前額，緣邊垂於兩側，這種頭飾視為王冠的替代物。

眼線

美化儀表是埃及男女日常的慣例，去角質、抗皺紋、脫毛、潤膚、薰香……這些創造美麗的方法在古埃及時已經存在，其中最令後世驚艷的就是醒目的眼線。

埃及人美化的方法其實都蘊含著醫療方面的考量，為突顯美目畫眼線所使用的礦物質粉末，具考證是採自方鉛礦或輝銻礦，兩者具有殺菌及防止飛蠅的特效，這種因應當地特殊氣候環境所產生的眼部化妝法，和今日在北非及中東所見到的極為類似。

假鬍鬚

假鬍鬚與兀鷹、眼鏡蛇等標誌一樣象徵著王權，具推論還進一步的代表法老王為神祇的化身。

假鬍鬚分為兩種，外觀平直、底部寬平者，表示為法老生前的模樣；圖坦卡門黃金面具以及人形棺廓上呈髮辮式且底端微翹的假鬍鬚，則模仿冥王歐西里斯的鬍鬚形式，表示法老王已逝世且成為冥王歐西里斯的化身。可藉由此點辨認法老雕像或浮雕為他生前或死後出現的作品。

耳洞‧耳環

耳環是在第二中間期由希克索斯人(Hyksos)引進，男女皆配戴，但據考證，男性雖終生留有耳洞，但配戴耳環的習慣只至青春期。

前額標誌

在王冠及頭飾的前額部位鑲有兀鷹、眼鏡蛇，兀鷹為上埃及守護神奈庫貝特神(Nekhbet)，眼鏡蛇為下埃及守護神瓦傑(Wadjet)，代表法老王的統治領域，兩位神祇並列，即代表法老王為一統上、下埃及的統治者。

雙權杖

法老王雙手在胸前交叉，執握著雙權杖為即位典禮的經典畫面，兩支權杖代表著至高無上的權勢，帶穗的連枷杖象徵統治者形同造物主，擁有賜予生命的權利，而彎鉤杖是複製古代的牧羊杖。

The Ancient Egyptian Gods & Mythology
諸神的國度－古埃及神祇與傳説

文●墨刻編輯部　攝影●墨刻攝影組

埃及神祇支系繁雜、數量龐大、外觀各異，各朝代、各地區的神祇都不同，再加上各階段的同化過程、神格化的法老王、擬人化的神祇等變化，形成複雜的神系家族。埃及各神殿遍布神祇浮雕及雕像，想要深入了解古埃及的歷史，便不能不認識其中舉足輕重的神祇。

埃及的神祇主要可分為三大類：具有動物外形的動物神、英雄人物神化後的人形神、由抽象概念擬人化而生的神明。另外，又有不同神祇因彼此結合產生新形態神祇的現象。

基本上，埃及的宗教系統中存在著一些主軸，這些主軸又因源自不同地區所以特色不同，部份主神隨著時代的演進發展與變化，最終衍生出一個複雜的眾神國度。

阿蒙Amun或阿蒙·拉 Amun-Ra

相關傳説：阿蒙是古埃及最重要的神祇之一，祂的個性及外觀產生相當多的變化。依據埃及編年史家曼尼多(Manetho)的記載，阿蒙是隱而不見的神祇，宛若風中蘊藏的力量，用詞遣字相當抽象，到了第11王朝，被視為造物之神的阿蒙已成為底比斯地區的守護神，到了新王國時期，阿蒙和妻子姆特(Mut)、兒子孔蘇(Khonsu)正式成為「底比斯三神」，並進而與太陽神拉結合為阿蒙·拉，成為埃及全境最具權威的神祇。

外形特徵：阿蒙的形象一般為戴著雙羽冠的人形，膚色常為紅色，少數為藍色。因具有王者之尊的特質，常呈跨步的站姿或坐在王座上，另會以彎角羊頭形象表示阿蒙為生殖之神。阿蒙偶而也會以鵝及蛇的形象出現，表示祂為造物之神。而當阿蒙與拉結合為阿蒙·拉時，頭頂必會出現代表太陽神的圓盤。

主要的祭祀神殿：路克索的卡納克阿蒙神殿。

與其他神祇的關係：妻子為穆特、兒子為孔蘇。

荷魯斯Horus

相關傳説：早在約西元前3100年屬朝代前期最重要的文物納麥爾色盤(Narmer's Tablet)上，就浮雕著鷹神形象的神祇，這位「重量級」神祇的傳説與形象多變，最重要的就屬祂與父親歐西里斯、母親艾西斯的相關傳説。

荷魯斯成長後，大戰殺父仇人賽特，在激戰中，祂的左眼為賽特挖取，荷魯斯的右眼為日、左眼為月，月亮的守護神圖特(Thoth)見此情形，為荷魯斯尋回左眼，使荷魯斯得以順利消滅賽特。後世就視這隻「荷魯斯之眼」為護身符，又名「瓦傑」(Wadjet)。

依據傳説，歐西里斯是埃及首任的統治者，荷魯斯憑藉著毅力、忠誠及勇氣戰勝惡神、報了父仇，進而繼承王位，自此，荷魯斯代表著正統、合法的繼承權，因而古埃及的法老王莫不以荷魯斯的化身自居，強調君權神授和人神一體的超凡地位。

外形特徵：老鷹或鷹頭人身。

主要的祭祀神殿：孔翁波神殿、艾德芙的荷魯斯神殿。

與其他神祇的關係：父親為歐西里斯、母親為艾西斯、妻子為哈特、兒子為哈松圖斯(Harsomtus)。

拉Ra

相關傳說：拉是古埃及最重要的神祇之一，最早為海利奧波利斯(Heliopolis)的太陽神，至第5王朝之後，成為古埃及最崇高的神。法老王傳說為拉神之子，是拉神在大地上的代表。

拉被認為是創世之神，相傳拉從黑暗、混沌的宇宙中誕生，他以精液創造出舒(Su)、泰芙努特(Tefnut)兄妹，而人類則是出自拉神的眼淚。

太陽神的形象眾多，在每日不同時段有不同的神祇形象，初昇的旭日為赫普立(Khepri)、白天運行的太陽為拉、西沉的夕陽為阿圖(Atum)，阿頓(Aten)則為太陽光輪。拉神也常與不同神祇合併，包括與阿蒙形成「阿蒙‧拉(Amun-Ra)」，與阿圖形成「阿圖‧拉(Atum-Ra)」，在後期埃及神話中，時常以「拉‧赫拉克提(Ra-Horakhty)」的形象出現，這是拉神與荷魯斯的結合。

在古埃及信仰中，太陽神每日會乘著太陽船航行天際，入夜後又乘著太陽船穿越冥界，經過12道難關之後，才能重生、迎接晨曦。

外形特徵：最大的特徵為頭頂上的日盤。與荷魯斯結合為拉‧拉克提時，形象為鷹頭太陽神，同樣頂著日盤。

主要的祭祀神殿：最著名的包括敬奉拉‧赫拉克提的阿布辛貝神殿。

與其他神祇的關係：兒子為舒(Su)、女兒為泰芙努特(Tefnut)。

艾西斯Isis

相關傳說：「強大的神祇、眾女神的領袖、天堂的統治者、人間的皇后，眾神均聽命於祂」，這段留存在亞斯文費麗神殿內的銘刻，清楚說明了艾西斯非凡的地位。

根據傳說，天空女神努特(Nuit)和大地之神蓋布(Geb)結合生下歐西里斯、賽特、艾西斯、奈芙蒂斯 (Nephthys)4名子女，艾西斯和歐西里斯結為夫婦統治埃及，賽特因妒忌歐西里斯的成就，謀殺了歐西里斯並予以分屍，艾西斯費盡千辛萬苦拼合歐西里斯的屍身，並在阿努比斯等諸神協助下使歐西里斯暫時復活，使艾西斯受孕產下荷魯斯。逝去的歐西里斯成為冥界統治者，也奠定了艾西斯女神的地位。

外形特徵：艾西斯擁有擬人化的外形，穿著合身的長袍、頭飾牛角夾著太陽神圓盤、手握生命之鑰「安卡」(Ankh)和紙莎草杖，而她懷抱荷魯斯哺乳的雕像及壁畫，傳說成為後世塑造聖母與耶穌母子情深的依據。

主要的祭祀神殿：艾西斯廣泛出現在各地的神殿中，但專屬敬奉祂的神殿並不多，主要的有亞斯文費麗神殿。

與其他神祇的關係：父親為蓋布、母親為努特、丈夫為歐西里斯、兒子為荷魯斯、姊妹為奈芙蒂斯。

歐西里斯Osiris

相關傳說：歐西里斯是埃及最重要的神祇，神格複雜，但有關祂的一切都是未解之謎，根據流傳最廣的傳說，歐西里斯是埃及首任君主，祂教導人民耕作、釀酒，確保境內國泰民安，歐西里斯深受人民愛戴卻招致兄弟賽特(Seth)的妒忌，最後賽特謀殺了歐西里斯，並將分屍的屍塊丟棄在埃及各處。

歐西里斯的妻子艾西斯四處尋回丈夫的屍體，請求阿努比斯協助拼合屍身，並說服諸神令歐西里斯暫時復活，艾西斯在這段時間順利受孕，產下日後復仇的鷹神荷魯斯，荷魯斯為父報仇後繼承了王位，並追封逝去的歐西里斯為冥界之王。

外形特徵：歐西里斯呈現形似木乃伊的形象，雙腳併攏，頭戴斑紋法老頭巾，假鬚編辮、尾端微翹，雙手各持彎勾權杖與連枷權杖，膚色多為象徵亞麻裹屍布的白色、代表尼羅河沉積物的黑色，或象徵植物、繁殖力的綠色。

主要的祭祀神殿：古埃及人自第5王朝末期開始敬奉歐西里斯持續了兩千多年，由於傳說中歐西里斯的屍身遭受肢解，因此，許多地區宣稱葬有歐西里斯某部位的屍身藉以哄抬自身地位，例如阿斯里比斯城(Athribis)宣稱葬有歐西

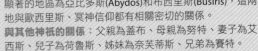

里斯的心臟；艾德芙宣稱葬有歐西里斯的腿，其中，真正顯著的地區為亞比多斯(Abydos)和布西里斯(Busiris)，這兩地與歐西里斯、冥神信仰都有相關密切的關係。

與其他神祇的關係：父親為蓋布、母親為努特、妻子為艾西斯、兒子為荷魯斯、姊妹為奈芙蒂斯、兄弟為賽特。

哈特Hathor

相關傳說：哈特具有複雜多重的身分，祂是荷魯斯的妻子，傳說祂治癒了荷魯斯與賽特(Seth)大戰瞎了的眼睛，因而哈特具有恢復健康的能力，此外，祂是太陽神之眼，看顧法老王每日隨旭日再度重生；祂是天空之神，天空是鷹神荷魯斯翱翔處，也象徵著孕育生命的子宮；祂是法老王的母親(或妻子)，並代表著喜悅、音樂、多產和幸福。

外形特徵：哈特常以帶牛耳的女性或母牛的形象出現。

主要的祭祀神殿：最主要敬奉神殿為登達拉(Dendara)的哈特神殿。

與其他神祇的關係：與其他神祇最主要的關係是丈夫為荷魯斯、兒子為哈松圖斯。

奈芙蒂斯Nephthys

相關傳說：奈芙蒂斯屬冥界的神祇，經常搭配祂的姊妹艾西斯雙雙出現，但祂的埃及名字「Nebet-Hut」為「大宅的女主人」之意，此名的由來目前不得而知。

奈芙蒂斯與歐西里斯、賽特、艾西斯同為天神和地神所生，賽特是祂名義上的丈夫，當賽特謀殺了歐西里斯後，奈芙蒂斯協助艾西斯尋獲歐西里斯被肢解的屍體，並予以拼合復活，因而衍生法老王藉由這兩位女神受孕、誕生、哺乳而獲得重生的說法。

外形特徵：通常只是頭戴高冠的女神形象，造型簡單的高冠是奈芙蒂斯名字象形字化。

與其他神祇的關係：父親為蓋布、母親為努特、姊妹為艾西斯、兄弟為歐西里斯、名義上的丈夫為賽特，另傳說祂與歐西里斯私通生下阿努比斯。

阿努比斯Anubis

相關傳說：在歐西里斯興起之前，阿努比斯就是埃及的冥神，根據文獻記載，「Anubis」源自古字「腐敗」，在古埃及壁畫中，不乏見到祭司戴著阿努比斯面具，監督木乃伊防腐處理過程的畫面。

外形特徵：阿努比斯常以似狼似犬的獸形出現，黑色的體色既代表死者，也象徵著具有再生(復活)能力的沃土。

主要的祭祀神殿：阿努比斯是古埃及守護死者及木乃伊的主要神祇，主要出現在墓室中的壁畫及浮雕，現僅存哈塞普蘇神殿(位於路克索西岸)有座專屬阿努比斯的偏殿。

與其他神祇的關係：不同的史料分別提及阿努比斯是西賽特(Hesat)、貝斯特(Bastet)、拉、賽特、奈芙蒂斯等神祇的兒子，甚至還曾提及祂是艾西斯的養子。

赫普立Khepri

相關傳說：太陽神在每日不同時段有不同的形象代表，赫普立象徵旭日初升的太陽神。赫普立的外形特徵為蜣螂，俗稱糞金龜、屎蚵螂，這種昆蟲經常前肢抵地倒立，以後腿推滾泥土或糞便，牠推糞球的模樣讓古埃及人聯想到運行中的太陽，因而成了太陽神的化身。

此外，由黑夜中重生的旭日隱含著復活的意像，因此，木乃伊屍身上常擺放著俗稱聖甲蟲的赫普立護身符，而且是放置在統籌思想的心臟位置，以防心臟在死者進行「秤心儀式」時，說出不利於主人的供詞。

外形特徵：蜣螂(俗稱糞金龜)或人身蜣螂首。

貝斯Bes

相關傳說：在中王國時期已可見到貝斯的雕像，到了新王國時期，貝斯像已散見各地。古埃及人認為貝斯具有強大的驅邪力量，當然，祂最為人所知的身分是孩童與孕婦的守護神。

外形特徵：雄獅是貝斯的主要形象，在新王國時期，又添加了短腿、大頭、體型矮小等特徵。

主要的祭祀神殿：並無主要敬奉貝斯的殿宇，但只要神殿內建有誕生室，必定會雕刻守護婦孺的貝斯神。

圖特Thoth

相關傳說：早在朝代前期，朱鷺形象的圖特就出現在調色盤上，至古王國時期，圖特已成為重要神祇。

圖特最初為月神代表，伴隨著太陽神航行天際，有著「銀色太陽」、「夜間太陽」的別名。雖然傳說祂為太陽神之子，但祂和冥神歐西里斯、鷹神荷魯斯、邪惡之神賽特都有密切的關係。圖特後來成為與書寫、學術、知識、藝術相關的神祇，在冥界舉行「秤心儀式」時，圖特就站在審判的天秤旁紀錄裁決的結果。祂在諸神間還經常扮演傳達訊息、調停仲裁的角色。

外形特徵：圖特呈現朱鷺和狒狒這兩種顯著的外形。

主要的祭祀神殿：圖特的形象散見各地神殿，古時的赫爾摩波利斯(Hermopolis)是敬奉祂的要地，但這個地區不確定在今日何處。

與其他神祇的關係：傳說中的妻子有瑪特、內荷曼塔瓦(Nehemetawy)和塞絲哈特(Seshat)。

哈比Hapy

相關傳說：哈比為尼羅河神，再深一層細究，祂象徵氾濫、洪水的意味甚濃，古時尼羅河氾濫期一至，埃及人便會喊著「哈比來了」，而氾濫帶來沃土使耕地獲得重生、再造的機會，使哈比又有「創造之神」甚至「眾神之父」的別稱，小心平衡水患與豐饒間的關係正是哈比的責任。

在法老王雕像王座的兩側經常浮雕著哈比將蓮花和紙莎草綑綁在一起，既形成「聯合」的象形文字，並象徵著統一上下埃及。

外形特徵：哈比的外形通常是具有大肚子、豐滿的女性胸哺、藍色膚色、頭上飾有紙莎草的男性，在亞比多斯的賽特一世神殿可見到哈比化身為雙頭鵝的罕見形象。

主要的祭祀神殿：尼羅河水患嚴重的地區就是敬奉哈比的重要區域，祂並沒有特定的供奉神殿，但因哈比的職責攸關生存，因而受到古埃及人民敬奉的程度絕不遜於其他神祇，在一份古文件上即提到以1,089頭羊祭祀哈比的盛況。

瑪特Maat

相關傳說：瑪特象徵著正義、真理和平衡，在神殿中的壁畫及浮雕中，經常可見到法老王手捧瑪特，強調繼位的合法性及統治權。

瑪特扮演的角色相當多，最重要的是維持宇宙間的秩序、平衡和諧，在冥界舉行「秤心儀式」時，正義的瑪特女神將代表真理的羽毛和亡靈的心臟放在天秤的兩端進行裁決，亡靈如果所言不實，天秤就會失卻平衡，亡靈終將墜入深淵、不得重生。

外形特徵：羽毛或頭插羽毛的女神。
與其他神祇的關係：傳說為太陽神的女兒、圖特的妻子。

阿頓Aten

相關傳說：阿頓是太陽神的一種，為日輪神。

在阿蒙霍特普四世時代，他掀起宗教改革，排除阿蒙神，獨尊太陽神阿頓，並將帝號改為「阿肯納頓」，意思為「阿頓的僕人」或「阿頓光輝的靈魂」，顛覆當時埃及兩千多年來的多神崇拜，倡導一神論。但是這場宗教改革最終失敗，在阿肯納頓逝世後，繼位的執政者捨棄一切阿肯納頓建立的制度，回歸傳統。

外型特徵：沒有人形，形象為太陽，光線尾端有手掌的形狀。

與其他神祇的關係：阿頓是拉神的其中一種型態。

塞赫邁特Sekhmet

相關傳說：「塞赫邁特」意為「強而有力的女性」，早期被視為太陽神的女兒，象徵太陽之眼，而後演變成同時具有毀滅及護衛雙重對立特質的女神。傳說塞赫邁特曾吐火消滅敵人，因此，法老王敬奉祂為女戰神。由於祂具有破壞毀滅特性，因而沙漠的暴風被視為是塞赫邁特的呼吸，而瘟疫則是塞赫邁特的屠殺，在另一方面，塞赫邁特則以母性的溫柔守護著法老王。塞赫邁特與許多神祇都有關聯性，其中最密切的包括獅神帕赫特(Pakhet)及貓神貝斯特。

外形特徵：雌獅或人身獅面。

主要的祭祀神殿：許多地區都建有敬奉塞赫邁特的神殿，其中以曼菲斯(Memphis)、阿布西爾(Abu Sir)為首。

與其他神祇的關係：為卜塔(Ptah)的妻子、內菲爾特穆(Nefertem)的母親。

克奴姆Khnum

相關傳說：克奴姆既是尼羅河源頭的守護神，也是造物主。祂掌控著河水氾濫，而河水升漲所夾帶的沃土，與祂的另一個身分「陶匠」有著奇妙的關聯，傳說人類就是克奴姆利用製陶的拉胚輪車所創造出來的。

外形特徵：人身公羊頭。

主要的祭祀神殿：亞斯文大象島上克奴姆神殿、艾斯納(Esna) 克奴姆神廟。

與其他神祇的關係：妻子為塞蒂斯(Satis)。

索貝克Sobek

相關傳說：「索貝克」就是「鱷魚」之意，早在古王國時期，人們就開始敬奉索貝克。祂擁有許多特質，最為人熟知的是掌管水與豐饒，傳說尼羅河就是索貝克的汗水。

外形特徵：鱷魚或人身鱷魚頭。

主要的祭祀神殿：古埃及人自古王國時期敬奉索貝克，一直持續到羅馬時期，最主要的敬奉神殿為孔翁波神殿。

孔蘇 Khonsu

相關傳說：孔蘇為月亮之神，也是醫療之神，其父母為阿蒙、姆特，與其並列為「底比斯三神」。神話中，孔蘇曾與智慧之神圖特進行棋局，並以月光作為賭注，由於孔蘇輸了比賽，日後月才有圓缺之分。

外形特徵：孔蘇時常以兒童木乃伊的形象出現，頭頂上戴著滿月光盤、象徵新月的頭飾。孔蘇也會以鷹頭人身的造型現身，頭上同樣以象徵著月亮的符號。

主要的祭祀神殿：最主要的敬奉神殿為卡納克神殿中的孔蘇聖殿。

與其他神祇的關係：為阿蒙和姆特的兒子。

敏Min

相關傳說：敏是生育之神、收穫之神，也是沙漠旅行者的守護神。「萵苣」是敏的重要象徵，埃及人將萵苣的乳白色汁液比喻為精液，代表著繁衍，因此在成年禮上，少男少女會將萵苣獻祭給敏，接著再自己吃掉萵苣，象徵成年。

另外，因為敏是旅行者的守護神，埃及人也會在旅行前祭拜敏。敏是最古老的神祇之一，在中王國之後信仰逐漸消失。

外形特徵：手持連枷，頭上戴有兩根羽毛的頭冠，最大特徵為勃起的男性生殖器官。

與其他神祇的關係：妻子為愛與美的女神奎特(Qetesh)。

A Trip of River Nile Cruises
尼羅河遊輪之旅，一探輝煌古文明

文●墨刻編輯部
攝影●墨刻攝影組·彭浩誠

由南到北、上埃及到下埃及，貫穿東非這片狹長土地的尼羅河，自古就是埃及的命脈。
早在法老王統治的時代，每年夏天河水泛濫帶來的沃土，決定了來年豐收與否，緊繫著國家興盛的
命運，而它更是重要的運輸通道，來自亞斯文的花崗岩成就了路克索甚至吉薩等地神殿、方尖碑和
金字塔，數千年以前這條河上已是船隻川流不息的景象……
19世紀時，來自西方的富豪登上了遊船的甲板，深受這片充滿異國風情的景色所吸引，如今，蜂
擁而至的各國遊客依舊以此浪漫的方式，欣賞尼羅河這首詩最美的詩篇。

「埃及是尼羅河的獻禮。」出自希臘哲學家希羅多德的名言，一語道出這個曾盛極一時的輝煌文明如何由一條河流孕育而生！

古埃及人形容他們的土地像是一朵蓮花，尼羅河三角洲是盛開的花朵，以南是一枝迤邐八百公里的細莖。這條蜿蜒的長莖自遠古時期即哺育著上埃及，滋養著亞比多斯(Abydos)、艾斯納(Esna)、艾德芙(Edfu)、孔翁波(Kom Ombo)、亞斯文(Aswan)和阿布辛貝(Abu Simbel)等地。

古埃及的文化淵源流長，幾千年來隨著大自然、歲月甚至入侵者的破壞，大多已不可尋，如今留存於世人眼前的，除古王國時期令人驚艷的金字塔外，新王國時期的神殿與陵墓亦展現了無窮的魅力。這些宏偉的建築坐落於以路克索為核心的尼羅河谷地，特別是在路克索和亞斯文一帶，而這也是為什麼該河段成為埃及尼羅河遊輪之旅中最受歡迎的旅程。

只見遠離塵囂的靜謐河道中，兩岸猶如捲軸般展開充滿鄉村生活的愜意，濃密的樹林在藍天碧水間抹上一成排的綠意，偶爾牧人、漁夫穿插其中，遠方時而隱現著神殿的輪廓。

河中的移動式飯店，4~5日愜意度假

遊輪的航行路線大致可分為：路克索到亞斯文、亞斯文到路克索兩種。

從路克索到亞斯文的遊輪天數從4~7天不等，其中最受歡迎的航程以4、5天為主，這兩種行程的走法差不多，差別在於最後是否在亞斯文多住一晚；而由亞斯文順遊而下，向北航行至路克索的行程，則大多為4天。

如果查詢這兩座城市之間的公里數，你或許會驚訝不過約190公里的距離，何以需要花上這麼多天的時間？

事實上，遊輪之旅的精神在於讓旅客感受悠閒的度假氣氛，無論哪艘遊輪，每日行駛的時間最多也不超過4個小時，此外，這些遊輪幾乎都不夜航，因此，它們夜間通常靠港口過夜。所以，與其把它視為載具，不如說它是移動的餐廳與飯店來得更為恰當，而除了上岸參觀景點外，在遊輪之旅期間，這艘船將是你度過所有時光的地方。

度假設施俱全，主題之夜眾人同歡

可別以為在船上就會沒事可做，遊輪上除了有餐廳和酒吧外，通常都有一座極為寬敞的甲板，甲板上有著露天咖啡座、游泳池和躺椅，是午後曬太陽、游泳、賞景的最佳地點。

隨著船隻前進，兩岸風光不斷從眼前伸展開來，河邊戲水的孩童、乘船捕魚的大人、從樹叢中探出頭來的宣禮塔、劃破天際的鳥群⋯⋯伴隨著下午茶派對，然後是金光燦爛的夕陽。

天黑之後，遊輪還有活動，不同的主題之夜讓船客忙碌起來，其中的重頭戲要屬阿拉伯之夜，來自世界各國的遊客換上埃及傳統服飾，你可以打扮成肚皮舞孃、法老王，大家一同站上舞台跳舞、玩遊戲，或是被打扮成木乃伊。至於努比亞之夜則是由當地舞者登台獻藝，為大家帶來傳統的舞蹈與棍子舞，最後的眾人同歡自然是不可避免的舞碼。

目前行駛於尼羅河上的郵輪多如過江之鯽，價錢反映在船隻的新舊和奢華程度上。想要體驗遊輪之旅最好的方式，是向大型旅行社購買套裝行程，他們通常可以拿到比較好的價格，也搭配陸上景點參觀，能夠解決從各上岸點到景點間的交通，在時間控管上也最無差錯，畢竟遊輪可是逾時不候的。

路克索－亞斯文 尼羅河南段航行日記

　　儘管船上活動多多，不過，尼羅河遊輪最吸引人的原因還是可參觀沿途的景點。以路克索到亞斯文4~5天的行程來看，會依序在路克索、艾德芙、孔翁波、亞斯文停留，讓大家參觀景點。相反的，若由亞斯文出發，沿著尼羅河航向路克索，大多為4天的行程，參觀景點的順序也完全相反。

　　以下為從路克索至亞斯文4~5天的行程安排：

第1天：抵達路克索，登船展開遊輪之旅

　　通常，遊客第一天抵達路克索後，會先參觀東岸的卡納克神殿和路克索神殿，之後夜宿船上，正式展開尼羅河遊輪之旅。

第3天：參觀荷魯斯神殿及孔翁波神殿

　　第三天上午的行程是參觀保存的最完美的神殿「荷魯斯神殿」，午後繼續航行，由艾德芙航向孔翁波，在黃昏前抵達同時獻給善惡雙神的孔翁波神殿。

第2天：午後展開航行，途經艾斯納水閘

　　第二天上午，遊客通常都會繼續參觀路克索西岸景點，包括帝王谷、曼儂巨像等。

　　午後船隻終於航行於尼羅河上，往南航向艾德芙，沿途會經過艾斯納水閘，這個午後相當有趣，除了可以體驗人工水閘如何藉由閘門控制水位高低外，在抵達水閘前還有不少駕著小船的小販貼近行駛中的遊輪，和乘客展開一場高空拋接貨品與議價的熱絡買賣活動，也成為遊輪之旅的特色。

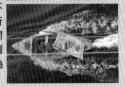

第4~5天：參觀亞斯文及周邊景點

　　由孔翁波出發，遊輪終於在第四天抵達亞斯文，若是選擇五天行程的人，則會在船上多住一天。亞斯文的景點安排通常為參觀市區的蘇克大街、未完成的方尖碑、努比亞村和搭乘三桅帆船，至於亞斯文附近，則包括亞斯文高壩和阿布辛貝神殿等等。

蘇丹號 M/S Sudan

　　在尼羅河的所有遊輪中，蘇丹號擁有最傲人的歷史和迷人的造型！這艘引發英國著名推理小說家阿嘉莎・克莉絲蒂(Agatha Christie)寫出《尼羅河謀殺案》(Death on the Nile)並成為同名電影場景的船隻，是1885年時英國贈與埃及國王 Fouad I的蒸汽船，如今經整修後成為擁有24間艙房的遊輪，帶領乘客重回優雅且古典的19世紀。

🌐 www.steam-ship-sudan.com

分區導覽
Area Guide

開羅

Cairo

文●墨刻編輯部
攝影●墨刻攝影組・彭浩誠

●開羅

開羅就是埃及，當埃及人提到米斯耳(Misr，埃及的阿拉伯文)時，他們指的既是埃及，也是開羅，而當遊客滿嘴喧嘩著「開羅」時，其實重點是在埃及，在這世上，只有開羅擁有等同於一個國家的份量，其魅力混雜著開羅在阿拉伯世界中的政權地位，以及穿梭三千多年的法老王神話。

事實上，開羅和法老王並不親密，古埃及第一王朝在曼菲斯(Memphis)建都；金字塔陵墓造在吉薩(Giza)，當時的開羅根本不存在。嚴格地說，開羅是在埃及法老王王朝結束之後才誕生的，後來入侵的波斯軍隊與羅馬皇帝率先在此修建運河，希臘人稱這塊新興區域為「巴比倫」，這個名稱只是埃及文的翻譯，和美索不達米亞平原上的巴比倫毫無關係，但其富庶的傳聞挑動阿拉伯人侵占的野心。西

元639年，阿拉伯將領阿穆爾·伊本·阿斯(Amr ibn al-As)率軍而來，驅走拜占庭人，兩年後，巴比倫淪陷，嶄新的都城伏斯塔(Fustat)取而代之。

尼羅河繁盛的貿易使伏斯塔成為新興政經中心，伊斯蘭教和阿拉伯語也逐漸成為埃及通行的宗教和語言。伏斯塔昌盛了約三百年，直到什葉派的法蒂瑪家族(Fatima)崛起，開啟法蒂瑪王朝(Fatimids)政權，新的首都卡西拉(Al-Qahira，勝利者)成為新焦點，這個城市後來遂成了歐洲人口中的開羅。

法蒂瑪王朝的壽命並不長，但開發開羅卻不遺餘力，並致力拓展國際貿易，奠定開羅繁榮昌盛的基礎。19世紀接手的君王穆罕默德·阿里(Mohammed Ali)，有鑒於歐洲城市迅速發展，毫不猶豫地將開羅改造成一座氣派的歐風都會，並積極興建鐵路、運河，將埃及推上現代化國家之林。

開羅之最 Top Highlights of Cairo

吉薩金字塔區
　佇立於吉薩高原的古夫、卡夫拉及孟卡拉金字塔，數千年來始終籠罩著神秘氛圍，這碩果僅存的古大七大奇蹟，吸引著人們不斷前來造訪。(P.108)

埃及博物館
　埃及博物館館藏超過十萬件，幾乎涵蓋古埃及各時期的珍品，包括珍貴的圖坦卡門蒐藏，來到埃及，絕對不能錯過埃及博物館。(P.62)

哈利利市集
　哈利利市集是香料、香精、布料、銅製品、飾品、水煙、雪花石膏等通俗商品的集中地，佔地之大、商品種類之豐，是遊客絕對不可錯過的大型市集。(P.78)

大城堡與穆罕默德·阿里清真寺
　幾乎從開羅的任何角落都能看見大城堡，這裡是昔日埃及的統治中心，而佔地遼闊的穆罕默德·阿里清真寺是大城堡中的焦點。(P.88, P.92)

階梯金字塔
　由大祭司印和闐設計的第一座成形的金字塔，不僅改革了過去王室墳墓的模樣，更是埃及金字塔的濫觴。(P.118)

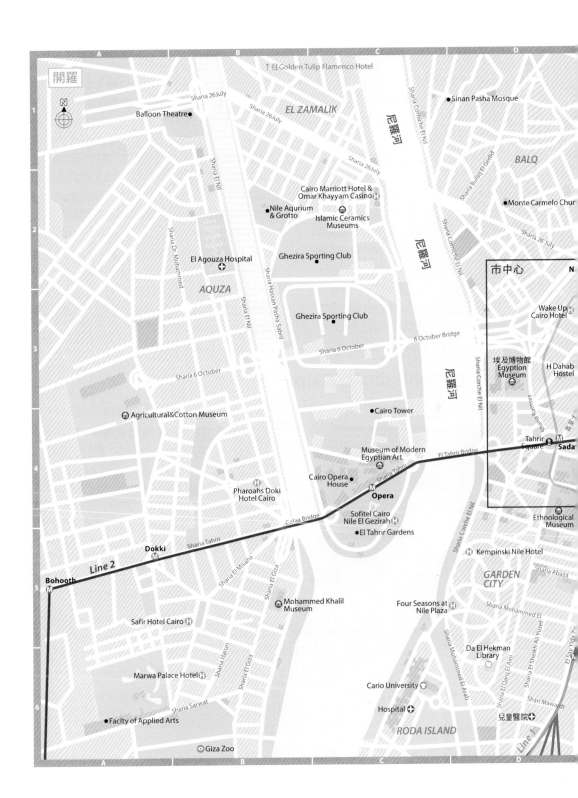

↑往Golden Tulip Flamenco Hotel

開羅

N

EL ZAMALIK

尼羅河

BALQ

Sharia 26 July

Sharia 26 July

Sharia 26 July

Sharia 26 July

● Sinan Pasha Mosque

●Balloon Theatre●

● Monte Carmelo Chur

Sharia 26 July

Cairo Marriott Hotel &
Omar Khayyam Casino

Sharia El Nil

Sharia Corniche El Nil

●Nile Aqurium
& Grotto

Islamic Ceramics
Museums

市中心   N

AQUZA

Sharia Dr. Mohammed

El Agouza Hospital

Ghezira Sporting Club

Wake Up
Cairo Hotel

Sharia Hassan Pasha Sabril

Sharia El Nil

Ghezira Sporting Club

6 October Bridge

埃及博物館
Egyptian
Museum

H Dahab
Hostel

3 | Sharia 6 October

Sharia 6 October

Sharia 6 October

尼羅河

Sharia Corche El Nil

Agricultural&Cotton Museum

● Cairo Tower

Sharia Ramses

Museum of Modern
Egyptian Art

El Tahrir Bridge

Tahrir
Square

Sada

Cairo Opera
House

Opera

Sharia Tahrir

Pharoahs Doki
Hotel Cairo

Line 2

Galaa Bridge

Sofitel Cairo
Nile El Gezirah

Ethnological
Museum

Dokki

Sharia Tahrir

● El Tahrir Gardens

Sharia Corche El Nil

Kempinski Nile Hotel

Sharia Abaza

Bohooth

Sharia El Misaha

**GARDEN
CITY**

Sharia Mohammed El

Mohammed Khalil
Museum

Sharia El Giza

Four Seasons at
Nile Plaza

Safir Hotel Cairo

Sharia El Giza

Sharia Mohammed El-Arab

Da El Hekman
Library

Marwa Palace Hotel

Sharia Harun

Sharia Sarwat

Cario University

Sharia El Qarq El Ami

Shari Mawardt

● Faclty of Applied Arts

Hospital

兒童醫院

Line 1

Giza Zoo

RODA ISLAND

Sharia El Sabtiya

Sharia El Zahra

GHAMRA

1

☩ 天主堂

Line 3

🚉 Cairo Rameses Station

☩ Jesuit's Church

Al-Shohadda
Ⓜ (Midan Ramses)

☩ Melchite Church

舊開羅城牆

Sharia aKamel Sidqul Pasha

Sharia Post Said

Sharia El Ramses

Egyptian State
✚ Railway Hospital

Sharia Clot Bey

Sharia Bab El Bahir

Sharia 6 October

Ⓜ Orabi

☩ St. Mark's
Cathedral

Victoria Hotel

EZBEKIYA

Sharia Sheikh El Arusi

Ⓜ Bab El-Shaaria

Bab al-Futuh
征服門

舊開羅城牆

2

征服門
Bab al-Futuh

哈金清真寺
Al-Hakim Mosque 🕌

Ⓜ

歐拉比廣場
Ⓢ Midan Orabi

American Mission Church

EZBEKIYA

Sharia El Gheish

MUSKI

凱旋門
Bab al-Nasr

Sharia 26 July

Ⓜ Ataba

Azbakeya
Garden

Sharia El Gumhuriya

Sharia Post Said

EL GAMALIYA

維卡拉
🛍 Wekalet Bazaraa

Pension Roma Ⓗ

Cordi Jesu Church

Ⓗ Bella Luna Hotel

nal Rodio

National Bank
of Egypt

● Opera

Post Office
🏛 Museum

Sharia El Azhar

哈利利市集
Khan el-Khalili

胡塞恩廣場和清真寺
Midan al-Hussein &
Al-Hussein Mosque
🕌

3

Berlin Hotel

Freedom
Hostel

Sharia Abdel Aziz

香草廣場
Midan Talaat Harb

St. Joseph's
Cathedral

Ⓗ Meramees Hostel

Sara Inn
Hostel

Sharia El Tahrir

Ⓜ Mohamned Naguid

伊斯蘭藝術博物館
Museum of Islamic Art 🏛

格胡利陵墓
Mausoleum of Al-Ghouri 🕌

阿茲哈清真寺
Al-Azhar Mosque 🕌

4

Ⓗ Falaki
Square

Sharia Nubar Pasha

Abdeen Palace
🏛 Museum

Ahmed Maher
Ⓢ Square

Ⓜ

● Bab Zuweila

Bab Darb
● El Mahrag

Sharia Sheikh Mohmmed Mahmud

BAB EL KHALQ

Sharia Imad El Din

ABDIN

Sharia Saoqaliyln

Sharia El Qala a

El Mardani
Mosque

舊開羅城牆

Sharia Qarafet El Wazir

5

Ⓜ Saad Zaghloul

Sharia El

Sharia Post Said

Sharia Nur El Zalam

Sharia El Qala a

安奎沙克清真寺
Mosque of Aqsunqur

EL HILMIYA

Ida Zeinab

蘇丹哈山清真寺
Mosque-Madrassa of
Sultan Hassan

● Rifai Mosque

El Saad

ISalah el Din
Square

大城堡
Citadel

6

EL SAIYIDA ZEINAB

納席‧穆罕默德清真寺
Al-Nasir Muhammad Mosque

穆罕默德‧阿里清真寺
Mosque of Muhammad

普特區

INFO

基本資訊

人口：約兩千萬人
面積：約三千平方公里
區碼：2

如何前往

◎航班

台灣目前沒有直飛埃及的航班，要前往開羅均須經由第三地轉機。開羅國際機場(Cairo International Airport)位於開羅市區東北方20公里處，目前共有三個航廈，第一航廈(Terminal 1)俗稱舊機場，第二航廈(Terminal 2)俗稱新機場，至於位於以南約兩公里處的第三航廈(Terminal 3)最新，於2009年開放使用。其中阿聯酋航空與英國航空的班機停靠第二航廈，而埃及航空與「星空聯盟」成員之班機多停靠第三航廈。

航廈之間有無人駕駛的Automated People Mover輕軌往返接駁。

開羅國際機場

ⓦwww.cairo-airport.com

◎鐵路

無論是從上埃及(亞斯文等地)或是亞歷山卓都可搭乘火車抵達開羅，拉美西斯火車站(Ramses Station)是開羅最大的火車站，位於拉美西斯廣場(Midan Ramses)，每日有數班快車往返亞歷山卓、路克索、亞斯文。另外，往來於上埃及和開羅間的夜車也可於此站購票、搭乘，需要注意的是，部分班次是從第二大的吉薩火車站(Giza Train Station)發車，而非拉美西斯火車站，購票時需特別注意。上述兩座火車站都與地鐵交會，可從火車站轉搭地鐵前往目的地。

由於時刻表、車票、票價的內容都是阿拉伯文且時有變動，而售票人員不見得諳英語，因此，在購票前可先到車站內的旅遊服務中心或鐵路服務台，請服務人員將搭車的日期、班次、時刻、起迄站、車種等翻譯成阿拉伯文再購票，購票後可請服務人員核對車票內容是否有誤。

臥鋪火車服務

ⓦabelatrains.com/Home(可查詢時刻表和預訂)

◎長途巴士

開羅主要的長途巴士站為Cairo Gateway(El-Turgoman)，此巴士站位於Orabi地鐵站以西約400公尺處，可轉搭地鐵前往目的地。由此可搭巴士前往亞歷山卓、西奈半島、蘇伊士運河一帶，以及上埃及的各大城市。

班車路線涵蓋埃及各大城，但由於班次、時刻、票價等經常無預警的變動，請在搭車的前1~2日到車站查詢最新的狀況。購買熱門地區的車票，建議提前預約。

Cairo Gateway

📍3 Wabour El-Torgoman St. Ard El-Torgoman, Bulak, Cairo

機場至市區交通

◎開羅機場接駁巴士Cairo Airport Shuttle Bus

開羅機場推出的機場接駁巴士是最便利且輕鬆的交通方式，接送地點可選擇包括機場所在的Heliopolis、Nasr-City、開羅市中心(Downtown)、吉薩(Giza)、Mohandeseen、Zamalek、Maadi、以及Haram(Pyramids area)等地之客人指定地點。

這項接駁服務分為可接送3人的Toyota Corolla車款、接送4人的V.W.Caddy及接送7人的Hyundai H1車款，以車計費，實際價位依車款及接送目的地而不同，可於官網查看價目表，車程視交通情況而異，如無塞車約30分鐘可達。此服務需預約。

電話熱線：19970

www.cairoshuttlebus.com

◎公車Bus

CTA市區公車(CTA City Busses) 也營運開羅機場和市區之間的交通，而且大多是附空調的大巴士，可以至第一航廈前停車場旁的Bus Terminal搭乘。356號公車可抵達位於市中心的解放廣場(Tahrir)，車站鄰近地鐵Sadat 站、開羅考古博物館。

◎計程車 Taxi

埃及的計程車分為新舊兩種，舊款的計程車為黑色，通常不配備里程表，因此必須以喊價的方式協商車資，須和司機再三確認價錢，不過，儘管如此還是有可能會在抵達時被超收費用。新款的計程車為白色，採取按表計費的方式，如果遇到司機告知表壞了或跳表速度詭異，不妨尋找另一輛計程車以免爭議。

另外，如果使用智慧型手機，且有行動上網，也可以使用APP叫車，像是「Uber」或「Careem」都是本地人常用的APP。在APP上設定好搭車地點及目的地後，即可叫車。付款方式有現金或信用卡付款兩種，非常方便。

UBER

www.uber.com/zh-tw/

Careem

www.careem.com/

市區交通

◎地鐵 Metro

開羅壅塞的交通常讓人頭痛，因此地鐵成了值得利用的交通工具，特別可以是避開上下班的尖峰塞車時刻。開羅地鐵目前有3條路線，1號線沿尼羅河東岸延伸約44公里，2號線則往西串連起市中心和吉薩，至於2012年投入營運的3號線，目前已開通Kit Kat站至Adly Mansour站之間，其他路段仍趕工中，預計將來可以通往開羅國際機場。

開羅地鐵入口處設有「M」字標記，營運時間為每日5:00~24:00，在交通尖峰時發車間距為每隔5~6分鐘，非交通尖峰時發車間距為每隔8~10分鐘；也設有女性專乘車廂。

開羅地鐵票價取決於乘坐的車站站數，搭乘1~9站票價E 5，10~16站E 7，16站以上E 10。以下列出幾個旅客常用的地鐵站：

Sadat站：1號線和2號線轉運站，位於市中心，出站即為Midan Tarir，附近有開羅考古博物館

Al-Shohasaa站：1號線和2號線轉運站，位於市中心，連接拉美西斯火車站

Ataba站：2號線和3號線轉運站，位於市中心

Bab El-Shaaria站：位於3號線，車站鄰近伊斯蘭區北邊

Mar Girgis站：位於1號線，車站位於科普特區

Giza站：位於2號線，由此站可轉乘計程車或公車前往吉薩金字塔區

Cairo Metro

cairometro.gov.eg

◎公車 Bus

雖然公車票價低廉，但擁擠、悶熱使外來遊客搭乘

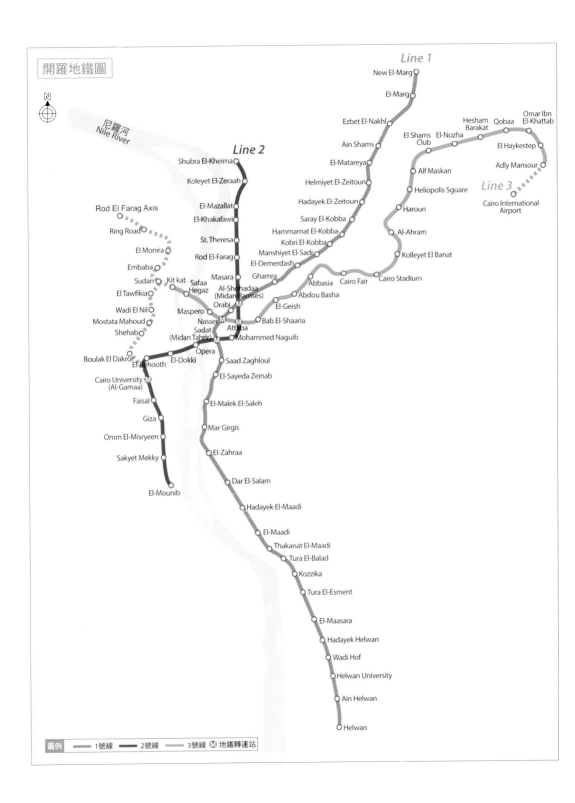

意願甚低，使用率較高的是公營小巴及民營小巴，小巴行駛路線遍及全市，但公營小巴以阿拉伯文標示班車號碼及路線，而民營小巴完全無標示，因此，先問清楚小巴行駛路線才不致搭錯車。公車車資視車程和車種而異。

◎計程車

計程車分為新舊兩種，舊款必須喊價，新款則採跳表制度。每段路程都有合理的公定價格，可在搭乘前先請問當地人(如飯店人員)，上車前和司機再三確認議價結果。

抵達目的地後，先下車再將車費交給司機，司機若企圖加價，別理會，從容給錢離開便是。請記得將紙鈔攤開點交給司機，以避免不必要的糾紛。

如果使用智慧型手機且有行動上網，也可以使用「Uber」或「「Careem」的叫車服務。

UBER
🌐 www.uber.com/zh-tw/

Careem
🌐 www.careem.com/

旅遊諮詢
◎埃及旅遊局Egyptian Tourism Authority
🌐 www.egypt.travel

驚險連連的埃及式「過馬路」！

套一句埃及人說的話：「斑馬線在我們心中！」看埃及人過馬路，可說是遊客抵達埃及後，最先感受到的文化衝擊之一。

首先，市區車流量大、車速快，加上馬路上不一定有紅綠燈、斑馬線，就算有，其實當地駕駛也不太在意交通號誌，而埃及的行人總是氣跟神閒的穿梭於高速的車陣中，常令遊客感到驚訝，更深感佩服。

建議大家面對「過馬路」這個挑戰時，可以先找找看紅綠燈，如果沒有，最好是緊跟著當地人過馬路，眼神也別忘了盯著來車駕駛，示意自己要通過車道，比較能保障安全。

城市概略City Guideline

開羅由市中心、伊斯蘭區和科普特區組成，是世界上最古老的城市之一，從前王朝時期發跡至今，已超過四千年的時間。坐落於尼羅河的兩岸，與鄰近的吉薩等地形成大開羅地區，成為阿拉伯和非洲世界中最大的城市。

開羅市中心有極重要的埃及博物館，內部館藏多達十萬件，涵蓋了古埃及各個時期的珍品，可說是認識古埃及及歷史文化最好的起點。其他還有拉美西斯火車站、香翠大街與香草廣場、歐拉比廣場等，都是旅人常前往的地點。

伊斯蘭區共有八百餘座大大小小的清真寺，濃縮了伊斯蘭教建築精華，除了參觀清真寺之外，其中的伊斯蘭藝術博物館更有助於大家了解伊斯蘭藝術及文化。而位居山頭的大城堡，無疑是開羅最醒目的建築物，當中的穆罕默德‧阿里清真寺是參觀焦點。

至於位於老開羅區(Old Cairo)的科普特區，是開羅最早發展的地區。「科普特」(Copts)一詞來自於希臘文，原指「埃及人」，後來演變為「埃及基督徒」的統稱，而如今的科普特區是埃及碩果僅存的基督教中心，可參觀其中的懸空教堂、聖喬治修道院。

而開羅周邊的區域屬於古曼菲斯(Memphis)地區的墓地，大小金字塔共約八十多座，其中又以吉薩金字塔及獅身人像最為引人注目，是目前僅存的世界七大奇景，更是所有人來到埃及，必定得造訪的一處景點。

開羅行程建議Itineraries in Cairo

　　大開羅地區的旅遊重點，主要包括市中心、伊斯蘭區、科普特區及吉薩，如果有2~3天的時間，基本上就可以走遍各區重要景點。

　　第1天建議可以參觀吉薩金字塔區與埃及博物館。造訪吉薩金字塔區，近距離感受三座金字塔帶來的震撼，並可走進金字塔的墓室中探秘，接著前往埃及博物館，細細參觀古埃及各時期文物，對埃及古代文化能有更深刻的認識。

　　第2天可以前往伊斯蘭區，包括大城堡、穆罕默德·阿里清真寺、伊斯蘭藝術博物館、安奎沙克清真寺(藍色清真寺)、伊本圖倫清真寺、蓋爾·安德生博物館都很值得參觀，遊走於「千塔之城」中，一路欣賞清真寺建築及伊斯蘭文化展品。

　　第3天則可以造訪科普特區及哈利利市集，在科普特區參觀科普特博物館、班以拉猶太會館、懸空教堂等，感受老開羅的氛圍，下午再前往哈利利市集採購紀念品，盡情享受逛街購物、殺價的樂趣。

　　如果還有多點時間，不妨將旅程擴展到開羅周邊，看沙卡拉的階梯金字塔、達蘇爾的彎曲金字塔及紅色金字塔，可了解金字塔的演變史，也可前往曼菲斯博物館參觀，見證曼菲斯的輝煌過往。由於往上述地方的公共交通不便，參加在地行程或者包一輛計程車前往都是不錯的選擇。

開羅散步路線
Walking Route in Cairo

　　這條路線包括伊斯蘭區的重要景點，更包括伊斯蘭藝術博物館，能充分認識伊斯蘭文化，如果有興趣，可以多參觀幾間清真寺，走一趟欣賞伊斯蘭藝術之旅。

　　一早先前往①**大城堡參觀**，佇立於山頭的大城堡，內部有三座清真寺、警察博物館、軍事博物館，還有可以眺望市容的花園及塔樓，其中的②**穆罕默德·阿里清真寺**是不可錯過的參觀重點。

　　鄰近大城堡的③**蘇丹哈山清真寺**是馬穆魯克王朝的代表建築，建築佔地廣闊，內部亦同樣精彩。接著繼續步行，轉入El Sorogyah街、El Khayama街，這一帶相當熱鬧，有庶民市集和帳篷市場。

　　對伊斯蘭文化有興趣的旅客，別錯過④**伊斯蘭博物館**，裡頭蒐藏了包括工藝品、金屬、陶器、織品

及可蘭經等，藏品約十萬件。

　　逛過博物館後，再走回到Sharia al-Muizz li-Din Allah街，這裡同樣是以庶民商品為主的市集，可以邊走邊逛感受在地生活感，之後經過⑤**阿茲哈清真寺**可順道參觀。

　　最後抵達⑥**胡塞恩廣場**，一旁就是⑦**哈利利市集**，這座熱鬧的大型市集不僅店家眾多，商品也很豐富，可以在此選購紀念品。

距離：約5公里

開羅散步地圖

胡塞恩廣場和清真寺
Midan al-Hussein & Al-Hussein Mosque

哈利利市集
Khan el-Khalili ⑦　　⑥

伊斯蘭藝術博物館
Museum of Islamic Art ④

阿茲哈清真寺
Al-Azhar Mosque ⑤

Sharia El C Muizz

Sharia El Khamaya

El Sorogyah

蘇丹哈山清真寺
Mosque-Madrassa ③
of Sultan Hassan

大城堡
Citadel ①

穆罕默德·阿里清真寺
Muhammad Ali Mosque ②

N

開羅市中心
Central Cairo

文●墨刻編輯部　攝影　●墨刻攝影組‧彭浩誠

開羅市中心是處理食衣住行的大本營，在每一個大大小小的廣場上，環繞著櫛比鱗次的旅館、餐廳，這個區域距離神秘的古埃及最為遙遠，到處都是車水馬龍的繁華景象，晚上比白天更加熱鬧。

開羅市中心最重要的景點為埃及博物館，其他還有主要道路香草大街、商業中心香草廣場，以及餐廳聚集的歐拉比廣場，拉美西斯火車站和鐵路博物館、郵政博物館、亞伯丁宮等，也都位於此區，值得細細探訪。

其中，拉美西斯火車站幾乎是旅人必經的一站，車站外的廣場上原先矗立著巨大的拉美西斯二世雕像，而這也是火車站及廣場的名稱由來。這座雕像於1882年在曼菲斯出土，後因政治因素，於1956年時切成八大塊，運到市區當作地標，但幾十年下來雕像在市中心區遭受嚴重侵蝕。為了保護及修復文物，2006年8月，埃及政府將雕像由廣場搬往吉薩的大埃及博物館(Grand Egypt Museum)預定地，這座新博物館建成開幕後，勢必再引發一波觀光熱潮。

MAP ▶ P.54D3

埃及博物館

Egyptian Museum

蒐羅上萬件古埃及文物

MOOK Choice

🚇搭地鐵1、2號線於Sadat (Midan Tahrir)站下,步行約6分鐘可達 🚇Midan Tahrir 💲全票450埃鎊、半票230埃鎊,6歲以下免費;錄影票300埃鎊 🕐9:00~19:00(8:30~18:00售票) 🌐egyptianmuseumcairo.eg/

　　如同巴黎羅浮宮是藝術的麥加,埃及博物館擁有相同的地位!超過十萬件的館藏,幾乎涵蓋了古埃及各個時期的珍品,在15,000平方公尺、分成兩個樓層的空間中展示,其中,以圖坦卡門蒐藏最震驚世界。放眼全球,以「考古」為主軸的博物館,沒有它者能與埃及博物館匹敵,縱然以每分鐘參觀一件展品的速度,也得耗費9個月的時間才足以參觀完畢,而這還不包括藏於地下室約四萬件的出土文物!

　　埃及博物館的興建,是於1858年由法國考古學家馬里埃特(Auguste Mariette)成立古物部門,好不容易才找到一處有限空間存放文物,直到1902年博物

興建博物館是為了古物不被搶光？

興建埃及博物館的概念，源起1835年，埃及統治者穆罕默德‧阿里(Mohammed Ali)有鑑於各處考古地點屢屢遭受恣意掠奪，興起了建造博物館的想法。這項理想落實不易，當時的埃及雖實質上由他統治，但名義上仍屬奧圖曼帝國(Ottoman)所管轄，政情複雜，他很難專心監督考古文物的收藏，但眼見英國大英博物館及法國羅浮宮相繼籌設埃及館，埃及政府決定加快腳步，最終於1902年催生出這座博物館。

館正式落成時，所有的珍稀文物才正式展出。遺憾的是，一生為成立博物館竭力奔走的馬里埃特已於1881年1月逝世，未能親身驗收他畢生致力的成果，不過，他並未離開，長眠於博物館內的花園，其紀念碑上的雕像凝視著遠方，博物館內也收藏了不少他發現的文物，像是卡夫拉雕像、拉和闐與諾福蕾雕像，以及美杜姆的鵝壁畫等等。

埃及博物館是一棟出自法國建築師之手的建築物，闢有百間展覽室，環繞著挑高的中庭，館方將這些為數可觀的文物分為兩大型態分層展示，1樓(Ground Floor)按文物年代依序逐室展出；2樓(First Floor)則依主題展示。

2007年6月埃及最高古文物委員會證實，1903年發現的一具無名女木乃伊，就是三千多年前統治過古埃及的首位女法老王哈塞普蘇(Hatshepsut)。埃及考古學家宣佈這項考古消息後，又引起一次熱潮。這具木乃伊原存放在帝王谷編號KV60的古墓超過1世紀，後搬遷到埃及博物館。當時儘管有多位學者懷疑，但是苦無直接

藏品龐大的埃及博物館出現對手了！

埃及博物館中的館藏眾多，由於現有的博物館空間、設備已顯不足，於是有了打造大埃及博物館(Grand Egypt Museum)的計畫，屆時埃及博物館中的部分藏品將會移至新博物館中。興建中的大埃及博物館距離吉薩金字塔區約兩公里，館內預計展出從拉美西斯廣場遷移至此的拉美西斯二世雕像，以及包括圖坦卡門的珍藏等文物，整體文物收藏量達十萬件。

除了收藏量相當可觀之外，建築本身設計也不容錯過，2003年，華人建築師彭士佛的設計圖從評選中勝出，吸引了世界的目光。他設計出一座位於沙漠中的現代博物館，不僅建築造型有特色、與周邊環境呼應，還能透過博物館的玻璃牆面直接欣賞金字塔。大埃及博物館尚未正式開幕，目前對部分完工區域進行有限的開放參觀，因名額有限，建議提前上網預約購票：grandegyptianmuseum.org/

證據證實她就是哈塞普蘇，最後靠著一顆牙齒才水落石出。哈塞普蘇女王的木乃伊成了埃及繼圖坦卡門木乃伊被發現後，考古上最重大的發現。

納麥爾色盤 Narmer Palette

材質 頁岩　**尺寸** 高64公分、寬42公分、厚2.5公分　**出土地點／年代** 古城希拉孔波利斯(Hierskonpolis)／1894年　**所屬年代** 前王朝時期，約西元前3100年

　　這件知名文物的價值在於所屬朝代的探討。直至目前為止，考古學家咸信這件文物的浮雕描述的是前王朝時期的納麥爾(Narmer)慶祝統一上下埃及的壯舉，而根據亞比多斯(Abydos)的考古發現，確實證明在古埃及第一王朝以前就存在著納麥爾等其他王國，考古學家甚至進一步將納麥爾、蠍王等列入前王朝時期或「0王朝」，但這段歷史畢竟仍是神話色彩高於史實，納麥爾究竟是何許人？他是否與美尼斯(Menes)或阿哈(Aha)為同一人？答案仍不得知。

　　這件色盤的正面浮雕分為3個部分，上端為法老王頭戴紅白雙王冠、手持權杖，查看被斬首的敵人，列於法老王跟前的旗幟代表列位都是鷹神荷魯斯的追隨者，頂端兩側雕有哈特女神(Hathor)的頭像，頭像間的符號是納麥爾的名字；位於中央部分的兩頭長頸交纏的野生動物象徵著反叛勢力終被順利收服，上下埃及得以統一；底端浮雕著法老王化為一頭猛牛，攻克敵軍及碉堡。

　　色盤的反面浮雕著戴著統治上埃及白冠的法老王斬殺敵人，右上方為象徵王權的荷魯斯一腳踏著代表上埃及的紙莎草、一腳執繩綑綁敵人，整體畫面充分展現法老王結束亂局、一統埃及的豪情。

納麥爾色盤解析圖

哈特女神(Hathor)的頭像，也有一說是代表法老力量的公牛頭

納麥爾的名字(符號為皇宮、鯰魚、鑿子)

納麥爾頭頭戴紅白雙王冠、手持權杖，查看被斬首的敵人，其身後跟著提鞋官，兩人右上角的符號為他們的名字

已經被納麥爾征服的城鎮

祭司帶領著4位掌旗官，代表列位都是鷹神荷魯斯的追隨者

無頭屍體(頭在兩腳中間)象徵被納麥爾斬殺的敵人

動物長頸交纏的圓中心，是研磨化妝品的地方

法老王化身為一頭猛牛，攻克敵軍及碉堡

兩頭長頸交纏的野生動物象徵著反叛勢力終於順利收服，上下埃及得以統一

哈特女神(Hathor)的頭像，也有一說是代表法老力量的公牛頭

納麥爾的名字(符號為皇宮、鯰魚、鑿子)

戴著統治上埃及白冠的納麥爾斬殺敵人，敵人頭部附近的符號可能是他的名字或所在城鎮

象徵王權的荷魯斯

幫納麥爾提鞋官(sandal-bearer)，左上角的符號為其名字

在逃跑或已死亡的人，頭部左邊的符號可能代表已經被征服的城鎮

代表下埃及的紙莎草

左塞爾雕像 Limestone Statue of Zoser

材質上彩石灰岩 尺寸高142公分、寬45.3公分、長95.5公分 出土地點／年代沙卡拉／1924~1925年 所屬年代第3王朝

這件古王國時期的法老王雕像，是極少數歷經四千六百年依舊倖存的文物，極為珍貴。雕像以整塊石灰岩雕刻而成，左塞爾姿態莊嚴，雖然面容受損，但高聳的顴骨、渾厚的嘴唇、凹陷的雙眼，充分展現出法老王剛毅的神情。基座前端雕飾著眼鏡蛇及兀鷹，象徵統一上、下埃及，一側雕刻著法老王左塞爾(Zoser)的名字，代表法老王為神的化身。

這座雕像原安置於沙卡拉階梯金字塔北端的小聖壇內，代表著逝去的法老王，雕像可藉由聖壇所開的小孔洞觀望室外所舉行的儀式。

卡夫拉雕像 Statue of Khafra

材質閃長岩 尺寸高168公分、寬57公分、長96公分 出土地點／年代吉薩／1860年 所屬年代第4王朝

吉薩金字塔區中的卡夫拉金字塔無疑使卡夫拉王(Khafra)成為知名度最高的法老王之一，這座擁有四千五百年歷史的雕像以閃長岩雕成，法老王頭戴斑紋頭巾、飾假鬚，表情剛毅沉著，王座兩側前端雕飾兩座雄獅，側面交纏的紙莎草及蓮花象徵統一上、下埃及，鷹神荷魯斯(Horus)在法老王頭部後方展翅護衛，象徵王權及神權合而為一，也顯露法老王正是荷魯斯在世間的化身。

孟卡拉三人組雕像群 A Triad of Menkaure

材質硬砂岩 尺寸3組分別高92.5公分、93公分、95.5公分 出土地點／年代吉薩／1908年 所屬年代第4王朝

此室所展示的三座孟卡拉(Menkaura)三人組雕像，無疑是古王國時期最經典的雕刻傑作。居中的法老王身穿纏腰布、頭戴統治上埃及的白冠，由法老王所站的居中位置、王冠的高度、左腳向前跨越表達領先的姿勢，強調法老王的地位遠高於身旁兩位神祇。

位於法老王右側的哈特女神頭戴假髮、頂著牛角及太陽圓盤，站在左側的是上埃及各省擬人化的表徵，同樣戴著假髮、頂著護衛該省的守護神，兩位女神均穿著貼身的長袍，勻稱的身材展露無遺。

木頭祭司雕像
Wooden Statue of Ka-Aper

材質 希克莫木材 尺寸 高112公分 出土地點
／年代 沙卡拉／1860~1870年 所屬年代
大約是西元前25世紀屬第5王朝早期

　　自第四王朝開始盛行以木頭為雕刻材
質，木材的可塑性優於石材，除卻臂膀
可拼裝，立像的背部也無須支柱，但缺
點是容易腐壞。這尊四千多年前的Ka-
Aper祭司雕像，倒是意外得保存良好，成
功刻畫出祭司渾圓的臉型和發福的體型，
表現出他享有富裕的生活及崇高的地位。最
精采的雕飾在眼部，眼白鑲嵌石英、瞳仁採
鉛玻璃、角膜為透明水晶、眼框以銅鑲框，
做工精緻值得近賞。

拉和闐與諾福蕾雕像
Statues of Rahotep and Nofret

材質 上彩石灰岩 尺寸 拉和闐高121公分、寬51公分、長69公分，
諾福蕾高122公分、寬48.5公分、長70公分。 出土地點／年代 美杜
姆(Maydum)／1871年 所屬年代 第4王朝

　　這兩座原安置在墓室中的雕像造型精美，比例勻稱。體格
健碩的拉和闐王子(Rahotep)身穿纏腰布，頸上繫著心型護身
符，一旁的妻子諾福蕾(Nofret)頭戴假髮及裝飾花王冠，隱約
露出她的真髮，頸上的項圈繁複多彩，典雅的長袍以寬肩帶
繫住，兩人的膚色忠於傳統美學，男性為紅磚膚色，女性為
略顯蒼白的乳黃色，雙�分別鑲嵌石英及水晶作為眼白和瞳
孔，嚴肅的表情和寫實的面容，顯露夫婦倆尊貴的地位與不
可侵犯的威權。

美杜姆的鵝壁畫 Panel of Meidum Geese

材質 上彩灰泥 尺寸 高27公分、寬172公分 出土地點／年代 美杜姆
／1871年 所屬年代 第4王朝

　　因為兼具裝飾及經濟效益，因此古埃及社會常見在灰泥牆
上作畫，此外顏料取得有相當容易，如紅色、黃色取自赭土
白色取自石膏、黑色取自煤煙，其他如藍銅礦、綠松石、孔
雀石等也都是顏料的來源，這些天然礦物研磨成粉後與水調
和，再加上蛋清作為黏合劑，就可在調色盤上配色作畫了。

　　遺憾的是，這種蛋彩畫保存不易，這幅壁畫是極少數倖存
的佳作，筆觸細膩，色彩鮮麗，是少見的寫實作品。

侏儒塞尼伯全家雕像
Seneb the Dwarf and his Family

材質 上彩石灰岩 尺寸 高34公分、寬22.5公分、長25公分 出土地
點／年代 吉薩／1926~1927年 所屬年代 屬古王國時期，約第6王
朝(一說是第5王朝)

　　早在第1王朝時期，埃及境內就出現了兩種類型的侏儒，一
類為非洲赤道屬矮小人種的皮克米(Pygmy)部族，另一類為病
變畸形的侏儒。由於侏儒的外觀特殊，只能擔任照顧牲口、
娛樂主人等工作，塞尼伯(Seneb)是突破侏儒外型限制獲得高
位的第一人，他是宮中侏儒群的領導人，去世後就葬在吉薩
金字塔區邊。

　　這座由塞尼伯墓出土的全家福雕像，顯然經過巧思設計，
塞尼伯交握雙手、盤起短腿，跟前的一對裸身吮指的子女構
成了視覺延長的錯覺，加上他的頭部及軀體是按常人的比例
雕刻，使得觀者一眼看不出他矮小的體型，十分巧妙。

書記雕像 Seated Scribe

材質上彩石灰岩　尺寸高51公分、寬41公分、側面31公分　出土地點／年代沙卡拉／1893年　所屬年代大約是西元前25世紀第5王朝早期

閱讀及書寫在古埃及是項特殊技藝，只有專業的書記、皇室的子女、掌權的祭司及地位崇高的官員具擁有這方面的能力。

這座書記雕像延續傳統的盤膝坐姿，左手拿著展開的紙莎草紙卷、右手握著筆，雙眼凝視遠方像在沉思，鮮麗的眼線和鑲嵌的眼珠使雕像栩栩如生，頭上戴的假髮微微向後撥，露出面容和雙耳，展現了雕刻手法的突破。

哈塞普蘇女王頭像
Limestone Head of Hatshepsut

材質上彩石灰岩　尺寸高61公分、寬55公分　出土地點／年代路克索尼羅河西岸哈塞普蘇神殿／1926年　所屬年代第18王朝

這座頭像原位於尼羅河西岸哈塞普蘇神殿(Temple of Hatshepsut)第三層柱廊外側，奪取王位的哈塞普蘇女王為了樹立權威，不僅以男裝示人，而且仿效其他法老王建造仿冥神歐西里斯(Osiris)姿勢的雕像。這位企圖心旺盛的女王頭戴紅白雙王冠、假鬍鬚，採男性膚色專用的紅磚色，刻意展現男性陽剛特質，但柔和的雙目和容顏，卻顯露了女性陰柔本質。

薩努塞一世之柱 Pillar of Senwosret I

材質上彩石灰岩　尺寸高434公分、寬51公分、長95公分　出土地點／年代卡納克神殿／1903~1904年　所屬年代第12王朝

在1900年代早期，考古學家在卡納克神殿(Temple of Amun at Karnak)的第7塔門前的前庭挖掘出兩萬多件青銅像、石雕像及石碑，所屬朝代跨越了第11王朝至托勒密王朝，少數保存良好的文物移至本館收藏，這座飾有法老王浮雕的立柱就是出土的文物之一。

此立柱屬第12王朝的薩努塞一世(Senwosert I)，立柱的四面分別浮雕著法老王擁抱荷魯斯(Horus)、阿頓(Aten)、阿蒙(Amun)、卜塔(Ptah)四位神祇，狀至親暱的舉止展現法老王為人神一體的超凡身分。

阿蒙霍特普四世雕像
Statue of Amenhotep IV

材質砂岩　尺寸全身雕像高239公分、半身像高185公分　出土地點／年代卡納克／1926年　所屬年代第18王朝

早在阿蒙霍特普四世(Amenhotep IV)將帝號改為阿肯納頓(Akenaten)並遷都至阿馬爾奈(Tell al-Amarna)之前，這位年輕的法老王在底比斯建造了多座神殿，其中一座緊鄰卡納克阿蒙神殿(Temple of Amun at Karnak)的殿宇，環繞著28尊阿蒙霍特普四世高大的立像，今日，博物館內藏有其中四座雕像，路克索博物館(Luxor Museum)收藏了兩座，法國羅浮宮則收藏了一座。

不同於傳統法老王所展現的俊美健壯形象，阿蒙霍特普四世表現了窄臉、瘦頰、細眼、厚唇、長耳、窄肩、細腰、豐臀等特色，雌雄同體的特徵相當明顯，徹底顛覆了古埃及傳統美學，並留下了肥胖與優美、做作與寫實、誇張與具像、萎靡與振作、隱疾與秘聞永無休止的爭議，使阿蒙霍特普四世成為跨越古今的風雲人物。

娜芙蒂蒂未完成頭像
Unfinished Head of Nefertiti

材質 石英岩 尺寸 高35.5公分 出土
地點／年代 阿馬爾奈／1932年
所屬年代 第18王朝

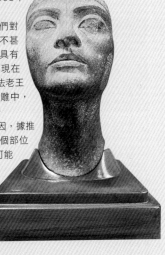

　　直到目前為止，學者們對這位皇后的身世背景仍不甚了解，曾經有人推測他具有外國血統，但這項說法現在已不成立。由她頻頻和法老王阿肯納頓雙雙出現在浮雕中，可知她擁有崇高的地位。

　　這座頭像未完成的原因，據推測是工匠將雕像分成數個部位分批雕鑿而後拼合，也可能是工作坊的習作，雖然完成度不高，但已成功的展現皇后勻稱美麗的容顏，留與後世無限的遐想。

阿肯納頓和家人浮雕 Relief Showing Akhenaten and His Family

材質 上彩石灰岩 尺寸 高 53公分、寬48公分、厚8公分 出土地點／年代 阿馬爾奈／1891年 所屬年代 第18王朝

　　這塊石灰岩浮雕出土於皇室陵墓，混雜於一片碎片當中，學者們推測這塊石板可能是為阿肯納頓二女兒瑪肯塔頓(Maketaten)所作，她在母親分娩時夭折。石板顯示阿肯納頓帶領著皇后娜芙蒂蒂向太陽神阿頓(Aten)敬奉蓮花，身後跟隨著大女兒梅麗塔頓(Meritaten)，梅麗塔頓一手拿著叉鈴，一手牽著妹妹瑪肯塔頓。

阿肯納頓與年輕女子雕像
Statue of Akhenaten with a Female Figure

材質 石灰岩 尺寸 高39.5公分、寬16公分、長21.5公分 出土地點／年代 阿馬爾奈／1912年 所屬年代 第18王朝

　　這件作品雖小，但表現出罕見的親暱舉止。頭戴藍冠、身穿短袖上衣的法老王坐在椅上，抱著大女兒梅麗頓塔親吻(近來學者們推測此一女子很可能是阿肯納頓另一名妻子Kiya)，親密的舉動不僅推翻了宮廷正經嚴肅的對外形象，也為當時的藝術表現注入了革新的力量。

圖坦卡門黃金王座 Throne of Tutankhamun

材質 木 尺寸 高102公分、寬60公分、長54公分 出土地點／年代 尼羅河西岸帝王谷圖坦卡門墓／1922~1923年 所屬年代 第18王朝

　　這座遍貼金箔的王座雕刻精美，並運用白銀、寶石、鉛玻璃鑲飾，極盡華麗，被考古學家視作空前的發現。

　　王座前端兩側雄踞兩隻公獅，四隻椅腳為獅掌，扶手處裝飾著兩條頭戴紅白雙冠的眼鏡蛇，張翅護衛著扶手前端所刻的皇家橢圓形飾徽。靠背處的細膩雕飾是這座王座最精采的部分，雕飾出圖坦卡門坐在放有軟墊的王座上，右臂斜靠在椅背上，頭戴精心製作的假髮及慶典專用的王冠，身穿打褶長裙、繫著華麗腰帶，胸頸處的項圈璀璨多彩，一派悠閒的沐浴在太陽神阿頓(Aten)的照耀下。

　　皇后安克蘇拉姆(Ankhesenamun)站在法老王面前，手捧一罐油膏為法老王塗抹，她所穿戴的王冠、假髮、項圈、長袍、涼鞋也同樣奢華。畫面中的這對夫妻同穿一雙鞋，顯現鶼鰈情深。

圖坦卡門的卡雕像
Ka Statues of Tutankhamun

材質 木　尺寸 高192公分、寬53.5公分、長98公分　出土地點／年代 尼羅河西岸帝王谷圖坦卡門墓／1922~1923年　所屬年代 第18王朝

這兩座高192公分的雕像表達了卡「Ka」的概念，卡(Ka)與巴(Ba)都是古埃及人解釋類似靈魂的觀念：卡是生命原始的雛形，巴則近似死者存在的一種形式，兩者與肉體都密不可分，因此，墓室中擺設了兩座卡雕像護衛屍體不受破壞。

這兩座貼覆金箔的木雕幾乎一模一樣，差別僅在褶裙上的刻飾，以及一個頭戴斑紋包頭巾、一個戴著假髮，兩者髮飾前端都鑲有貼金箔的青銅眼鏡蛇。膚色塗抹黑色的瀝青，象徵化身為冥神歐西里斯，褶裙及環扣分別刻著圖坦卡門的出生名「Tutankhamun」及登基名「Nebkheperura」。

不同的兩個名稱是法老王在不同階段獲取的稱謂，兩者都會嵌入神祇名字，以顯示法老王人神合一的地位，由於正式的名稱相當冗長，一般僅簡化使用。

彩繪箱 Painted Casket

材質 木　尺寸 高44公分、寬43公分、長61公分　出土地點／年代 尼羅河西岸帝王谷圖坦卡門墓／1922~1923年　所屬年代 第18王朝

這件描繪細緻的木箱是圖坦卡門墓中的精品，頂蓋及四面繪滿精緻的圖案，主題環繞著法老王率軍攻克敵人的英勇戰績。

正面的裝飾畫描繪法老王駕著雙輪馬車，韁繩繫在腰臀處，雙手張弓射擊敘利亞軍及努比亞軍，大批敵軍及戰馬驚慌失措，倉皇敗逃。側面的畫則描寫圖坦卡門化身為獅身人面邁步踐踏敵人，頂蓋畫著法老王張弓猛擊代表敵人的野生動物。

在發掘之初，這件木箱內放置著金製涼鞋、刺繡鑲金的衣服、項鍊、皮帶等物品，幸賴考古學家及時發現收藏，在挖掘過程中才未遭受偷盜破壞。

皇室家族石碑
Stela of Akhenaten and His Family

材質 上彩石灰岩　尺寸 高44公分、寬39公分　出土地點／年代 阿馬爾奈／1912年　所屬年代 第18王朝

掀起宗教革命的阿肯納頓在這塊石碑中，展現了和皇室成員們濃厚的親密關係。阿肯納頓推崇的太陽神阿頓在畫面中上端射下萬丈光芒，賜與皇室生命及富足，帶著藍冠的阿肯納頓和皇后娜芙蒂蒂舒適的坐在軟墊凳上，大女兒梅麗塔頓站在兩人之間與父親取樂，其他兩個小女兒站、坐在母親的腿上，一家親愛和樂的景象真實而感人。

圖坦卡門頭戴白冠及紅冠的雕像
Golden Statues

材質 木　尺寸 各高59公分及75.3公分　出土地點／年代 尼羅河西岸帝王谷圖坦卡門墓／1922~1923年　所屬年代 第18王朝

圖坦卡門墓內的雕像數量相當多，這些精雕細琢的木雕在法老王生前陸續完成後即覆蓋上亞麻布，僅保留臉部暴露在外，除卻少數雕像因特殊因素塗抹黑色的瀝青(一說為黑色的樹脂)外，其餘所有的木雕品一律都貼覆金箔。

這兩座各戴著紅冠及白冠的雕像主體為木雕，紅冠可能是以紅銅製成；白冠可能是採皮革，兩座雕像均顯露長頸、凸腹、豐臀的特徵，顯然還留存有阿肯納頓時期的藝術表現特色。

香水瓶 Alabster Perfume Vase

材質 雪花石膏 尺寸 高70公分、寬36.8公分、長18.5公分 出土地點／年代 尼羅河西岸帝王谷圖坦卡門墓／1922~1923年 所屬年代 第18王朝

這個精緻的瓶子是以雪花石膏雕成，為填裝香精及油膏用，繁複的雕飾呈現代表「聯合」的象形文字，兩旁站立著尼羅河神，將蓮花和紙莎草綑綁在一起，象徵統一上下埃及，這個形象經常浮雕在法老王王座的兩側。

獸形寢具 Funerary Couches

材質 木 尺寸 3座獸形寢具各高156公分、寬91公分、長181公分；高134公分、寬126公分、長236公分；高188公分、寬128公分、長208公分 出土地點／年代 尼羅河西岸帝王谷圖坦卡門墓／1922~1923年 所屬年代 第18王朝

這三座分別雕有獅頭、牛頭及雜交生物的寢具是喪禮專用物品，象徵意義大於實用性。鑲飾牛頭的寢具，象徵著大水、原水，環繞寢具的外緣繪有代表夜空的豹紋。

最奇特的就是混雜著河馬頭、豹身、鱷魚尾的寢具，這頭怪獸具有雙重身分，一是在黃昏時分吞噬太陽，到了黎明又誕生太陽的努特女神，另一個身分就是冥界的怪獸阿穆特(Ammut)，當亡靈進入冥界未通過「秤心儀式」的考驗時，在一旁虎視眈眈的阿穆特就會一口吞噬心臟、撕裂亡靈，使亡靈墜入深淵、不得重生復活。

內臟儲藏罐外棺 Golden Canopic Shrine

材質 木 尺寸 高198公分、寬122公分、長153公分 出土地點／年代 尼羅河西岸帝王谷圖坦卡門墓／1922~1923年 所屬年代 第18王朝

這座存放內臟儲藏罐的外棺，形似一座有四柱撐頂的小亭，上端有帶狀眼鏡蛇雕飾，下端為平撬，四面各立一位張臂護衛的女神，分別為伊西斯神(Isis)、奈芙蒂斯神(Nephthys)、妮特神(Neith)和塞勒凱特神(Selket)，他們自然展露身材曲線，展現出阿肯納頓時期的藝術表現特點。而外棺深刻的銘文也是為保護法老王直到重生。

內臟儲藏罐 Canopic Jars

材質 雪花石膏 尺寸 高85.5公分、寬54公分、長54公分 出土地點／年代 尼羅河西岸帝王谷圖坦卡門墓／1922~1923年 所屬年代 第18王朝

這組內臟儲藏罐以質優的雪花石膏雕成，安置在貼覆金箔的平撬上便於移動。與外層四位女神對應的，是荷魯斯四位守護內臟儲藏罐的兒子，各司其職的保護法老王的肝、肺、胃、腸。

圖坦卡門黃金面具 Gold Mask of Tutankhamun

材質 黃金 尺寸 高54公分、寬39.3公分、重11公斤 出土地點／年代 尼羅河西岸帝王谷圖坦卡門墓／1922~1923年 所屬年代 第18王朝

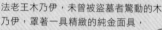

揭開了四層外棺及三座人形棺之後，便是包裹著亞麻布的法老王木乃伊，未曾被盜墓者驚動的木乃伊，罩著一具精緻的純金面具，保護著法老王的頭部及肩部。

面具重達11公斤，顯現法老王頭戴斑紋包頭巾，前端鑲飾著紅玉髓、天青石、鉛玻璃所製的兀鷹及眼鏡蛇，法老王無暇的雙眼則以石英及黑曜石鑲嵌，胸前佩戴的項圈多達12排，大量運用了天青石、石英、天河石及多彩的鉛玻璃，無與倫比的工藝，達成了圖坦卡門永世不朽的願望。

外棺 Gilded Wooden Shrines

材質 木 尺寸 最外層的第一層高275公分、寬328公分、長508公分，第二層高225公分、寬235公分、長374公分，第三層高215公分、寬192公分、長340公分，最裡層的第四層高190公分、寬148公分、長290公分 出土地點／年代 尼羅河西岸帝王谷圖坦卡門墓／1922~1923年 所屬年代 第18王朝

1923年2月17日，當英國考古學家霍華‧卡特(Howard Carter)拆除圖坦卡門墓最裡層的磚門時，赫然發現偌大的墓室竟然擺放幾乎同等體積的外棺。四座貼覆金箔的木造外棺，以厚達6公分的橡樹板製成，層層相套，舊時盜墓者開啟第一道外棺即宣告放棄，使放置在外棺內的人形棺及法老王的木乃伊得以保存。

考古學家耗費了84天才完成拆卸外棺的工程，四座外棺的內、外都雕飾了神祇及《死亡之書》的內容，是研究古埃及最珍貴的資料。

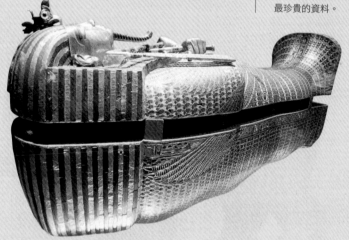

人形棺 Gold Coffin of Tutankhamun

材質 木與黃金 尺寸 最內層的黃金內棺高51公分、寬51.3公分、長187公分 出土地點／年代 尼羅河西岸帝王谷圖坦卡門墓／1922~1923年 所屬年代 第18王朝

當4層外棺一一打開，裡面存放一座石棺，移去石棺外蓋後，考古學家發現裡面靜躺著璀璨奪目的人形棺。

如同層層相套的外棺，精緻的人形棺也多達三座，最外層的兩座人形棺為木質貼覆金箔，而最裡層的人形棺竟是純金打造，重達110.4公斤。三具人形棺均採法老王仿冥神歐西里斯姿勢，頭戴斑紋包頭巾，前端鑲飾代表上下埃及的兀鷹及眼鏡蛇，假鬚尾端微翹，雙手各執連枷權杖及彎鉤權杖，遍身鑲嵌多種珍貴的寶石，工藝之精湛及耗資之龐大都令人咋舌。

胸飾 Pectoral

材質 黃金、白銀、寶石、鉛玻璃等 尺寸 高14.9公分、寬14.5公分 出土地點／年代 尼羅河西岸帝王谷圖坦卡門墓／1922~1923年 所屬年代 第18王朝

圖坦卡門墓葬的重點除了黃金面具、內棺，還有數量龐大的陪葬珠寶，這些珠寶件件設計繁複，運用多種珠寶融合守護神祇，例如這件亮眼的胸飾主要由荷魯斯之眼、綠玉髓聖甲蟲、眼鏡蛇以及莎草紙花、蓮花苞等組成，極盡巧思之能事，工藝更是一流。

71

薩哈特優南的鏡子 Mirror of Queen Sit-Hathor-Yunet

材質黃金、白銀、黑曜石等　尺寸高28公分、寬15公分　出土地點／年代拉罕(Al-Lahun)／1914年　所屬年代第11王朝

薩哈特優南(Sit-Hathor-Yunet)是薩努塞二世(Senwosert II)的女兒，她的陵墓曾遭偷竊，僅有少數陪葬的珠寶因藏於牆縫中而倖存，這面鏡子及王冠就是留存的精品。

這面三千八百年前使用的鏡子，以薄銀為鏡面，黑曜石做成的握柄形似紙莎草，下端飾有花形，上端還鑲有帶牛耳的哈特女神純金頭像，護佑女主人年輕、美麗、喜悅，這面鏡子堪稱是將想像力落實為實用工藝品的最佳範例。

薩哈特優南的王冠 Diadem of Queen Sit-Hathor-Yunet

材質黃金、天青石、紅玉髓、鉛玻璃等　尺寸高44公分、寬19.2公分　出土地點／年代拉罕／1914年　所屬年代第11王朝

這頂純金打造的公主王冠，鑲有以天青石、紅玉髓、多彩鉛玻璃等嵌製的眼鏡蛇以及15朵花飾，後方高立的雙羽為皇室與神權融合的象徵，整件作品看似簡單，實則精緻複雜，展現中王國時期頂級的鑲嵌工藝。

荷魯斯站在鱷魚上之石碑 Relief of Horus the Child Standing on Crocodiles

材質頁岩　尺寸高44公分、寬26公分、厚11公分　出土地點／年代亞歷山卓／1880年　所屬年代托勒密王朝

這塊石碑乍見平常，事實上，銘刻的圖案等同於符咒，在醫學尚不發達的古埃及，人們相信藉由荷魯斯的神力能避免甚至治癒蛇、蠍的咬傷。

在這塊號稱具有療效的石碑上，荷魯斯呈現孩童的形象，裸著身子並留有側邊髮束，祂腳踏鱷魚，右手持蛇、蠍、羚羊；左手持蛇、獅，學者推斷這些動物象徵著荷魯斯的武器或邪惡之神賽特(Seth)。在兩邊各立有蓮花和紙莎草，頭上則有守護婦孺的貝斯神(Bes)看顧著祂。

河馬雕像 Statuette of a Hippopotamus

材質藍瓷　尺寸高11.5公分、長21.5公分　出土地點／年代尼羅河西岸／1860年　所屬年代第2中間期

肢體形逗趣的藍色河馬，身上畫著生長在尼羅河裡的水中植物，陪襯著可愛小鳥，這些花鳥和河馬的眼、嘴、耳都以明顯的黑色描畫。

在古埃及時代，河馬並不受歡迎，牠既是邪惡之神賽特(殺死冥神歐西里斯的兇手)的化身，也常在現實中掀翻船隻，但在墓葬中，河馬象徵著富饒多產，因此，在中王國時期及第2中間期(第11王朝至第16王朝)常見以河馬工藝品做為陪葬品，不過，第17王朝之後的墓室中已不見河馬藝品的蹤影。

小鱷魚木乃伊 Animal Mummies : Crocodile

尺寸厚4.5公分、寬6.4公分、長37.5公分　出土地點／年代尼羅河西岸／1864年　所屬年代羅馬統治時期

製作動物木乃伊在古埃及是相當普遍的情形，由於許多神祇都具有動物的化身，如哈特女神(Hathor)為母牛外形、荷魯斯(Horus)為老鷹、克奴姆(Khnum)為公羊、阿努比斯(Anubis)為黑狗或胡狼、圖特(Thoth)為朱鷺等，因而製成的動物的木乃伊視同神祇，為喪葬不可缺少的陪葬品。

這隻鱷魚木乃伊為鱷魚神索貝克(Sobek)的化身，索貝克象徵著尼羅河及富饒，這具木乃伊身上纏繞的亞麻布以明暗雙色交錯成幾何圖案，展現羅馬時期製作木乃伊不重防腐，反而重視外在裝飾的特點。

努比亞弓箭手和埃及持矛軍模型
Models of Nubian Archers and Egyptian Pikeman

材質木 尺寸努比亞弓箭手高55公分、寬72.3公分、長190.2公分，埃及持矛軍高59公分、寬62公分、長169.8公分 出土地點／年代艾斯尤特(Asyut)／1894年 所屬年代第11王朝

這兩組軍隊發掘自麥沙提(Mesehti)王子墓，他處於政局紊亂的第一中間期，君主政體已崩潰一段時日，埃及境內由爭權奪利的皇族把持著，暴亂頻傳的世局使得麥沙提王子去世後，都不忘雕刻兩組軍隊護衛他越過冥界。

這兩組行進的軍隊各有40名士兵，皮膚黝黑的努比亞弓箭手穿著超短纏腰布，前垂布條飾有紅綠雙色的幾何圖案，持矛的埃及軍膚色較淺，手持盾牌及長矛，兩隊士兵高矮參差表現行軍時的動態。

捕魚模型 Meketre's Model Fishing Boats

材質木 尺寸高31.5公分、寬62公分、長90公分 出土地點／年代尼羅河西岸麥肯徹(Meketre)墓／1919~1920年 所屬年代第11王朝早期~第12王朝早期

這組活力十足的木雕，展現兩隊漁民分乘兩艘紙莎草紮編成的綠舟，在尼羅河中捕魚的情景。小舟的前端及後端各有一名划槳人熟練的操控方向，其他的漁民則忙碌的收網，鮮活的造型和色彩，顯露了古埃及人與尼羅河之間的密切關係。

木工工作坊模型
Meketre's Model Carpenters' Workshop

材質木 尺寸高26分、寬52公分、長66公分 出土地點／年代尼羅河西岸麥肯徹(Meketre)墓／1919~1920年 所屬年代第11王朝早期~第12王朝早期

這組忙碌的木工工作坊作品，仔細的刻畫出每位木工盡責工作的場合。居中的木工將木塊綁在支架上拉鋸，後方有一群人坐在火爐邊鍛造木雕所需的工具，旁邊有名木工以鎚子及鑿子敲打榫接木塊，其他的人則忙著打磨、鑲嵌。

這組木工作坊原是安放在一個白色大箱內，以細繩和黏土封藏，箱內還放著斧、刀、鑿子、鑽子和鋸子。

麥肯徹墓統計牲口數量之模型
Model of Meketre Counting Cattle

材質木 尺寸高55.5公分、寬72公分、長173公分 出土地點／年代尼羅河西岸麥肯徹(Meketre)墓／1919~1920年 所屬年代第11王朝早期~第12王朝早期

1919年，位於尼羅河西岸的麥肯徹墓出土了25組木雕，展現釀酒、捕魚、紡織、木工各項日常工作的情景，栩栩如生，重現古埃及人民的生活實況，彌足珍貴。

這組木雕描述麥肯徹和兒子以及四名書記坐在小亭內，檢視並計算牛隻數量的情景，牛隻是個人重要的財富，也是繳納稅款的依據。

可見到監工站在亭前向麥肯查鞠躬致敬，其他人則手持長棍維持秩序、控制場面，確保檢閱順利進行。不同斑紋的牛隻在棍棒和繩索牽引下魚貫走過小亭前，所有的人物都裸露上半身、穿纏腰布、赤足，場面熱鬧。

MAP ▶ P.55E3

香草大街與香草廣場
Talaat Harb Street & Midan Talaat Harb

本地重要生活中心

🚇搭地鐵1、2號線於Sadat (Midan Tahrir)站下，步行約1~5分鐘可達

香草大街這條馬路堪稱開羅數一數二的重要大馬路，由南至北串聯三大重要圓環廣場，馬路兩旁從服裝店、電器行、內衣店、餐廳、銀行、咖啡店等包羅萬象，香草大街是在開羅生活的重要地點，此區尤其是觀察埃及人夜生活的重鎮。每當華燈初上，氣溫逐漸下降，埃及人一反白日慵懶欲睡的神態，立刻梳洗乾淨、頭上抹油、身上飄著古龍水香味，神采奕奕的出門逛街。

另外香草廣場更是開羅商業中心，廣場中間的雕塑是國家銀行創始人哈柏先生(Harb)。廣場附近有許多平價旅館，有無空調、衛浴設備(是否全天候有熱水)等因素影響價格甚鉅，選擇時須注意。

MAP ▶ P.55E2

歐拉比廣場
Midan Orabi

旅行者的用餐天堂

🚇搭地鐵1號線於Orabi站下，出站即達

旅人千萬別錯過歐拉比廣場，這裡簡直就是旅行者的天堂，一邊是販賣新鮮蔬果的黃昏市場，一邊是各種餐廳的聚集區，餐廳總類多，販售包羊肉或雞肉的沙威瑪(Shwarma)、熱狗、烤雞、埃及通心粉(Kushari)等，各類食物一應俱全。就算不用餐，找間埃及特有的露天式咖啡店(Ahwa)，喝一杯冰涼的果汁或是濃烈的咖啡，吸一管水煙，體驗當地舒適的悠閒生活。

熱情的埃及人及安全小叮嚀

埃及人非常熱情，女性觀光客在觀光區逛街時，不少男性都會主動打招呼，熱情一點的可能還會高喊「I love you」、「You are so beautiful」或甚至用中文說「我愛你」、「嫁給我」，初來乍到，可能會不習慣這樣的熱情，但是不用過於大驚小怪，也不需要將之當作騷擾，只要微笑以對，不用過度回應。

雖然大多數埃及人對觀光客都很和善，不過，跟埃及的南部城市相比，在開羅還是要注意些，女生如果有安全顧慮，晚上最好不要單獨外出亂晃，至少也要結伴同行，以免被盯上。

伊斯蘭區
Islamic Cairo

文●墨刻編輯部
攝影●墨刻攝影組‧彭浩誠

對伊斯蘭教毫無概念的人，無法真正認識開羅。雙腳才剛踏進開羅，耳邊立刻傳來開羅的呼喚，這座城市擁有約一千座宣禮塔，每天五次按時提醒遊客伊斯蘭教無遠弗屆的威力。

鳥瞰開羅市容時，可以看到沿著穆埃茲里‧阿拉哈(Al-Muizz li-Din Allah)、連接羊腸小徑達勒‧阿赫馬赫(Darb Al-Ahmar)，一路迤邐到山頂上壯麗的納席‧穆罕默德清真寺(Mosque of An-Nasir Mohammed)的，是兩長排的清真寺建築，圓圓的洋蔥頭與尖尖的塔頂沿線排列，伊斯蘭區共有八百餘座大大小小的清真寺，簡直讓人嘆為觀止，這裡已被列入聯合國教科文組織的遺產保護，也是開羅極富特色的地區，每日觀光客川流不息。

75

伊斯蘭區

Bab El-Shaaria M

N

胡塞恩廣場和清真寺
Midan al-Hussein & Al-Hussein Mosque

征服門
Bab al-Futuh

哈金清真寺
Al-Hakim Mosque

凱旋門
Bab al-Nasr

Sulayman Age Silahdar Mosque
Le Riad H
Aqmar Mosque
維卡拉
Wekalet Bazaraa
席海密之家Bayt al-Suhaymi
Barquq Madrasa-khanqah
卡胡達沙比・庫丹
Sabil-Kuttab of Katkhuda
納瑟清真寺El Nasir Mosque
Qalawun Madrasa Mausoleum
沙利・那金El Din Ayyub
Salih Nagim El Din Ayyub
Madrasa-mausolem
巴斯拜清真寺
El Ashraf Barbsay Mosque
哈利利市集
Khan el-Khalili
Arabian
Nights
El 安斯拉夫巴斯拜清真寺
Ashraf Barsbay Mosque
格胡利陵墓
Mausoleum of Al-Ghouri
阿茲哈大學
Azhar University
伊斯蘭藝術博物館
Museum of Islamic Art
阿茲哈清真寺
Al-Azhar Mosque
Bab Bazaar
沙利塔賴清真寺
Salih Talai Mosque
帳篷市場
Tentmakers Bazaar
Qajmas el Lshagi Mosque
馬力達尼清真寺
Maridani Mosque
Bayt el Razzaz
安奎沙克清真寺
Mosque of Aqsunqur
Umm el Sultan Shaan Madrasa
Khayrbak Mosque
Alin Aq Palace
伊本圖倫清真寺
Mosque of Ibn Tulun
瑞法清真寺
Al Rifa'i Mosque
蘇丹哈山清真寺
Mosque-Madrassa
of Sultan Hassan
國家警察博物館
National Police Museum
Bab el Gadid
軍事博物館
Harim Palace
奎貝沙比・庫丹
Sabil-Kuttab of Qaitbay
大城堡
Citadel
Carriage Mosque
Seized Mosque
穆罕默德・阿里清真寺
Muhammad Ali Mosque
納席・穆罕默德清真寺
Al-Nasir Muhammad Mosque
蓋爾・安德生博物館
Gayer-Auderson Museum
珠寶宮
Qasr el Gawharah Jewel Palace

圖例 ⊙景點 ◎廣場 ⬛博物館 🛍購物 🏰碉堡
M地鐵 H飯店 🏫學校 ☪清真寺

伊斯蘭教與埃及

伊斯蘭教與埃及的緊密結合發生於西元7世紀，當時的阿拉伯世界在《可蘭經》意旨的感召下，凝集成一股強大勢力，因而當拜占庭帝國與埃及基督徒發生猛烈的宗教紛爭時，巴格達的伊斯蘭教勢力趁機進入埃及奪取政權。當時進駐埃及的伊斯蘭入是傳統而溫和的遜尼派(Sunni)，至西元10世紀末，轉由激進的什葉派(Shiite)掌握政權，在這兩派剛柔並進的推動下，伊斯蘭教與阿拉伯語終於成為埃及的官方語言與宗教。

伊斯蘭教最具象徵性的建築物就是清真寺，是供教徒聚集祈禱的場所，每日逢黎明、正午、下午、日落、晚間等五段時刻，宣禮塔便放聲召喚教徒入寺祈禱。清真寺的建築主結構大體分為兩大類，一類為四面拱廊(Riwaq)，環抱著建有水池的中庭(Sahn)，聖堂及聖龕參照聖地麥加(Mecca)的方位設置在主拱廊的後方；另一類建築結構為四座拱形大廳(Liwan)，成十字形環抱中庭，其中的一座大廳為聖堂所在。教徒入寺前，須先脫去鞋襪、滌淨臉、手、腳後再進入聖堂，面朝聖龕跪坐，聽取教長頌念經文、集體膜拜祈禱。

12世紀時，薩拉丁(Salah al-Din)引進波斯的學院(Madrasa，馬德拉沙)推展伊斯蘭教育，自此，許多清真寺增建了學院這部份新建築。

Where to Explore in Islamic Cairo
賞遊伊斯蘭區

MAP ▶ P.76B2

胡塞恩廣場和清真寺
Midan al-Hussein & Al- Hussein Mosque
祭壇下埋葬先知之孫的頭

🚇 搭地鐵3號線於Bab El-Shaaria站下，步行約15分鐘可達
📍 Midan al-Hussein

這座廣場是伊斯蘭區的中心，坐落於兩端清真寺的中間，車水馬龍、人聲雜沓，平日是當地人熱門的會面場所，每逢齋戒月時，這片空地更成為舉行重要宗教儀式的地點。由於緊鄰哈利利市集，因此也成為觀光客聚集的地方，廣場四周圍繞著露天咖啡館與餐廳，價格也比一般高。

胡塞恩清真寺是廣場上最重要的建築，今日的建築是1870年時重建原址清真寺的結果，不過宣禮塔上依舊可見14世紀的灰泥飾板。這座清真寺是開羅極為重要且神聖的聖殿之一，因為這裡埋著穆罕默德先知之孫胡塞恩(Hussein)的頭。1153年時，人們將他的頭從巴勒斯坦帶來此處埋在祭壇下，不過，這座清真寺不開放給非伊斯蘭教徒入內，也不歡迎觀光客參觀。

解構清真寺

宣禮塔Minaret
「宣禮塔」顧名思義具有向教徒宣告祈禱時間的作用，首座宣禮塔約建於西元8世紀，後世陸續增建清真寺必定也修建宣禮塔，各朝各代的宣禮塔造型都不相同，現今開羅城內的宣禮塔總數無人認真統計過，近千座這個數字應不離譜。

圓頂Dome
如同宣禮塔，清真寺圓頂的裝飾圖案也隨著朝代變更而有所不同。

聖堂Sanctuary
聖堂為寺內主要大廳，供教徒膜拜祈禱之用。

聖龕Mihrab
嵌入牆內的聖龕永恆朝向聖地麥加的方位，以引導教徒面朝聖地膜拜，它的重要與華麗的造型成正比。

講壇Minbar
位於聖龕的旁側，通常為雕飾繁複的木雕或鑲嵌精美的大理石材質。

清真寺解構圖

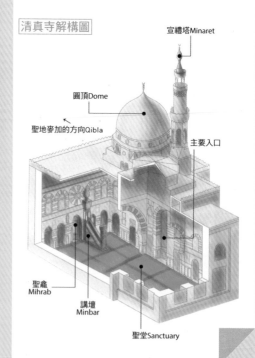

宣禮塔Minaret
圓頂Dome
聖地麥加的方向Qibla
主要入口
聖龕 Mihrab
講壇 Minbar
聖堂Sanctuary

哈利利市集
Khan al-Khalili

令人眼花撩亂的超大型市集

🚇搭地鐵3號線於Bab El-Shaaria站下，步行約15分鐘可達
🏠胡塞恩廣場旁 🕐早上10:00之後店鋪陸續開張直至午夜打烊，週五上午和週日全天許多店鋪休息。

打從中世紀開始，開羅就是首屈一指的國際貿易都會，在15世紀威尼斯商人崛起之前，開羅仗地處地中海、尼羅河和北非陸路的中樞地位，風光扮演經貿要角，印度循海路運來絲綢、香料，非洲境內藉駱駝駄進象牙、珠寶、織毯、牲口、陶瓷器、奴隸，雙雙匯集在開羅，近百處市場及市集洋溢著人聲和貨幣流動的聲響，哈利利市集便是最主要的商品展售處之一。

這處位於胡塞恩廣場旁、阿茲哈清真寺西北方的市集，原本只有幾處供商旅休憩的旅店(Khan)，後因商人集中在此買賣商品，再轉手出口或批發境內，逐漸成為重要的物資交流中心。

到了20世紀，該市集因應旅遊業興起，成為香料、香精、布料、地毯、掛毯、銅製品、金銀飾品、水煙、陶瓷器、鑲嵌盒、雪花石膏等通俗商品的集中地。哈利利市集占地廣大，宛若一座大型迷宮，各式各樣的店家座落在一條條巷弄中，令人眼花撩亂，不僅滿足旅客的購物慾，更是考驗買家的殺價功力，不愧是旅客來到開羅不可錯過的一處超大型市集！

©彭浩誠

MAP ▶ **P.76B1**

征服門與凱旋門

Bab al-Futuh & Bab al-Nasr

伊斯蘭軍事建築的傑作

🚇搭地鐵3號線於Bab El-Shaaria站下，步行約12分鐘可達

　　伊斯蘭區的最北端，可以看到興建於1087年的城牆遺跡，堪稱伊斯蘭軍事建築的傑作，征服之門(Bab al-Futuh)有兩座堅固的堡壘，爬到上頭可以鳥瞰此區風光，前方還有一座凱旋之門(Bab al-Nasr)，牆上雕刻象徵勝利的圖騰。

　　這兩座城門是亞美尼亞(Armenia)總督巴德‧加馬里(Badr al-Jamali)，為防範塞爾柱土耳其(Seljuk Turk)的入侵而建於1087年，他派遣的建築師大多具有軍事訓練背景，建造的城門果然固若金湯，不過歷經多年的風風雨雨，年邁的城門也經過一番修整。

殺價的訣竅不藏私告訴你！

　　在埃及購物，殺價是基本流程。尤其是在哈利利市集等觀光區域購物，建議可以從3折開始殺價，如果對方開價超過原價的5折太多，則可直接離開，因為去別間商店說不定還能找到同樣的商品，不一定要執著於眼前的物品。當然，如果這件商品還有殺價空間，店員就會在此時開出他們可接受的價格挽留你。

　　另一個殺價要點在於，如果你看起來很溫和，殺價的成功率大概只有20%，千萬要記住，店員表現得多激動你就可以多激動，比如店員說你們是「Good Friend」，你就跟著喊「Good Friend」並說出心中理想的價格，氣勢搶在店員之前就比較容易成功。

　　購物時也可以兩人以上結伴同行，一方面可以找人幫忙「贊聲」，而當殺價陷入膠著時，一方拉著另一方表現出「走了！不要買了」的樣子，也能提高殺價成功的機率！

MAP ▶ P.76B1

席海密之家

Bayt Al-Suhaymi

18世紀豪宅精品

🚇 搭地鐵3號線於Bab El-Shaaria站下，步行約10分鐘可達
🏠 Darb al-Asfar　🕘 9:00~17:00　💲 全票120埃鎊、半票60埃鎊，請注意門票會調漲

開羅市內的的古建築除卻具清真風味的沙比‧庫丹和因應繁盛貿易而興的旅店「克汗」之外，還留存著幾幢私人豪宅，讓後世得以一窺往昔富人的生活，其中又以隱藏在巷內的席海密之家堪稱是18世紀豪宅的精品。

入口的轉折通道已經說明大戶人家的規矩，使平常人家不得窺見高牆之內的奧妙，一道轉折顧全了隱私也擺足了架子。出了通道，迎面的是柳暗花明的庭院，院中綠影扶疏，登門的貴客就先至庭院邊的涼廊休憩賞景。

一樓的大廳是男士們聚會暢談所在，至於婦女起居室則位於二樓。在傳統的伊斯蘭社會中，婦女不得拋頭露面，因此其起居室隱密度高，以密雕的木格窗引光、透氣，婦女可倚在窗邊窺看中庭或街巷的動靜，外人卻完全無法自木窗的密縫中望見女主人的容貌。

雖然當年缺乏現代化的電器設備，但豪門人家早已知如何利用巧思提昇生活品質，例如裝設多角形的屋頂引進涼風及光線，在房間頂部鑲嵌多彩玻璃增添浪漫氣氛等，令人印象深刻。

MAP ▶ P.76B2

哈金清真寺

Al-Hakim Mosque

建築與哈金本人同樣傳奇

🚇 搭地鐵3號線於Bab El-Shaaria站下,步行約10分鐘可達
🏠 位於征服門與凱旋門旁 🕘 9:00~17:00

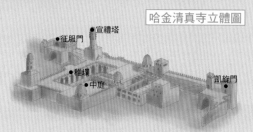

哈金清真寺立體圖

・征服門 ・宣禮塔 ・稚璞 ・中庭 ・凱旋門

　這座完成於西元1013年的清真寺,以教長哈金(Al-Hakim bi-Amr Allah)為名,事實上始建於他的父親阿傑茲(Al-Aziz),整座建築佔地約25,000平方公尺,廣闊的中庭簡單利落。

　哈金是法蒂瑪(Fatimids)王朝第三代統治者,他11歲就即位,性情古怪乖戾,因為詭異的長相與行為,被稱為「小蜥蜴」。為了鞏固法蒂瑪政權,他迫害基督徒及猶太人,而為了警告作對的妹妹希德・穆克(Sitt al-Mulk),他禁止婦女離家一步,甚至不准鞋匠製作女鞋,關於他血腥殘暴的傳聞越演越烈,哈金卻變本加厲的接受一批追隨者尊他為神,對於伏斯塔(Fustat)地區的抗議暴動,他的回應是站在穆加坦(Mugattam)山上靜觀火焚伏斯塔城的慘況。哈金毫無節制的惡行終致殺身之禍,他的死亡方式也很特別,有一天他騎著他的驢子到山丘上去,從此就失蹤了,連屍首也找不到。他離奇失蹤、下落成謎,法蒂瑪

外表奇特的宣禮塔

　兩座分踞南北端的宣禮塔造型獨一無二,塔尖宛如熏香爐,塔身破例截短安置在正方形的城樓上,乍看之下像融合為碉堡建築的一部份。

政權自此再度步上正軌。

　這間清真寺的命運和哈金一樣離奇,除宗教用途外,在不同時期曾做為監獄、馬廄、軍營、倉庫及學校。1980年,一批在印度孟買的伊斯蘭博拉教派(Bohra)教徒徹底整修哈金清真寺,還其應有的面貌,只不過這一回更增添了幾分印度風味。

維卡拉
Wekalet Bazaraa
早期門庭若市的旅店

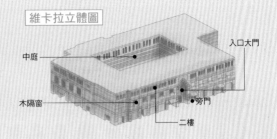

維卡拉立體圖

中庭　入口大門
木隔窗　旁門
二樓

🚇搭地鐵3號線於Bab El-Shaaria站下，步行約12分鐘可達 🏠Sharia al-Tombakshiyya ⏰9:00~17:00 💲全票60埃鎊、半票30埃鎊，請注意門票會調漲

遊客可能無法想像他們熱愛的哈利利市集(Khan el-Khalili)最初只是一處「克汗」(Khan)，也就是早期供商旅人馬休憩住宿的旅店。旅店在馬穆魯克時期稱為「克汗」，到了鄂圖曼時代改稱「維卡拉」(Wekalet)，儘管朝代更迭，名稱有異，旅店的生意始終熱絡，絡繹於途的沙漠商旅促使旅店如雨後春筍般一家家開張。

中世紀的開羅扮演著貿易中心的角色，香料、象牙、珍貴礦產、牲口、陶器、紡織品、奴隸源源不絕流入開羅、湧向歐洲，當時開羅的市集及市場多達百處，可以想見旅店門庭若市的景象。

早期的旅店建築結構極為簡易，只考量滿足商旅需求的功能性。由裝飾氣派的大門進入，內為口字形的空間，四面客房環抱著引光、透氣的中庭。牲口及貨物一律存放於底樓，二樓以上為客房，內設臥室、廚房及浴室，相當舒適。

然而隨著市場行銷的轉變，當年見證貿易興隆的旅店多已沒落、傾圮、消失，如今在這座中世紀城市裡只留下大約二十棟左右的維卡拉，供後人追憶，它們或成為文化單位整修留作歷史的紀錄，或搖身一變成了辦公室。有興趣的遊客不妨走訪這座興建於17世紀的遺跡，爬上屋頂鳥瞰該區風貌，遙想昔日萬頭鑽動的熱鬧場景。

入口大門

旅店大門多半為挑高設計，為突顯氣派，許多旅店不惜重金裝飾，精湛的鑲嵌工藝顯現當時富裕繁華的盛況。而厚實的大門與厚重的門鎖，目的在於夜間保護貨物和人身安全。

旁門
面朝大街的底層建築設有一排店面，便於商旅和商家交易。

木隔窗
面街的二樓及面朝中庭的客房，都裝飾著雕工細膩的木格窗。

中庭
四面客房環抱著中庭形成口字形的空間，建築底層闢有貨物儲藏間及牲口餵飼處。

二樓
二樓的客房隔成臥室、廚房、浴室等，有些還設計成樓中樓，空間雖有限，但完全符合「商務旅館」的要求。

MAP ▶ P.76B2

阿茲哈清真寺

Al-Azhar Mosque

兼具學術及政治地位的清真寺

🚇搭地鐵3號線於Bab El-Shaaria站下，步行約15分鐘可達 🏠
Sharia Al-Azhar 🕐24小時

阿茲哈清真寺立體圖

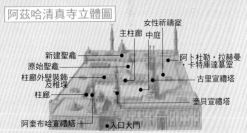

女性祈禱室
主柱廊　中庭
新建聖龕
原始聖龕
柱廊外壁裝飾　　　　　　　　　　　阿卜杜勒‧拉赫曼
及椎壕　　　　　　　　　　　　　　‧卡特庫達墓室
柱廊　　　　　　　　　　　　　　　古里宣禮塔
阿奎布哈宣禮塔　　　　　　　　　　奎貝宣禮塔
入口大門

　　緊鄰哈利利市集的阿茲哈清真寺，從落成的那一天起，就樹立了無與倫比的地位及權威。此建築興建在一個充滿危機但希望無窮的年代，當時的埃及已臣服在伊斯蘭教勢力之下，這個新興的伊斯蘭帝國面臨的是遜尼派及什葉派間的鬥爭，暗潮洶湧。

中庭

四面方整的拱門柱廊環抱著中庭，面積廣達1,632平方公尺的中庭也是後期所增建的，常見學生在此討論課業。

入口大門

建於15世紀的入口大門俗稱「理髮門」，源自往昔就讀的學生在此剃髮。

宣禮塔

今日所見的規模是歷經多次擴建整修的結果，5座宣禮塔興建於4個時期，是它最鮮明的證據。

廊柱式結構

阿茲哈清真寺為典型的廊柱式結構，聖堂位於列有5排立柱的主柱廊，形式和伊本‧圖倫清真寺相仿。

女性祈禱室

面對聖堂的右側則闢有女性專用的祈禱室。

969年，什葉派法蒂瑪家族旗下的軍事將領Gawhar al-Siqilli，趁伊赫希德(Ikhshidid)王朝陷入群龍無首之際，一舉奪得政權，結束兩派之爭。他迅速打造新城卡西拉(Al-Qahira，開羅的阿拉伯文)做為首府，並耗費3年建立宣揚伊斯蘭文化的阿茲哈清真寺，一流的學府、秘密的達瓦(Dawah)組織也都設在這座清真寺內。

清真寺旁附設阿茲哈大學，988年創立至今，為世界最古老的大學之一，此大學依然維持著學術中心的崇高地位，來自各國的學生在此攻讀神學、法律、語法學、修辭學等多個科系，附屬的圖書館約有六萬冊藏書以及一萬五千卷手稿。

除卻學術地位，阿茲哈清真寺還具政治地位，1989年，前埃及總統穆巴拉克(Mubarak)曾攜沙烏地阿拉伯國王法赫德(Fahd)至阿茲哈清真寺祈禱，這座清真寺顯然具備了深不可測的影響力。

MAP ▶ P.76A2

伊斯蘭藝術博物館
Museum of Islamic Art
蒐藏約十萬件伊斯蘭文物

🚇搭地鐵2號線於Mohammed Naguib站下,步行約12分鐘可達;搭地鐵3號線於Bab El-Shaaria站下,步行約20分鐘可達。🏠Sharia Bur Said 🕐9:00~17:00,週五17:00~11:30、13:30~17:00 💲全票270埃鎊、半票140埃鎊 🌐www.miaegypt.org

參觀開羅伊斯蘭區如果漏掉這個景點,可能就失去對伊斯蘭文化了解的完整性,如同遺漏了埃及博物館,就遺失通往古埃及文明的通關密碼。

1880年,埃及當時的總督Isma'il Pasha為避免伊斯蘭教文物的遺失與毀損,於是開始興建蒐藏相關文物的博物館,一開始這些東西都是存放在哈金清真寺,直到1902年,這座伊斯蘭藝術博物館興建完畢之後,才將蒐藏品放置於此。

這座博物館是座仿馬穆魯克王朝時期的建築,出自建築師Alfonso Manescalo之手,2003年時斥資一千萬美金閉館進行大規模整修,直到2010年8月才重新對外開放。2014年1月,伊斯蘭藝術博物館遭到一起汽車爆炸攻擊的破壞,建築外牆、天花板及179件文物都受到損害,在政府及多個國家及組織的資金、技術協助之下,博物館經過修復,在2017年1月重新開放。

館中的藏品包括來自伏斯塔(Fustat)地區的考古發現,以及全國和世界性的相關文物,目前該博物館收藏約10萬件,包括罕見的木頭和粉飾灰泥工藝品、金屬、陶器、水晶、織品、錢幣以及手稿等等。

由於遜尼派伊斯蘭教禁止崇拜偶像,包括人或動物,所以,伊斯蘭教文化內出現的繪畫或是雕塑,都是以幾何圖形、伊斯蘭圖騰、花草圖案、阿拉伯書法為主,這種獨特的宗教信仰造就了另一種美學觀。有趣的是,標籤上的年代,多以「AH」為標準,這是指伊斯蘭教先知穆罕默德從麥加逃到麥地那的年份(西元622年)。

MAP ▶ P.76B1,A4

沙比・庫丹

Sabil-Kuttab

結合公共水泉與學堂的建築

🚇搭地鐵3號線於Bab El-Shaaria站下，步行約12分鐘可達卡胡達沙比・庫丹；至於奎貝沙比・庫丹附近沒有地鐵站，最方便的方式為搭計程車前往 🏠Sharia Al-Shariba(奎貝沙比・庫丹)、Al-Muizz li-Din Allah(卡胡達沙比・庫丹)

走在開羅的一些教人摸不清方向的街巷裡，常常會意外的發現一幢精緻的沙比・庫丹靜默的矗立在街邊，令人不由自主的駐足細賞。

沙比・庫丹其實是兩種建築的合稱，「沙

沙比庫丹立體圖

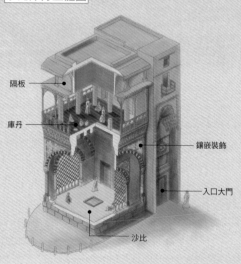

隔板

庫丹

鑲嵌裝飾

入口大門

沙比

比」(Sabil)是設有公共水泉之處，位於建築內的底層，供民眾、商旅、牲口飲用；「庫丹」(Kuttab)是教授可蘭經的學堂，設在沙比的樓上，「水」與「教育」正是伊斯蘭先知讚頌的兩項「天恩」。

沙比・庫丹的建築看似簡樸，實則鋪陳精緻，門面上精雕的木樑、多彩大理石鑲嵌出幾何圖案，構築成一處玲瓏剔透的天地。進入室內，沁涼的地板上嵌入一方水池，對於被乾熱沙漠環抱的城市，這確實是上天的恩賜，民眾、商旅就環坐在水池邊，高大的木格窗引進光線，杜絕了外面的喧嘩。二樓涼廊式設計的學堂，聚集年幼的孩童學習可蘭經，頂層為中空隔板設計，可發揮隔音的效果。

早在馬穆魯克時期，沙比・庫丹就出現在開羅地區，到了鄂圖曼帝國統治期間達到顛峰。據統計，在1739~1765年間，開羅有二十多座沙比・庫丹，而到了下一個世紀，沙比・庫丹的數量激增為三百座之多。

除了獨立矗立在街巷裡，沙比・庫丹也常與清真寺合而為一，例如位在北方墓區中的法魯克・伊本・巴奎蘇丹建築群(Complex of Sultan Farag Ibn Barquq)就擁有兩座沙比・庫丹，其他如建於1479年的奎貝沙比・庫丹(Sabil-Kuttab of Qaitbay，鄰近蘇丹．哈山清真寺)、卡胡達沙比・庫丹(Sabil-Kuttab of Katkhuda)保存情形都尚佳，對清真古建築有興趣的遊客不妨排入行程內前往一觀。

MAP ▶ P.76B4

大城堡

MOOK
Choice

Citadel (Al-Qala'a)

居高臨下的昔日統治中心

🚇附近沒有地鐵站，最方便的方式為搭計程車前往　📍Sharia Salah Salem　📞2512 1735　🕘9:00~17:00，清真寺在週五祈禱時間不開放　💲全票450埃鎊、半票230埃鎊　❗大城堡佔地遼闊，涵蓋三座清真寺及數間博物館，一般隨團觀光的行程只安排參觀最具代表性的穆罕默德．阿里清真寺，時間寬裕的遊客可選擇性的順遊納席．穆罕默德清真寺、警察博物館、軍事博物館，並漫步到城堡的另一端參觀蘇萊曼．巴夏－哈丁清真寺

大城堡高高聳立在山頭，這座城堡又稱為「Al-Qala'a」，珍珠白的洋蔥頭清真寺非常醒目。這個地區曾經是埃及的統治中心，其統治時期長達七百年之久，歷經多朝統治，由蘇丹王於1176年開始興建，當初是為了抵抗十字軍，後來，在土耳其、拿破崙甚至法國統治期間，都是一個重要的據點。

幾乎從開羅的任何一個角落都可見著大城堡的身影，大城堡坐落在山丘頂，居高臨下，攻守皆宜，西元12世紀，贊吉王朝(Zangid)將軍薩拉丁(Salah

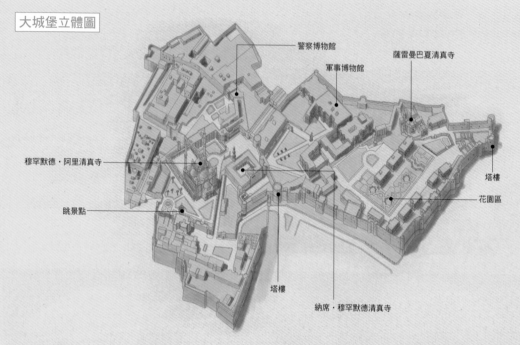

大城堡立體圖

警察博物館
軍事博物館
薩雷曼巴夏清真寺
穆罕默德・阿里清真寺
眺景點
塔樓
花園區
塔樓
納席・穆罕默德清真寺

©彭浩誠攝

al-Din)就是看上這項優勢，在此打造城堡、招兵買馬，對抗努耳丁(Nur ad-Ain)的勢力。

努耳丁去世後，薩拉丁終結贊吉帝國在埃及的統治，開啟阿優比(Ayyubid)王朝時代。薩拉丁的姪子卡密爾蘇丹(Sultan al-Kamil)即位後，將城堡視為王宮而定居堡內，此後的數百年，此處都被統治者列為行政中心。

今日所見的城堡規模，有許多是出自穆罕默德・阿里之手，他創造了美麗的穆罕默德・阿里清真寺，但也屠殺了470名馬穆魯克將領，以他

們的鮮血為城堡增色。

由於地勢高闊，大城堡四周遍布眺望開羅市容的的眺景點，加上噪音少、空間大，此處成了開羅市民最愛的休閒去處之一。遊客來到大城堡，通過入口之後，可循著城牆邊的步道走到穆罕默德・阿里清真寺，隨後可依序參觀納席，穆罕默德清真寺、警察博物館、軍事博物館，而後漫步到城堡的東端，這兒的視野更形遼闊，闢有花園區及孤立在一隅的萊曼・巴夏－哈丁清真寺，更可站在城牆內透過槍眼欣賞市容。

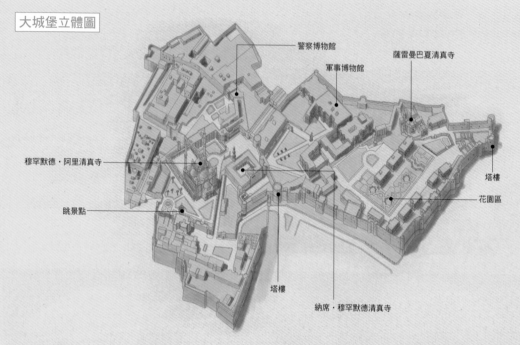

穆罕默德‧阿里清真寺
Mosque of Mohammed Ali

　　穆罕默德‧阿里清真寺是大城堡中的焦點，佔地遼闊。(詳見P.92)

眺景點 Gawhara Terrace

　　穆罕默德‧阿里清真寺外的小亭是絕佳的眺景點，可俯瞰開羅市景，包括近在咫尺的蘇丹‧哈山清真寺。

納席‧穆罕默德清真寺
Al-Nasir Muhammad Mosque

　　納席‧穆罕默德為蘇丹‧哈山的父親，他處於馬穆魯克王朝實行寡頭政治的時代，名義上，王國由蘇丹統治，但實際上是由數個掌領兵權的將領所支配，蘇丹的王位也由將領們彼此爭鬥勝出而決定，若爭鬥的時間長，就由蘇丹的兒子暫代蘇丹之職。納席就在這種情形下兩度繼位又被迫退位，當他組織軍隊第三度奪回政權時，他實施專制獨裁政權，剝奪將領們的兵權，維持局勢安定，繼而大肆建造清真寺，為馬穆魯克王朝留下甚多建築精品。

　　這座清真寺罕見的展現多種文化的融合，美麗的宣禮塔貼有綠色花陶，散發波斯風韻，內部的圓柱則混合了法老王乃至希臘羅馬時期的風格，呈現獨一無二的特質。

警察博物館 Police Museum

館內陳列介紹多樁轟動一時的謀殺及暗殺事件。

軍事博物館 National Military Museum

前身為王宮的一部份，改建的軍事博物館沒有披露血腥的戰爭場面，陳列品多為武器、軍服、獎章等。

塔樓 Tower

由城牆內層的石階可登上塔樓眺景，但因塔樓年久失修，上端已呈傾圮，不可逞強登高。

花園區 Garden

事實上，這兒也是一處博物館，草地上錯置的立柱及其他清真寺的遺跡就是展品。

蘇萊曼・巴夏－哈丁清真寺 Mosque of Sulayman Pasha al-Khadim

偏居城堡東端一隅的蘇萊曼・巴夏－哈丁清真寺是16世紀早期的鄂圖曼式建築，講究的宣禮塔、多座圓頂、精雕的講壇、彩繪的橫樑、以及墓室內的壁畫都是精品，值得細賞。

清真寺參觀禮儀

◎不要穿著無袖上衣或短褲、短裙，一些規矩嚴謹的清真寺甚至要求女性包裹頭巾，寺方在大門前備有頭巾，遊客酌付小費就可取用。有鑑於此，可自備一條輕薄紗巾，用以遮陽和參觀清真寺用。

◎進入清真寺請在入口脫鞋，寺方在入口處備有鞋櫃，一般有專人看守，遊客可酌付小費，如無意付費或遇無人看守的情形，可自行提鞋進寺，但要注意勿將鞋隨意置放在寺內。

◎勿喧嘩，拍照前請先詢問寺方人員。

◎如遇信徒禮拜祈禱時間，請在寺外等待。

©彭浩誠攝

MAP ▶ P.76B4

穆罕默德・阿里清真寺

Mosque of Mohammed Ali

象徵現代化埃及的清真寺

📍附近沒有地鐵站，最方便的方式為搭計程車前往 🏠位於大城堡內 🕘9:00~17:00，清真寺在週五祈禱時間不開放 💲含於大城堡門票內

　　穆罕默德・阿里清真寺是大城堡中最醒目的建築物，穆罕默德・阿里於1805~1848年統治埃及，他認為有必要在城堡中建築一座清真寺以供祈禱之用，他花費了18年的時間(1830~1848年)興建了這座清真寺，賦予它現代化埃及的象徵意義，猶如金字塔之於古埃及一般。

　　穆罕默德・阿里在埃及近代史上享有崇高的聲譽，因為當失勢的馬穆魯克王朝與掌權的鄂圖曼帝國在埃及境內殺伐不斷時，他毅然接受民意受封總督，公然逼迫君士坦丁堡政權承認這項決策；另一方面，他藉開會之名邀集470名馬穆魯克將領至大城堡會面，一舉誅殺了這批心頭大患，這樁驚天動地的屠殺案奠定其統領埃及的威權。

　　他行事雖專制，但對提昇埃及現代化不遺餘力，並積極推廣教育、改良耕作，帶領埃及蛻變為可與鄂圖曼帝國抗衡的強國，居功厥偉。而今日最能彰顯其榮耀的，就是宏偉的穆罕默德・阿里清真寺。

　　清真寺竣工於1857年，建築師沿襲鄂圖曼形式打造，極具土耳其風韻，由於大量運用雪花石膏裝飾門面，因而有「雪花石膏清真寺」的暱稱，雖然其大膽造型惹來不少批評，但始終無損其無可取代的地位與價值。

圓頂與宣禮塔

清真寺有兩個尖塔、一個巨大圓頂，這個造型帶有濃厚的土耳其風格，因為建築師是來自土耳其的尤瑟夫‧波斯塔克(Yousof Boshtaq)，所以，這座清真寺基本上是蘇丹阿曼清真寺與土耳其聖索菲亞大教堂的混合體。

清真寺的建築集宏偉之大成，凡事都以最大、最高為考慮重點，除了巨大至極的圓頂外，還有兩座全埃及最高的尖塔，達82公尺，至於尖瘦造型的宣禮塔為鄂圖曼時期的代表作品。

©影浩誠攝

中庭

清真寺包含兩部分，一是寺內的祈禱室，一是室外的庭院。美輪美奐的中庭面積約三千方公尺，比清真寺的面積還大，四面柱廊環抱，柱廊頂端覆蓋著小型的圓頂，共計有47座，相當別致。

中庭中央的水池位於玲瓏的小亭內，這是讓信徒進入祈禱時淨身使用。隔水池與祈禱室對望的是一座鐘塔，裡頭那座鑲滿彩繪玻璃、黃銅的精緻大鐘，是法皇路易‧菲利浦(Louis Philippe)於1846年回贈埃及的禮物，以感謝埃及將路克索神殿前的方尖碑致贈法國，而那根飄流在外的方尖碑自1836年起即蟲立於巴黎協和廣場上。

祈禱室

遼闊、高聳而華麗的祈禱室是清真寺極為驚人的部分，四根巨大的石柱撐起圓頂，最高的中央圓頂達52公尺，平面直徑為21公尺，另外，還有四個相同大小的圓頂環繞著，不過，位置比較低。中央圓頂的四個角落裝飾阿拉伯字圓盤，上方以書法字體寫下先知穆罕默德等人名號。

隱藏於大拱頂下方的除了寬敞的祈禱空間外，還有兩座講道壇，綠色的大理石講道壇較小，至於位於聖堂中央的則是另一個全埃及最大的講道壇。在祈禱室的東北角還有一座大理石的墳墓，穆罕默德‧阿里在此安眠。

挑高的建築結構以及對開的出入口，讓這處位於燠熱開羅市區裡的空間顯得相當舒適，不但四面八方吹來涼風，還有極佳的採光設計。這些自然光藉由圓頂上的彩色天窗透進室內，一扇扇數不盡的窗戶多達136扇。

MAP ▶ P.76A3

蘇丹哈山清真寺

Mosque-Madrassa of Sultan Hassan

馬穆魯克王朝代表建築

🚇附近沒有地鐵站，最方便的方式為搭計程車前往 📍Midan Salah al-Din ⏰9:00~17:00 💰全票120埃鎊、半票60埃鎊，請注意門票會調漲

　　鄰近大城堡的蘇丹哈山清真寺是馬穆魯克王朝最具代表性的建築精品！

　　馬穆魯克(Mamluk)又名伯海里(Bahri)，簡言之，他們是一群土耳其軍團，當年阿優比(Ayyubid)王朝受到法皇路易九世(St. Louis IX)領軍的第六次十字軍東征的威脅時，慌張的向馬穆魯克軍團求援，以驍勇善戰聞名的馬穆魯克軍團擊退了法皇的野心，但也一併結束了阿優比王朝，開啟了馬穆魯克王朝的時代。

　　馬穆魯克王朝在最初幾任賢明蘇丹的統領下，成為當時最強盛的軍權國家，但經過一個世紀的養尊處優，馬穆魯克王朝出現了後繼無人的隱憂。1341年，當納席·穆罕默德(Al-Nasir Muhammad)去世後，爭奪王位的混戰持續數個世紀。哈山是納席·穆罕默德第7個兒子，他倉促即位時才13歲，一年後就被哥哥篡位。1354年哈山奪回了政權，但遇上了埃及爆發黑死病的災難，來勢洶洶的瘟疫使死亡人數不斷攀升，因病死亡者的家產全數移轉給了哈山，氣派雄偉的蘇丹哈山清真寺可說就是靠著這筆錢財建立的。

　　此清真寺佔地廣達10,200平方公尺，採4座拱形大廳呈十字形環抱中庭的結構設計，4個角落各建有一座學院(Madrasa)，最精采的部分是面朝聖地麥加的主廳聖堂，70條垂鍊與華美的聖龕、講壇構成一幅令人屏息的畫面。

　　當初為了建寺，哈山自國外進口多達27種大理石，雖然精鑲地板和銀絲大門都被後繼的統治者拆除作為他用，但留存的規模依然可觀。值得一提的是，隔鄰的瑞法清真寺(Al Rifa'i Mosque)為其「仿製品」，不妨比較兩者的建築風格有多近似。

宣禮塔

　　蘇丹‧哈山清真寺原欲興建4座宣禮塔，但陸續發生的倒塌意外使工程停頓，目前僅餘2座，體型較小的宣禮塔建於17世紀，另一座為原始的建築物，是目前開羅市內最高的宣禮塔，實際高度有多種說法。

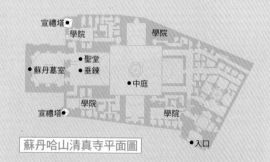

蘇丹哈山清真寺平面圖

入口

　　高大的入口為嵌壁式設計。

中庭

　　中庭廣達1,152平方公尺，四周圍繞著高牆和4座拱形大廳，坐落於中央的水池造型典雅，頂端還建有一座小圓頂。

垂鍊

　　懸掛油燈的垂鍊多達70條，營造出特殊的景觀，部分的垂鍊收藏在開羅伊斯蘭博物館中。

聖堂

　　前端有立柱支撐的大理石平台(Dikka)，精緻的講壇也是大理石材質，正中的聖龕為多彩大理石鑲嵌，做工細緻。

蘇丹墓室

　　挑高28公尺，正中的石棺安葬著26歲被暗殺的哈山。1660年的大地震曾震毀墓室，至鄂圖曼時期才加以重建。

伊本圖倫清真寺

Mosque of Ibn Tulun

展現阿拔斯時期輝煌歷史的建築

🚇搭地鐵1號線於El-Sayyida Zeinab站下，步行約25分鐘可達
🏠Sharia al-Saliba　🕐9:00~17:00

伊本‧圖倫清真寺落成於879年，歷史已超過1,100年，在現代華麗清真寺的環伺下，自有一股成熟的韻味，令人傾倒。

868年，當阿瑪德‧伊本‧圖倫(Ahmad Ibn Tulun)奉艾巴斯(阿拔斯)家族之命，自巴格達(Baghdad)前來接管埃及時，他那時是土耳其駐埃及和敘利亞總督，年僅33歲，5年後他掌握大權，組織軍隊自立為王，並打造了一座新城阿斯卡(Al-Askar)，氣象萬千的新都容納了住宅區、花園、市集、競技場，坐落在其中心的就是伊本‧圖倫清真寺。

這座清真寺是現有展現阿拔斯時期輝煌歷史的唯一建築，不同於後期清真寺大量運用石材的風氣，該清真寺以伊本‧圖倫的故鄉，也就是今日伊拉克的撒馬拉清真寺(Mosque of Samarra)為藍本，採用紅磚塗抹灰泥的素淨手法，建造這座佔地廣達2.5公頃的聖殿，顯露出不凡的氣派。這裡的中庭足以容納當時所有居民於週五禮拜，四面環抱的柱廊密刻著可蘭經，朝東的一面羅列著五排拱形柱廊，講壇及聖龕安置其中。

伊本圖輪清真寺立體圖

眺景　主拱廊　拱廊　後窗　雉堞　中庭

眺景

緊鄰的蓋爾‧安德生博物館頂樓，是眺望伊本‧圖倫清真寺的最佳地點。

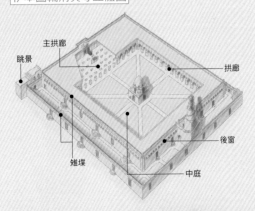

中庭

中庭面積相當遼闊，位於中央的噴泉小亭是西元13世紀重建的建築物。由中庭可望見呈螺旋外形的磚造宣禮塔，造型獨一無二。

拱廊

拱廊的拱門造型並非渾圓，呈現罕見的尖形。

主拱廊

東面羅列著五排拱廊，氣勢萬千。

雉堞

　嚴格的説，伊本・圖倫清真寺並沒有正門，其北、南、西三面建有高牆，維持清真寺遺世獨立的安寧，三面牆面闢有19道小門供出入，牆頭頂端飾有人形雉堞，造型特殊。

後窗

　後牆共闢有128扇窗，每扇窗內的花式造型都不同。

安奎沙克清真寺(藍色清真寺)
Mosque of Aqsunqur (Blue Mosque)

鄂圖曼土耳其的典型風格

🚇附近沒有地鐵站，最方便的方式為搭計程車前往　📍Sharia At-Tabana　🕐9:00~17:00

安奎沙克(Shams al-Din Aqsunqur)是納席‧穆罕默德的女婿，他建造的這座清真寺以別名「藍色清真寺」廣為人知。名氣大，但外觀樸素簡單，其他清真寺都重視排場，唯獨此清真寺素淨得驚人。

該清真寺興建於1347年，歷經歲月及1992年一場大地震的摧殘呈現傾圮，經過多年的整修終於在2012年時竣工。寺中罕見的闢有3間墓室，分屬於安奎沙克、庫楚克(Kuchuk)、易卜拉辛‧阿迦(Ibrahim Agha)。

庫楚克蘇丹是納席‧穆罕默德第8個兒子，1351年即位時才6歲，5個月後就被哥哥囚禁在大城堡內，不久慘遭勒死。這一連串的篡位陰謀實際全是由安奎沙克所策劃，另一窺位者深恐重蹈覆轍，於是絞死安奎沙克以絕後患。這些血腥的宮廷殺戮事件，為藍色清真寺增添了一層特異色彩。

這座清真寺之所以能在眾多的清真寺中脫穎而出，乃因外牆是由特殊的藍灰色大理石砌成，以及1652年由敘利亞進口裝飾內部的彩色花磚，至於講壇為大理石鑲嵌多彩的幾何圖案。其他值得一看的地方還包括興建於1347年的宣禮塔，其塔基、柱身到尖頂維持了一致的渾圓外型。

安奎沙克清真寺立體圖

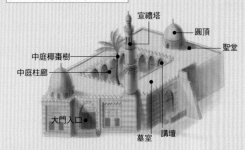

宣禮塔
圓頂
聖堂
中庭椰棗樹
中庭柱廊
大門入口
墓室
講壇

獨樹一格的靛青磁磚

阿迦在1650年整建此寺時，在墓室及聖堂(聖龕和講壇兩側)後壁加貼了靛青磁磚，自此，「藍色清真寺」之名不脛而走。這些靛青磁磚花樣富麗，可能從大馬士革進口，細膩的花草圖案展現鄂圖曼土耳其的典型風格。

隱密的窺看空間

待客大廳中設有小噴泉，後端上方藏有神秘的窺看空間，這處令現代人意外的隱匿空間是隱藏在二樓的一處窄道，早期婦女不得拋頭露面，想探知一樓大廳的動靜，就可坐在窄道的木椅上，透著密雕的木格柵窗窺看底下大廳的情景，下方的人則無緣見識隱藏於木窗之後的面貌。

蓋爾‧安德生博物館
Gayer-Anderson Museum
收藏眾多藝品的私人豪宅

🚇搭地鐵1號線於El-Sayyida Zeinab站下，步行約25分鐘可達 🏠Sharia Ibn Tulun ⏱9:00~17:00 💲全票60埃鎊、半票30埃鎊，請注意門票會調漲

雖名為博物館，事實上是與席海密之家齊名的私人豪宅。

蓋爾‧安德生是位退休的英國將領，他在1930年代左右斥資買下這兩幢建於16世紀(一說分屬於16世紀及17世紀)的私宅，經整修後擺放他多年搜尋到的骨董及藝術品，若不是豪宅本身格局非常特別，藝品將掩過其風采。

館內收藏不少，雕像、畫作、工藝品都獲得他的青睞，洋洋灑灑擺滿了一整房，他自身的畫像也不缺，還留存了一些文件，有點自許可名留青

史的味道。事實上，不論是屋內所有的藝品，或是屋主來歷，都不敵豪宅本身的魅力。

在謎樣的通廊、樓梯間穿梭，無人能估量其真實的面積，各自冠有不同主題的房間展現屋主的巧思，中國房清秀淡雅、大馬士革房金碧輝煌、波斯房熱情艷麗、拜占庭房細緻氣派，再加上招待室、涼廊，令人驚喜連連。

待客大廳呈長方形，分為三個部分，左右兩側舖有地毯及坐椅，居中是處低陷的凹地(Durqa'a)，中央有座小噴泉，沁涼的泉水和清風每每總能驅散開羅擾人的酷熱，顯露豪宅的講究及建築的巧思。

科普特區
Coptic Cairo

文●墨刻編輯部
攝影●墨刻攝影組

科普特是老開羅區(Old Cairo)，也被認為是開羅最早發展的地區，對歐洲人而言，這裡就是西元前6世紀所建立的「巴比倫」(Babylon)。埃及人認為：當時這些波斯居民是來自美索不達米亞的囚犯，後來在此建立了一座碉堡。

有趣的是，這座碉堡原本位於尼羅河的懸崖邊，羅馬統治時期為充分利用尼羅河，把碉堡移到靠近尼羅河畔的現今位置，不過，兩千年來，尼羅河又北移了約四百呎，於是碉堡又拉遠了和尼羅河之間的距離。到了640年，阿拉伯人佔領埃及之後，繼續擴建碉堡，加強了40呎高的城牆，並環繞著護城河，當時這裡是重要的河港，可以透過運河連接到紅海。

從羅馬對基督教解禁，進至670年阿拉伯統治埃及的這段時間裡，基督教是此區的主流，一度興建了多座教堂，全盛時期更達二十座之多，其中包括懸空教堂、聖薩喬治修道院(Monastery & Church of Saint George)等，現在僅剩下五座。在猶太人亡國之後，許多猶太人遷居於此，甚至包括耶穌一家人，其故居依舊可以在此區內找到。如今，科普特區可說是埃及碩果僅存的基督教中心。

Where to Explore in Coptic Cairo
賞遊科普特區

MAP ▶ P.100B2

懸空教堂
Hanging Church

因位於昔日碉堡南門上而得名

🚇搭地鐵1號線於Mar Girgis站下，步行約1分鐘可達　🏠
Sharia Mar Girgis　⏱彌撒時(週三和週五8:00~11:00、週日
9:00~11:00)通常不對外開放

懸空教堂(Hanging Church)的阿拉伯文原名
「El Muallaqa」，意思就是「懸吊」，因為這
座教堂位在昔日巴比倫碉堡的南門上，使得教堂
中庭猶如「吊」在走道之上而得名。

教堂興建於3~4世紀之間，當時要在這種醒目
的地方蓋間教堂，絕對是不可能的事，因此，信
徒以棕櫚樹的樹幹與葉子把這座長方形的大會
堂尖塔圍了起來。至於教堂的主要部分，據推
測應建於5~6世紀之間，之後才慢慢增建東南方
的「上教堂」，這座教堂在9世紀時遭到摧毀，
11世紀時重建，成為埃及科普特教派的中心。
14~15世紀時，懸空教堂被稱為「階梯教堂」，
因為從入口到教堂大門必須攀爬29級階梯。

教堂正面頗為素淨，兩座鐘塔靜默聳立。通過
內庭進入聖堂，可見兩排列柱支撐著呈筒狀木造
拱頂的屋頂，其中鑲嵌象牙的屏幕、大理石製的
講壇都是精品。在聖堂前端右側、靠進入口的地
方，有處地板特別以玻璃為蓋，訪客可一觀腳底
懸空的景象，十分特殊。

三座祭壇分別供奉中央的聖母瑪麗亞(Virgin
Mary)、右邊的施洗者聖約翰(St. John the
Baptist)、左邊的聖馬‧吉吉斯(St. Mar
Guirguis)，祭壇上罩以4根柱子支撐的木製帳
篷，外隔一面雕工精緻的屏幕，雕刻伊斯蘭幾何
圖案的屏幕以黑檀木鑲嵌象牙而成，約為12~13
世紀的作品，屏風的上部彩繪著耶穌的畫像，聖
母陪伴在側，右邊還有報喜天使加百利(Angel
Gabriel)與聖彼得，左邊則是大天使米迦勒
(Angel Michael)與聖保羅。

在排列整齊的座椅旁，有一座只在聖枝主日
(Palm Sunday，復活節前的星期日)時使用的講
壇，由13根象徵耶穌與他的12個門徒、細長的
大理石柱支撐，其中一根以黑色玄武岩製成，代
表後來背叛耶穌的猶大(Judas)。

至於裝飾教堂內部右側牆壁上的畫，大多是受
難基督徒的肖像或是遺物，其中最有名的是一幅
聖母瑪麗亞的畫像。此外，教堂內還可看到以幾
何圖形、花紋為圖案的精緻裝飾。還有很多具歷
史意義的物品，包括畫像、手工藝品等，現在都
存放在科普特博物館，這些文物都可上溯到西元
8世紀。

正面

教堂正面為西元19世紀所增建,有著一座小型門廊及高梯,
其上高高聳立著兩座鐘樓。

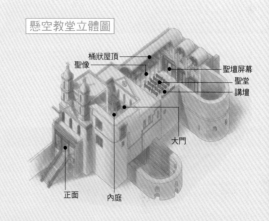

桶狀屋頂
聖像
聖壇屏幕
聖堂
講壇
大門
正面
內庭

大門

雕刻繁複且鑲嵌精緻的門興建於11世紀。

聖堂

成排立柱和馬蹄狀的拱門,區隔出聖堂的
空間。

筒狀屋頂

木造的筒狀屋頂由立柱和拱頂支撐，立柱的形式顯示取自早期古建築。

聖壇屏幕

雪松木雕製的聖壇屏幕鑲嵌著象牙，展現精緻的做工。

講壇

大理石造的講壇也是11世紀所造，13根支柱象徵耶穌與他的12個門徒，至於黑色那根代表後來背叛耶穌的猶大。

科普特與科普特教派

「科普特」(Copts)一詞來自希臘文 A γύπτιος (Egyptian)，原是指「埃及人」，後來演變成「埃及基督徒」的統稱，也就是所謂的「科普特教派」。

據傳早在西元40年左右時，使徒聖馬可(Saint Mark)便來到亞歷山卓宣揚教義，而後在西元2~3世紀時，基督教在埃及各地迅速傳播開來，不料卻因7世紀阿拉伯人的入侵帶來了伊斯蘭教，使得科普特教派逐漸沒落。

科普特教派在發展上歷經艱辛，特別是受到羅馬皇帝戴克里先(Diocletianus)的迫害，造成許多教徒殉教而死，因此，科普特教派特別以該皇帝登基的284年為科普特元年，創立了所謂的太陽曆，其宗教節日也與部份新基督教派略有出入。

即便處於困難的環境中，科普特教派卻也發展出屬於自己的獨特文化，其中像是科普特語(Coptic Language)就是古埃及文字發展的最後形式。該語言約流行於西元100~460年間，是古埃及基督徒借用希臘文字拼寫古埃及文發音、進而創造出的一種語言，不過，隨著阿拉伯文取代其地位，如今科普特語只存在教會中。

內庭

小巧的內庭裡，擺有販賣聖樂、教宗講道錄影帶、書籍和明信片的攤位。

聖像

牆面上飾有聖喬治、聖約翰及聖母的聖像。

103

科普特博物館於1910年由Marcus Simaika Pasha創立，除了珍貴的文物外，此區居民也大力捐贈衣物、壁畫和聖像，再加上1939年時埃及考古博物館將其中的基督教收藏搬到這裡後，使得博物館規模大大擴張，除舊翼外，1947年2月20日更開放了新翼，後者主要安放由法國古埃及學家馬斯佩洛(Gaston Maspero)所收藏的科普特時期古物。

如今博物館多達一千五百件的展出藏品中，可以看到許多精緻的石器、木頭和金屬工藝品，以及手抄本、織品、甚至一整片牆的修道院壁畫……值得好好欣賞。

阿布希加教堂建立在「神聖之家」(Holy Family)洞穴上，據說這裡是耶穌一家人在埃及躲避希律王迫害的住處，可前往參觀該項遺址。

耶穌畫像

根據亞美尼亞人與阿拉伯人的文獻記載，聖家族(Holy Family，包括聖母、襁褓中的耶穌、約瑟)曾長途跋涉來到開羅，居住於舊開羅區中的一個洞穴，他們抵達的時間約為西曆的6月1日，所以，每年那天科普特教會都會舉辦慶祝活動，同時，也可以在科普特博物館，甚至，科普特教堂內看到描繪此情景的畫作。

衣服

這些衣服約是6~7世紀時埃及人穿的衣服，以亞麻布織成，上面有象徵科普特宗教的十字型圖案，據此還可判斷當時的織品深受東邊拜占庭帝國與伊斯蘭早期文化的影響，以單純的圖騰為象徵圖案。

MAP ▶ P.100B2

科普特博物館

Coptic Museum

科普特藝術重鎮

🚇搭地鐵1號線於Mar Girgis站下，步行約1分鐘可達 🏠Sharia Mar Girgis ⏰9:00~17:00 💲全票230埃鎊、半票120埃鎊

坐落在阿布希加教堂(Abu Serga Church)裡的科普特博物館猶如一本埃及文明的演進史，包含了古埃及、希臘、羅馬、科普特至現在的伊斯蘭文化，特別是從早期基督教時代到7世紀阿拉伯人征服初期的藝術品格外珍貴，也讓它成為世界上最重要的科普特藝術重鎮。

科普特語《聖經》

這是從努比亞地區昆沙‧威茲(Qasr-el-Wizz)的教堂所找到的《聖經》，根據判斷為10~11世紀的文物。《聖經》以科普特語書寫，首頁為交織紅、綠、黑三色的十字型，此圖案最早使用於5世紀，有些頁面點綴著像是鱷魚、孔雀等動物圖案，事實上，中世紀的修士以圖案設計手寫《聖經》的風氣相當盛行，這本《聖經》可以看出努比亞地區的修士在美學上的技術與觀念。

科普特標誌

科普特時期的標誌就是基督教的十字標誌，在阿拉伯的伊斯蘭文化全面傳入埃及之前，埃及是信奉科普特教(基督教)的，因此，此時期的建築物上都繪有這個標誌，目前當地仍然有科普特信徒，不過數量極少。

醫生用的儀器

這些器材是當時醫生所使用的手術用品，可以瞭解當時醫藥技術堪稱先進。

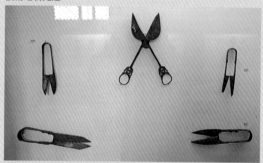

木雕祭壇

這個祭壇原存放在老開羅區的聖薩吉厄斯教堂(Church of St. Sergius and Bacchus)、聖芭芭拉教堂(Church of St. Barbara)教堂內，這件5世紀時的文物，是現今埃及地區發現最古老的祭壇，祭壇共由12根柱子支撐，上面裝飾著雕滿花紋的拱門，以及許多十字與豆莢形狀的圖案，象徵著只要經過洗禮，人們的靈魂就可以獲得再生。祭壇上有一座高大的木材圓拱保護著，是法蒂瑪王朝後特別加上去的部分。

亞當和夏娃的畫像

這是一個頗有意思的畫作，上面裸身的男女就是《聖經》中人類的始祖亞當與夏娃，畫風是純粹東羅馬帝國(拜占庭)形式，一旁的解說文字為科普特語。

班以拉猶太會館

Ben Ezra Synagogue

藏有埃及猶太人珍貴史料

🚇搭地鐵1號線於Mar Girgis站下，步行約1分鐘可達　🏛位於聖芭芭拉教堂對面　💲捐獻

　　班·以拉猶太會館的歷史非常悠久，據測約建立於6~9世紀，包括長方形會堂與一座1997年開幕的猶太古蹟圖書館。

　　這座猶太會館最著名的，是1896年時發現了一個稱為「Jineesah」放檔案的器具，內藏一份以中世紀猶太人使用的阿拉伯希伯來文(Hebrew Arabic)寫成的文件，這份文件對瞭解中世紀猶太社會文化與經濟、宗教上的各種狀況，甚至部分舊約聖經的解釋都大有幫助。

　　1115年時，班·以拉勸當時的科普特教會將土地還給猶太人重建教堂，故以他的名字為此猶太會館命名 他同時也是一位著名的學者，據傳他將一份《摩西五經》藏在此檔案器具中，此經原有二十五萬多份，現僅存七千份，但此珍貴資料已足以令後人考證此時期的埃及猶太人歷史。

　　會館後面另有一座水井，據說是先知摩西當年被他母親遺棄的地點。

尼羅河丈量儀

Nilometer

預測河水氾濫的重要指標

🚇搭地鐵1號線於El-Malek El-Saleh站下，步行約20分鐘可達　🏛位於羅達島南端　🕘9:00~16:00　💲全票50埃鎊，請注意門票會調漲

　　尼羅河為埃及的母親，每年定期氾濫，積留下豐厚的沃土讓子民得以耕作，但尼羅河經常在生機誕生之前先製造了許多死亡，為了使河水氾濫的災情減至最低，並預測潮水漫延的面積、來年的收成及稅收，古埃及人在尼羅河谷沿岸設置了好幾座檢測河水漲退的測量儀，位於開羅羅達(Rhoda)島南端的尼羅河丈量儀就是保存得最完好的一座遺跡。

　　這座丈量儀興建於861年，規模相當宏偉，高大的立柱標註著丈量刻度，在當時，最佳的水位為16腕尺，高過此點表示將氾濫成災，低於此點卻又會帶來饑荒。其筆尖狀的圓頂洋溢著土耳其式建築風格，為法魯克時代(Farouk-era)重建曾遭拿破崙軍隊破壞的成果。沿著螺旋狀的石階而下，可親身體驗檢測尼羅河水水位的刺激感。

開羅周邊

開羅周邊
Around Cairo

文●墨刻編輯部　攝影●墨刻攝影組·彭浩誠

開羅周邊的區域屬於古曼菲斯(Memphis)地區的墓地，共有大小金字塔約八十餘座，包括吉薩金字塔區、沙卡拉的階梯金字塔、達蘇爾的彎區金字塔與紅色金字塔……其中又以吉薩金字塔區內的三座金字塔，加上位於此區金字塔前的獅身人面像最引人注目，此金字塔群不但被列為「世界七大奇景」之一，也是唯一僅存的奇景。

時至今日，金字塔的建築技巧依舊無人能解，即使以現代工程技術也無法複製出如此的結構，令人驚訝這些興建於西元前2600的工程如何平地而起！多年來，即使不斷地有專家提出研究報告，企圖解開金字塔之謎，但仍無一定論，也因此有人異想天開的認為這是外星人的傑作，無論想法多麼天馬行空，卻也透漏著金字塔永恆的魅力。除金字塔外，位於曼菲斯

開羅周邊

Shibin El-kom
Aracan Pyramides Hotel
Le Méridien Pyramids Hotel & Spa
Marriott Mena House, Cairo
開羅Cairo
吉薩金字塔區
Pyramids of Giza
沙卡拉Saqqara
曼菲斯Memphis
階梯金字塔
曼菲斯博物館
Pyramids of Step
Memphis Museum
海爾溫Helwan
彎曲金字塔與紅色金字塔
Bent Pyramid & Red Pyramid
達蘇爾Dahshur

圖例 ◎景點 Ⓗ飯店
N

的曼菲斯博物館中收藏了多尊珍貴的雕像，許多人到此只為一探拉美西斯二世(Ramesses II)雕像細膩的雕工。

吉薩Giza

MAP ▶ P.107B1

吉薩金字塔區

MOOK
Choice

Pyramids of Giza

碩果僅存的古代世界七大奇蹟

🚇搭地鐵2號線於Giza站下，後轉搭計程車或迷你巴士前往。計程車可直達售票口，迷你巴士到站下車後須再步行約600公尺才能抵達售票口。 🏛Pyramids of Giza (位於開羅南方約11公里處) 🕐7:00~18:00 💲金字塔區套票全票540埃鎊、半票270埃鎊。進入金字塔或博物館參觀須另外付費；古夫金字塔全票600埃鎊、半票300埃鎊；卡夫拉金字塔全票150埃鎊、半票75埃鎊；孟卡拉金字塔全票150埃鎊、半票75埃鎊；Mars-es-Ankh Tomb全票80埃鎊、半票40埃鎊；Labor(Workers) Tombs全票500埃鎊 ❗聲光秀由於演出時間、價格、播放的語言均會隨季節變動，請先上網查詢最新資訊：www.soundandlight.com.eg

　高不可攀，埃及金字塔就是這樣的態度，不僅誇耀高度、年歲，更自傲於那謎樣的建構技巧。

　西元前兩千多年前，開羅南方的吉薩高原開始矗立一座座金字塔，因何而建？如何拔地而立？激發各地探險家、考古學家、歷史學家、天文學家、地理學家、科學家及藝術家永無止境的探索。汗牛充棟的學術專論不斷出版，從推斷古埃及人具有廢止地心引力的法力，到精密的天文、數學計算，巍峨的金字塔始終籠罩著神秘的氛圍，靜默的禁錮著未知的文化與智慧，穿梭千年時光，使金字塔成為古代七大奇蹟碩果僅存者。

　四千多年前，法老王選擇歸葬在這片風塵僕僕的沙礫地，一聲令下，數萬名民工聚集鑿石，在風沙中堆砌出世界之最的陵墓，這是有關金字塔用途迄今最廣為接受的答案，至於其他的一切依舊成謎。

　首創打造金字塔這項概念的，是法老王左塞爾(Zoser / Djoser)的大祭司印何闐(Imhotep)，他傑出的建築素養，啟發他為天神之子打造一座通天陵墓的靈感，創造出頂天立地的階梯金字塔。法老王斯涅夫魯(Snefru)接續再造彎曲金字塔，

最後終於催生出空前絕後的三角錐形金字塔，這前後「實驗」的時間未超過六十年的時光。

首座矗立於吉薩高原的古夫金字塔被暱稱為「大金字塔」(Great Pyramid)，高達146.59公尺，耗費兩百五十萬塊巨石，手筆揮霍，隨後建造的卡夫拉金字塔和孟卡拉金字塔體形漸次微縮，祖孫三代金字塔的四面均面對正東、正南、正西、正北，排列的方位費盡疑猜，各國各領域的專家使出渾身解數，推論這三座金字塔是按預先縝密的規劃，在特定的地點依特定的方位建造，以期在特定的時辰達成特定的目的，這些「諸多特定」是否成立，背後的原因為何，目前均缺乏實證，唯一可確認的，是古埃及人在短促的期間發揮超乎理解的智慧，造出匪夷所思的大型建築物，其所展現的的自信和能力，令今人也難以超越。

©彭浩誠

©彭浩誠

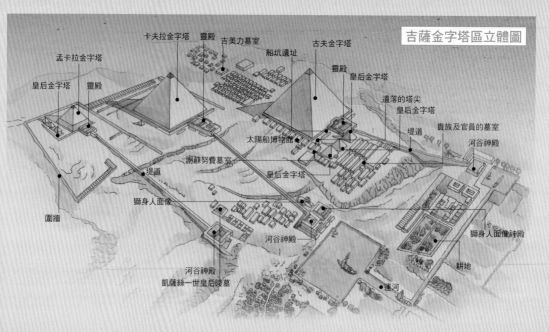

吉薩金字塔區立體圖

卡夫拉金字塔
靈殿
吉美力墓室
船坑遺址
古夫金字塔
靈殿
孟卡拉金字塔
皇后金字塔
皇后金字塔　靈殿
遺落的塔尖
皇后金字塔
貴族及官員的墓室
堤道
太陽船博物館
河谷神殿
謝蘇努費墓室
堤道
皇后金字塔
獅身人面像
河谷神殿
圍牆
獅身人面像神殿
河谷神殿
耕地
河谷神殿
凱薩絲一世皇后陵墓
運河

金字塔的興建之謎

古埃及人擁有超乎想像的天文、建築、數學、幾何等知識，掌控令人咋舌的精確度，金字塔所呈現的方位、各項體積數據仍是無解的謎團，而如何將堅實的石塊削切出精準的斜度，並將重達2.5噸的巨岩堆疊至146公尺高，更是懸疑了近五千年的秘密。

後世的人只能根據蛛絲馬跡猜測當時建築的景況，希臘歷史學家希羅多德(Herodotus)曾在西元5世紀造訪埃及，事後在著述中載明，古埃及人是利用木造的起重機吊升石塊，這種耗工費事的方式不如利用斜坡運石的理論合理。

至於工人們所使用的工具，目前推斷包括了木槌、

銅鑿及測量直角和水平的器具等，簡單但十分實用。關於參與建造金字塔的勞工，並非像好萊塢電影所描述的強迫奴隸在鐵鞭下賣命，埃及古物學家咸信建造金字塔是以一批學有專精的技工為班底，再召募民工和農人(逢氾濫季休耕時期)採石、鑿石、搬運，上萬名人力與長達數十年的建造工時，顯現古埃及社會已發展出嚴謹的營建管理制度。

金字塔就形同令法老王復活的工具，古埃及人深信參與建造金字塔必會得到天神庇祐，憑著單純的信念和信心，以及無數的人力與時間，埃及人打造出了地表上最接近永恆的建築。

工具
這些工具可協助測量星辰定出建造金字塔的方位，以及定出岩塊垂直、水平及傾斜度。

定方位
觀察圍繞天極的星辰升落完成天文觀測紀錄，進而定出南北方位。

金字塔興建方式1
造出螺旋形的斜坡層層加築，最後削去坡面即成角錐形金字塔。

搬運岩塊
搬運岩塊的方式推斷是將岩塊放在平橇上，利用圓木做為滾軸，移運到指定位置。

金字塔興建方式2
建造一面寬廣的坡道，斜坡高度隨金字塔逐漸築高而增高，最後去除斜坡即竣工。

古夫金字塔一帶 Around Great Pyramid of Khufu

© 彭浩誠

© 彭浩誠

古夫金字塔 Great Pyramid of Khufu

原始高度 約146公尺　**目前高度** 約138公尺　**底邊長度** 約230公尺　**角度** 51°50'40"

興建於第4王朝的古夫金字塔(或譯「胡夫金字塔」)，是此金字塔群中年歲最長、體型也最大的一座。

4,500年前，斯涅夫魯的繼承人古夫成功打造了這座高146.59公尺的金字塔，四邊側面正對著東、西、南、北四極，底座是個毫無瑕疵的正四方形，邊長約230公尺，誤差微乎其微。此金字塔還擁有許多令人咋舌的數據，隱藏著可能石破天驚的秘密，但即便訪客不明瞭這些細節，也絕抵擋不了第一眼望見古夫金字塔的震撼印象。

這座命定為陵墓的大型金字塔，至少動用了三萬名民工，切割運自圖拉(Tura)及亞斯文(Aswan)採石場的石灰岩和花崗岩石塊，每塊石塊平均重達2.5噸，數量超過250萬塊，總重量幾近七百萬噸，建成的金字塔體積達258萬餘立方公尺，可納入整座梵諦岡的聖彼得大教堂，拿破崙曾估計石塊總量可築成一道高2公尺、厚30公分環繞法國邊界的石牆。而在英國林肯大教堂於

14世紀完工以前，古夫金字塔雄踞世界最高建築物寶座長達約四千年的時間！

在這些驚人數據的背後，最令學者們感興趣的，是藏匿在金字塔構造中的諸多謎題，數學家指出金字塔塔頂至底邊1/2處這段長度，與底邊一半長度的比例，和黃金分割比率1.618相符，而如以金字塔中心為圓心、高度為半徑畫一圓，則其圓周周長和金字塔底部周長相等。

另一方面，天文學家則指出，能定出正北方位的大熊星座內之開陽星，和小熊星座內的北極二星(Kochab)於西元前2467年在北方連成一直線，擁有豐富天文知識的埃及人即藉此定出金字塔的方位，專家也因此推算出，古夫金字塔是於西元前2473~2483年建造(偏差源自這兩顆恆星當時與地軸之間的角度為真正呈現90度)，而金字塔內窄室的通風孔道呈37°28'，指向天龍星座，法老王墓室通風孔道呈38°28'，指向獵戶座，這些都不會是偶然的因素，但究竟這些數據及推測代表何種意義，目前還是疑雲重重，有待考古學家、數學家及建築學家們持續努力尋求謎底。

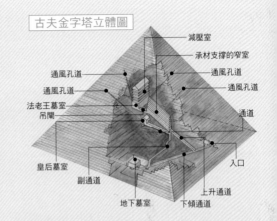

古夫金字塔立體圖

減壓室

承材支撐的窄室

通風孔道

通風孔道

通風孔道

通風孔道

法老王墓室

通道

吊閘

皇后墓室

入口

副通道

上升通道

地下墓室

下傾通道

遺落的塔尖

　　儘管古夫金字塔屹立千年不搖，卻也不是完好無缺，原本金字塔外觀應是平整的斜面，但在1303年的大地震時，這些「外包石塊」悉數崩落，因而露出內部階梯狀的結構，至於這些遺失的石材去了哪？或許開羅市區那些出現於中世紀的清真寺可以提供答案。

　　此外，古夫金字塔原本高146.59公尺，不過自從其塔尖崩落後，如今只剩138.74公尺，金字塔上方的三角型框架，標示的便是昔日的高度，而遺失的塔尖如今已成為金字塔東南角落的殘缺石堆，令人難以想像過去塔尖通常鑲飾天然金銀合金，以反射太陽神光芒於大地的模樣。

太陽船博物館 Cheops Boat Museum

　　1954年5月26日，考古學家馬拉克(Kamal el-Mallakh)在古夫金字塔南側發現深3.5公尺的船坑，上面覆蓋著41塊石灰岩，每塊石灰岩重達18噸，船坑內安放著一艘華美木船的碎片，埃及古船專家穆斯塔夫(Ahmed Youssef Mostafa)耗費14年，於1968年完成1,224塊雪松碎片拼合工程，重建的船隻架設在太陽船博物館內展示。

　　復原的木船長43.4公尺、寬5.9公尺、吃水深度為1.5公尺、排水量為45噸，令人驚訝的不只是它龐大的結構與建造技術的成熟，更在於不產雪松的埃及，居然在四千六百年前便能從遙遠

的國度運來數量如此龐大的雪松，進行大規模的國際交易。

　　至於太陽船的建造，目的並非為了在人世間航行，在古埃及的信仰中，太陽神拉(Ra)每日會乘著太陽船出航，入夜後又乘著太陽船離去，因此才會在金字塔底下埋著太陽船，令法老王的亡靈得以追隨拉神的太陽船直到來世。

金字塔下的勞工

　　是誰興建了金字塔？除了專業的工程人員外，還需要大量工人的配合，後世研究者估計，以當時的條件要興建一座規模龐大的金字塔，需動員上十萬名人力、工作約三十年的時間！而除一般民工外，也有不少尼羅河氾濫期間無地可耕的農民投入工事，除了表現對法老王的崇敬外，另一方面也能換取一家人的食宿保障。

　　以往人們想像金字塔的建築場景時，多半會聯想到奴役、鞭打、監視，並推測當時埃及已發展成中央集權的帝國形式，不斷對外發動戰爭以獲取奴隸資源。不過隨著越來越多的證據出土，這種想像也被徹底推翻。首先是考古學家在金字塔旁發現工人營地遺址，遺址中有大量魚、牛、羊骨，而從工人墓地挖出的骨骼也檢測出頗高的蛋白質含量，顯示當時的工人飲食豐盛、營養均衡。此外，少數工人遺骨上也發現手術痕跡，證明他們受到良好的醫療照顧，這些都不是奴隸可能享有的待遇。

謝蘇努費墓室 Tomb of Seshemnufer

這是第5王朝末期的官員謝蘇努費(Seshemnufer)墓室，內隔數間石室，停放石棺的墓室闢於地下室。

船坑遺址 Solar Barque Pits

在古夫金字塔和皇后金字塔之間，遺留昔日大型儀式船航行的痕跡。

皇后金字塔 Queens' Pyramids

這三座小金字塔分別安葬古夫的妻子與姊妹荷努森

卡夫拉金字塔Pyramid of Khafra

原始高度約143公尺 目前高度約136公尺 底邊邊長約215公尺 角度53°10'

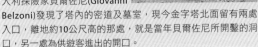

卡夫拉(Khafra，或譯「哈夫拉」)為古夫之子，他所建造的金字塔略小於古夫金字塔，但因坐落的地勢較高且角度較大，乍看之下反比古夫金字塔還要高大。在19世紀之前，人們深信卡夫拉金字塔內未建墓室，直到1818年3月2日，義大利探險家貝爾佐尼(Giovanni Belzoni)發現了塔內的密道及墓室，現今金字塔北面留有兩處入口，離地約10公尺高的那處，就是當年貝爾佐尼所開鑿的洞口，另一處為供遊客進出的開口。

在現今三座金字塔中，只有卡夫拉金字塔保有原始的石灰岩外殼，雖已斑駁，但仍可供後世想見金字塔的最初原貌，而獨一無二的獅身人面像，更使卡夫拉金字塔獨具無可取代的地位及知名度。

河谷神殿 Valley Temple

倒T字形的主殿內保有採自亞斯文(Aswan)紅色花崗岩的立柱，地板為雪花石膏石，保存良好。1852年，埃及考古學家馬里埃特(Auguste Mariette)在此發掘出23座法老王閃長岩雕像，現移藏埃及考古博物館。

堤道 Causeway

通過河谷神殿的主殿，沿著斜長通道前進即可走上全長494.5公尺的堤道，這裡可欣賞獅身人面像的全貌。

獅身人面像Sphinx

高度20公尺 **身長**74公尺

位於卡夫拉金字塔正前方的獅身人面像，幾乎已成為古埃及文明的代名詞，人們自認對之有深切的認識，事實上，這座身長74公尺、高20公尺的石像充滿了許多未解之謎。

依據過往的推論，獅身人面像並非是由人工堆砌石塊而成，而是以整座石灰岩小丘雕成，面容是根據卡夫拉王的相貌刻造，蹲踞在金字塔前守護著皇家石棺。有人認為它是法老王形象的具體化，這項說法源自立於獅爪間的石碑，實際上這塊由圖特摩斯四世(Tuthmosis IV)所立的石碑已殘缺破損，碑上除載明他夢見獅身人面像應允他，若清除堆積在獅身的沙土就助他登基為王一事外，有關「Khafra」這個名字浮雕殘損不全，不能證明碑上記載了卡夫拉王任何事蹟。

而獅身人面像確實多次掩埋在沙土中，僅頭部露出，但被沙土掩埋的獅身侵蝕的程度竟比飽受風沙吹打的頭部嚴重，引人猜測這座頭部並非原始雕像，其他如獅形動物的信仰、雕像臉部破損的原因等疑竇，都有待專家們進一步探索追查。

孟卡拉金字塔
Pyramid of Menkaure

原始高度約65公尺 **目前高度**約61公尺 **底邊邊長**約103公尺 **角度**51°20′

據傳，孟卡拉王(Menkaure)逝世時金字塔尚未完工，繼位的謝普塞斯卡弗(Shepseskaf)趕工興建，外層原擬舖設紅色花崗岩，僅完成一半就改舖石灰岩，現今金字塔底部外層還殘留原始加舖的的紅色花崗岩，且顯現倉促完工的樣貌。

孟卡拉金字塔的體積僅及古夫金字塔的十分之一，塔內的珍藏一直未遭盜賊覬覦，直至1837年，英國上校維斯(Richard William Howard Vyse)及工程師佩林(John Perring)發現入口進入墓室，才打破維持了四千五百年的寧靜。

隔年，維斯將孟卡拉王石棺裝船運往英國，但中途沉船，被迫離鄉的法老王最後沉入了深海底。

河谷神殿 Valley Temple

遭沙土掩埋的河谷神殿於1908年曾清理過，美國考古學家芮斯納(George Reisner)在此發掘出數座孟卡拉王雕像，現藏於埃及考古博物館中「孟卡拉王三人組雕像」就是在此出土。

在埃及沒有免費的東西或服務喔！

在埃及著名的觀光景點區，周邊的觀光人潮及小販都很多，為了避免發生旅遊糾紛，提醒大家記得埃及基本上「沒有免費的東西或服務」！例如：小販將商品遞給你，說是「送你的」，但其實是一種推銷手段，如果沒有購買意願，建議不要隨便把商品拿到手中；另外，也不會有路人「主動」且「免費」幫忙拍照，這些通常都是要收小費的服務。

而不論是購物或騎乘駱駝、馬、驢或搭帆船等活動，議價時一定要再三確認細節，例如幣值是埃鎊還是美金？遊程時間多久？避免發生糾紛，也不會傷了旅遊的興致。

皇后金字塔 Queens' Pyramids

這三座皇后金字塔已呈傾圮，最東側的金字塔推測為皇后卡蒙羅內比蒂二世(Khamerernebty II)的陵墓。

沙卡拉Saqqara

MAP ▶ P.107B1

階梯金字塔
Step Pyramid of Zoser

印何闐設計出的金字塔

🧭 由開羅或吉薩前往沙卡拉的公共交通十分不便，須轉乘數次，且佔地甚廣的沙卡拉和附近擁有不少遺跡，最方便的方式是參加從開羅出發的一日遊行程，希望參觀時間更自由的人，也可以從開羅包一天的計程車，順道遊覽曼菲斯和達蘇爾等地。⚲ 位於開羅南方約25公里處 ⏱ 8:00~17:00，齋戒月提前至15:00關閉 💲 套票全票450埃鎊、半票230埃鎊，進入金字塔或墓室參觀須另付費：階梯金字塔全票150埃鎊、半票75埃鎊；Mereruka Tomb全票100埃鎊、半票50埃鎊；New Kingdom Tombs全票220埃鎊、半票110埃鎊；Serapeum Tomb全票180埃鎊、半票90埃鎊；Southern Tombs全票160埃鎊、半票80埃鎊；沙卡拉區域陵墓通票全票900埃鎊、半票450埃鎊

　　為了金字塔而造訪埃及的人，首先應感謝大祭司印何闐(Imhotep)，是他卓越的建築才華和大膽的企圖心，才在沙卡拉堆疊出第一座成形的金字塔。這位執行者是古埃及的建築天才，他是第一位開始使用石材取代泥磚與蘆葦建材的建築師，並且，改革了過去王室墳墓的模樣！

　　昔日的王室墳墓和皇宮一樣皆以泥磚砌成，且形式為平底長方形，這種埋在地下的矩形墓地稱為「馬斯塔巴」(Mastaba，阿拉伯語原意為「板凳」)，有一條長長的通風井通到棺槨停放室。

　　然而隨著古埃及人生死觀念的漸趨完備，法老王對死後地宮的重視開始超越生前的宮殿，短短

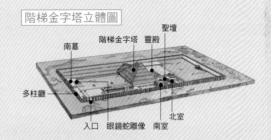

階梯金字塔立體圖

南墓　階梯金字塔　靈殿　聖壇

多柱廳

入口　眼鏡蛇雕像　南室　北室

的人世不及死亡長久，而永久保存的陵墓則為法老王木乃伊的復活提供了保證，於是古王國第3王朝第二任法老王左塞爾(Zoser/Djoser)，便命令印何闐為自己興建埃及有史以來首座石造陵墓。

　　起初，印何闐只是想利用石塊取代泥磚來建築馬斯塔巴，他先是深掘30公尺的通道，在地底闢設安置法老王的墓室及儲放陪葬品的儲藏室，東側再鑿深達32公尺的通道，開鑿皇后及皇子的墓室，地面上僅加蓋了一層岩石。

　　不過由於陵墓外圍築有一重石牆，為了使馬斯塔巴從遠處看來更加明顯，便在頂部又加蓋一個較小的馬斯塔巴，新的外觀給了印何闐靈感，於是他就這麼層層堆疊，興建出一座高62公尺、長123公尺、寬107公尺、猶如通往天上階梯的金字塔。但也有一說：左塞爾夢見自己走上天梯與太陽神聚合，因此下令印何闐將其陵墓興建成此模樣。但無論如何，階梯金字塔都可視為埃及金字塔的濫觴。

　　階梯金字塔直到1924年才被發現，它是目前年代最古老、首座以岩石代替磚塊建構的大型陵墓。其入口設於北側，祭祀法老王的靈殿也設於同側，儘管印何闐設計了許多防範措施，仍無法避免法老王陵墓在第26王朝遭受破壞褻瀆的厄運。至於階梯金字塔現貌之所以能維護得宜，全得歸功法國考古學家洛埃(Jean-Philippe Lauer)的努力，他自26歲起投注心力研究階梯金字塔，超過七十年的堅持使階梯金字塔成為世所矚目的焦點，周遭的附屬建築也因而得以重建還其原貌，而階梯金字塔出土的豐盛墓葬也為他認真不懈的一生劃下完美的句點。

入口

金字塔四周原築有寬約300公尺、長約500公尺的石灰岩高牆，由氣派的入口大門可清楚看出所使用的石材及採宮殿式連續凹壁的設計。

南墓

位於金字塔南邊的這處墓葬細節不明，據推測可能和法老王的靈魂「卡」(Ka)有關，真實原因仍有待查證。

北室

北室及南室分別代表著上下埃及，由兩室的立柱柱頭分別鑲飾著紙莎草及蓮花可清楚辨認出。

南室

此室內入口旁的牆壁上，可以發現西元前1232年(拉美西斯二世統治時期)時一位遊客的塗鴉，他以僧侶體、黑墨水寫下當時參觀左塞爾遺跡的遊行。

聖壇

位於靈殿旁，象徵著墓室，內有法老王雕像，聖壇高處開有兩個小孔洞，法老王的雕像可透過小孔洞觀望室外動靜。現今安置於聖壇內的雕像為仿製品，真品藏於埃及考古博物館內。

靈殿

位於金字塔北側，後期吉薩金字塔群將靈殿建於金字塔東側，以期法老王在旭日東昇能獲取太陽神的能量。

眼鏡蛇雕像

多柱廳

達蘇爾Dahshur

MAP ▶P.107A2

彎曲金字塔與紅色金字塔
Pyramids of Bent & Pyramids of Red

真正的金字塔發源地

🚌由開羅或吉薩前往達蘇爾的公共交通十分不便，須轉乘數次，最方便的方式是參加從開羅出發的一日遊行程，希望參觀時間更自由的人，也可以從開羅包一天的計程車，順道遊覽沙卡拉和曼菲斯等地。
🏛位於沙卡拉南方約10公里處 🕐8:00~17:00，齋戒月提前至15:00關閉 💲全票150埃鎊、半票75埃鎊

　　達蘇爾(Dahshur)位於沙卡拉的最南端，這裡是金字塔發源地，真正的(非階梯式)金字塔最早出現在第3王朝法老王胡尼(Huni)時期。胡尼開始在美杜姆(Meidum)興建金字塔，他試著將階梯的部份填平，使之呈正四角錐形，也就是我們所熟知的金字塔外觀。不過由於無法克服技術問題而未成功，現在只看到崩落後殘留下來的骨架。

　　胡尼的兒子斯涅夫魯(Sneferu)繼續奮鬥，在達蘇爾為自己蓋了一座彎曲金字塔，同樣的問題出現在結

構上，使得建築師在邊長188公尺的正方形地基上、以55度仰角興建四角錐斜面時，在工程進行一半就已發現計算錯誤而難以承受頂部重量，於是為了不重蹈其父在美杜姆的覆轍，他將仰角改為43度，導致這座金字塔斜面呈現滑稽的弧形，也得到了今日的名稱。

接著，歷經不斷的努力，斯涅夫魯終於完成紅色金字塔，這個完美呈現四角錐狀的新金字塔同樣採仰角43度的弧面，因以紅石灰岩為材質，在炎熱的陽光下發出赭紅色的光澤而得名。而他的兒子古夫也沒讓他失望，後者在吉薩蓋出的大金字塔至今無人能超越，其祖孫三代合力促成了古埃及金字塔的顛峰！

然遺憾的是，古夫之後無人承接。儘管12~13王朝時陸陸續續在達蘇爾一帶興建規模較小的金字塔，不過氣勢不能與前人相比，建材上也轉為採用較方便、也較便宜的磚塊。這些磚塊畢竟無法與石灰石和花崗岩相比，自然也難以經得起歲月的摧殘，終究，以石灰石與花崗石堆疊的金字

塔已成絕響。專家無法解釋建材改變的原因，可以推測的理由是：古埃及王朝的財力、人力或許均大不如前。

不過所幸這兩座金字塔至今依舊屹立於達蘇爾，讓人得以了解金字塔的演變史，紅色金字塔保存尤其良好，內部以承材支撐的隔室毫無受損，但是最令人歎服的，是斯涅夫魯在短短60年之內，完成了由階梯金字塔跨越至三角錐形金字塔的挑戰，顯見了強烈的企圖心、自信與驚人的智慧。

曼菲斯Memphis

MAP ▶ P.107B1

曼菲斯博物館
Memphis Museum

仰躺的拉美西斯二世雕像

📍由開羅或吉薩前往曼菲斯的公共交通十分不便，須轉乘數次，最方便的方式是參加從開羅出發的一日遊行程，希望參觀時間更自由的人，也可以從開羅包一天的計程車，順道遊覽沙卡拉和達蘇爾等地。 🚩位於開羅南方約24公里 ⏰8:00~17:00，齋戒月提前至15:00關閉 💲全票150埃鎊、半票75埃鎊

根據希臘歷史學家希羅多德(Herodotus)的描述，大約在西元前3100年，埃及第1王朝的創始者美尼斯(Menes)在一塊新生地上創建了曼菲斯城。橫跨整個古王國時期，曼菲斯城始終扮演埃及政治中心的角色，即便後來遷都底比斯，曼菲斯依然是經濟樞紐和宗教中心，敬奉保護神卜塔(Ptah)的卜塔神靈之宮(Hikuptah)便是聳立於處。

享盡風華的曼菲斯，今日已歸於平凡，茂密的椰棗林、平廣的綠田、樸實的拉希納村(Mit Rahina)，環抱著這處曾不可一世的政經中心，如今只剩曼菲斯博物館見證這段輝煌的過往。這座半露天博物館中最引人注目的展品，包括館內的拉美西斯二世(Ramesses II)雕像，以及雪花石膏獅身人面像(Alabaster Sphinx)。

拉美西斯二世雕像

這尊拉美西斯二世雕像可能原立於卜塔神殿前，膝蓋以下部位已經損毀，由頭至膝蓋的長度為12.88公尺，與阿布·辛貝的巨型雕像相比，這座仰躺的石像顯得小巧許多，但細膩的雕工仍令人讚嘆。

這座雕像與放置在大埃及博物館預定地前的那一座類似，不過，毀損的情況更為嚴重，雕像原有的鮮豔色澤，現已全部脫落，只能隱約在部分鏤刻古埃及文的地方看到殘存的顏色。在拉美西斯雕像的腰際上，有個一橢圓形的圖案，上方刻有埃及文，為法老王的名號，考古學家便是憑藉這點辨識雕像的身分。

獅身人面像

至於長8公尺、高4公尺、重約90噸的獅身人面像，為古埃及18王朝時的作品，約出現於西元前1700~1400年，從獅身人面像的臉部判斷，非常類似哈塞普蘇(Hatshepsut)、阿蒙霍特普二世(Amenhotep II)、阿蒙霍特普三世(Amenhotep III)這三位法老王。

這件珍貴的古董文物，因為長期泡在水中，所以臉部毀損狀況比較嚴重，其特別之處在於使用雪花石膏所製，這種石頭在古埃及時期被認為是具有與太陽神溝通的能量，因此唯有身份崇高的雕像才能使用，而非出現於平常的建材上。

H Where to Stay in Cairo
住在開羅

紮馬利克島Zamalek

MAP ▶ P.107B1 **Sofitel Cairo Nile El Gezirah**

🚇 搭地鐵2號線從Opera站下，步行約5分鐘可達 🏠 3 El Thawra Council St Zamalek, Downtown, Po Box 732 El Orman, Cairo 📞 2-2737 3737 💲 雙人房每晚約207美金起 🌐 www.sofitel.com

這家坐落於開羅市中心商業區附近Zamalek島上的飯店，不但擁有鄰近商業區的便利性，更擁有靜謐的空間，從客房中可以眺望尼羅河兩岸非常漂亮的景觀，該飯店維持著此法國連鎖頂級飯店集團的優雅，以當代設計搭配高科技設備，讓下榻於此的房客享受悠閒且舒適的生活。餐廳方面除提供燒烤的Kebabgy、洋溢摩爾式風情的La Palmeraie、供應融合國際菜式的Le Sud、法式下午茶的Window on the Nile Lounge & Bar之外，還有提供咖啡及糕點的La Madeleine等等，此外飯店還擁有設備一流的Spa中心。

臨時小額換鈔的好幫手

埃及各大酒店內通常都有ATM提款機，除了便利旅客提款外，有些酒店甚至提供換外幣服務。因為匯率不算太差，如果遇需要用美金或歐元兌換小額埃鎊，對旅客來說算是相當方便的選擇！

吉薩Giza

MAP ▶ P.107B1 **Marriott Mena House, Cairo**

🚗 可從機場或市區搭乘計程車前往 🏠 6 Pyramids Road, Giza, Cairo 📞 2-3377 3222 🌐 www.marriott.com/en-us/hotels/caimn-marriott-mena-house-cairo/overview/

說起全開羅最著名的飯店，就不能不提Marriott Mena House, Cairo，距離吉薩金字塔區不過七百公尺的它創立於1886年，原本是埃及國王Isma'il Pasha的狩獵小屋，1869年時的「開羅會議」就是在此舉行，而它也是舉辦第四次中東停戰協議的場所，多次成為國際歷史舞台是它聲名大噪的主因，此外，曾下榻於此的名人更是不計其數，包括Agatha Christie、羅傑摩爾(Roger Moore)和卓別林(Charlie Chaplin)等。如今這座佔地40公頃的度假村，擁有古色古香的套房，洋溢著優雅的古典伊斯蘭風情，彷彿一轉身就能看見在此上演過的歷史場景。

路克索

Luxor

路克索●

文●墨刻編輯部
攝影●墨刻攝影組・彭浩誠

18 王朝到20王朝之間，古埃及首都從曼菲斯遷移往底比斯東岸(Thebes)，也就是現在的路克索。法老王的陵墓也不再選擇金字塔，反而以路克索西岸後方的達爾巴赫里(Deir al-Bahri)山谷為長眠地！如果仔細翻閱埃及的文明史，很難再找出一處能如底比斯般氣勢恢弘、並留予後世難以估量的無價遺產的古都，從數千年前的宮廷紛爭，到近代的全球考古發現，底比斯始終是眾所矚目的焦點。這座餘威猶存的古都，今日的名稱「路克索」(Luxor)，衍生自阿拉伯文的「al-quṣūr」，意思是「防禦工事」。

兩千多年前，在這裡成為新王國時期的首都以前，埃及飽受異族統治之苦，於是上任的圖特摩斯三世(Tuthmosis III)開始加強戰備，並主動出征宣揚國威。他輝煌的戰績讓埃及勢力擴及敘利亞、努比亞和利比亞，並獲得黃金、白銀、象牙、香料等貢品，這些財富化成了一座座華麗的神殿和陵墓，締造出一處空前的繁華之都。

底比斯的地理位置相當優異，都城跨越尼羅河東、西兩岸，沿岸盡是寬廣的平原。古埃及人依據大自然日昇日落的定律，衍生出死亡與復活循環不息的信仰，繼而形成日出的東方代表重生、繁衍；日落的西方代表死亡、衰退的觀念。因而膜拜阿蒙神(Amun)的神殿遍及東岸，而富麗堂皇的皇家陵墓則建於西岸，這些都成了路克索今日的觀光資產。當年古希臘詩人荷馬(Homer)曾形容底比斯為「百門之城」，這「門」指的是當時神殿的入口宏偉壯觀，底比斯古城的規模由此可見一斑，今日的路克索風華依舊，與開羅、吉薩分庭抗禮毫無懼色。

路克索之最Top Highlights of Luxor

卡納克神殿與路克索神殿
　這兩座神殿同樣位於路克索的東岸，卡納克神殿是底比斯最重要的神殿，經過歷代法老王增建，規模空前絕後；路克索神殿供奉底比斯三神，也是舉行歐佩特慶典的地點。(P.129, P.134)

帝王谷
　在新王國時期，帝王開始在山谷間尋覓隱密的葬區，帝王谷中的墓主多屬於18~20王朝的法老王及權貴，其中的圖坦卡門之墓，是唯一一沒有被盜墓的一座。(P.152)

荷魯斯神殿
　荷魯斯神殿是埃及保存最好的神殿，更因為浮雕內容涵蓋了古埃及諸神傳說，可說是一座集神殿建築、神學、象形文字於一身的「圖書館」。(P.171)

路克索博物館
　面對著尼羅河的路克索博物館，典藏著底比斯身為國都最具代表的文物，包括來自卡納克神殿的石像，以及發現自圖坦卡門墓的物品。(P.143)

孔翁波神殿
　孔翁波神殿同時供奉鷹神及鱷魚神，這種採取雙神信仰及雙神殿的形制，在埃及絕無僅有。(P.174)

INFO

基本資訊

人口：約51萬
面積：約416平方公里
區域號碼：95

如何前往

◎航班

　　路克索機場位於市區以北約7公里處，埃及航空的航班往來於開羅和路克索之間，飛航時間約1小時。路克索機場和市區之間沒有巴士銜接，只能選擇搭乘計程車。計程車車資沒有公定價，必須和司機詢價。

◎鐵路

　　每日有數班日間火車往來於開羅－路克索、路克索－亞斯文之間，另有往來於開羅－路克索－亞斯文之間的夜鋪火車。由於時刻表、車票、票價的內容都是阿拉伯文，且時有變動，因此，搭車前詢問旅遊服務中心或鐵路服務台，同時最好事先購票。路克索火車站位於東岸市中心的**Midan al-Mahatta**，附設有行李寄放處，由此可以步行的方式前往路克索神殿，或是搭乘計程車前往卡納克神殿。

路克索火車站 ☎237 2018
臥鋪火車服務
🚄abelatrains.com/Home(可查詢時刻表和預訂)

◎長途巴士

　　每日都有班車開往開羅、亞斯文、胡爾加達、Qena和蘇伊士等地，班車路線涵蓋埃及各大城，但由於班次、時刻、票價等經常無預警的變動，建議最好預先購票。

Zanakta Bus Station ☎232 3218
上埃及巴士公司 (Upper Egypt Bus Co.) ☎237 2118

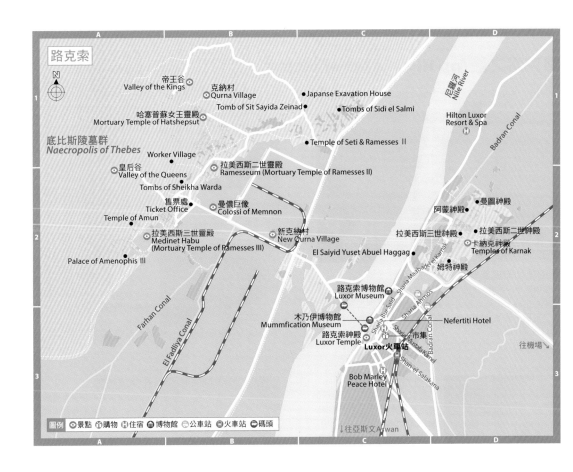

◎遊輪

路克索是尼羅河遊輪沿途停靠的重要據點之一，不過，該遊輪以開羅和亞斯文的固定航程，必須全程參加。詳情見P.48~P.50。

市區交通

◎計程車

搭乘計程車是暢遊路克索最方便的交通工具之一，不過必須和計程車司機議價，通常短程車資至少約40~80埃鎊，也可以包車一天前往西岸，費用視時間長短和地點而異。

◎公車

雖然公車行駛路線遍及全市，但有些以阿拉伯文標示路線，有些根本完全無標示，對遊客來說並不方便。

◎馬車

想前往市區的景點或漫遊市街，也可以搭乘馬車，馬車的費用為每小時150~350埃鎊不等，得視個人的議價能力，搭乘前切記確認議價，以免發生糾紛。

◎迷你巴士

迷你巴士擁有固定的路線，可在火車站後方搭乘。

◎帆船

搭乘帆船是體驗尼羅河風情的好方法之一，同樣需要議價，每小時費用約10美金。

優惠票券

◎Luxor Pass

2016年開始發行的Luxor Pass，持票基本上可以參觀路克索東、西兩岸的所有景點及博物館。Luxor Pass共有4種，分為全票、學生票，以及是否包含娜菲塔莉皇后墓(QV66)及塞提一世墓(KV17)等差異：

種類	全票	半票	可參觀景點
Premium Pass	200美金	100美金	路克索所有景點，包含娜菲塔莉皇后墓及塞提一世墓
Standard Pass	100美金	50美金	路克索所有景點，不含娜菲塔莉皇后墓及塞提一世墓

Luxor Pass的使用效期為5天。購買時需準備護照及證件照，只收美金或歐元現金。可於路克索博物館後方的Public Relations Office購買，售票時間為週一至週五9:00~16:30。

如果計畫在路克索待上4~5天，並且打算參觀許多景點及博物館，或者重複參觀某幾個景點，那就很適合購買Luxor Pass，也可省去在各景點排隊買票的時間。

住宿資訊

◎Hilton Luxor Resort & Spa
🔺P.126D1　🏠P.O.Box 13, New Karnak, Luxor　☎095-239 9999　🌐www.hilton.com/en/hotels/luxhitw-hilton-luxor-resort-and-spa/

◎Bob Marley Peace Hotel
🔺P.126C3　🏠Mohamed Farid St, Luxor　☎095-2280 981　🌐www.facebook.com/pg/bobmarleypeaceboomerang

◎Nefertiti Hotel
🔺P.126C3　🏠El Sahabi Street, via Karnak Temple St, Luxor　☎002-0100 0329 991　🌐www.nefertitihotel.com

城市概略City Guideline

路克索以尼羅河作為分界，分為東岸及西岸兩部分。東岸為路克索市區，有火車站、市集及眾多平價旅館，重要景點包括路克索神殿、卡納克神殿及路克索博物館等，由於東岸的市區不大，除了卡納克神殿較遠之外，其他地點均可以步行的方式抵達。

至於被視為「亡者之地」的西岸則擁有眾多知名景點，包括帝王谷、皇后谷及哈塞普蘇女王靈殿等，每日有眾多遊客造訪這塊昔日的傳說之地。

雖身為觀光大城，路克索市區並沒有像開羅哈利利市集那般規模龐大的市集，主要的特產商店集中在蘇克大街(Sharia as-Souq)和馬哈塔大街(Sharia al-Mahatta)兩街交會的巷弄裡，當地人添購柴米油鹽也是上這兒來買，因此，氣氛較為親切，不像開羅那麼「市儈」。

除卻其他城市也見得著的紀念品，雪花石膏(Alabaster)是路克索暢銷的招牌特產，遊客總爭購儲藏木乃伊臟器的瓶子，攜回家中當作典雅的擺設，保守的遊客可購買雪花石膏雕製的花瓶或法老王胸像。

尼羅河東岸
Luxor East Bank

文●墨刻編輯部　攝影●墨刻攝影組・彭浩誠

古埃及人相信：東岸是太陽的升起之地，所以是生者居住的地點。因此，相對於西岸荒涼的景色，路克索東岸展現了蓬勃生氣，聚集了食衣住行所需。位於東岸的卡納克神廟，其宏偉的建築群不僅規模龐大，且成就空前絕後，佔地逾一百公頃的面積，多達十座塔門拱衛著二十多座殿堂，無論停留多久，總讓人覺得只是走馬看花。

而路克索神殿是夜晚的好去處，在燈火的映照下更添神秘色彩。三千多年前，阿蒙霍特普三世(Amenhotep III)建造了這座供奉「底比

斯三神」：阿蒙(Amun)、姆特(Mut)、孔蘇(Khonsu)的神殿，而它最重要的目的，是為了舉辦當地一年一度的歐佩拉迎神慶典。

路克索博物館貌不驚人，但收藏了底比斯作為新王國國都時期最具代表性的文物，驗證往昔那段叱吒風雲的歲月。至於1997特別闢建的木乃伊博物館，在埃及建築師巧妙運用光線下，使得這座位於地下的博物館營造出森冷墓室的氣氛，提供給遊客一趟知性與感官兼具的奇異遊覽發一波觀光熱潮。

路克索⋯⋯尼 羅河東岸Luxor East Bank

MAP ▶ P.126C3

路克索神殿

Luxor Temple

底比斯三神的南方聖殿

🚶 從火車站步行約10分鐘可達 　🏠 Corniche an-Nil 　🕐 6:00~20:00 　💲 全票400埃鎊、半票200埃鎊

　　路克索神殿堪稱埃及神殿建築的最佳範例，其歷史回溯到哈塞普蘇女王，不過該女王時期的傑作全遭毀損，因此，路克索神殿的建築史「只能」從三千多年前的阿蒙霍特普三世(Amenhotep III)談起。

　　阿蒙霍特普三世為了擴大慶祝歐佩特慶典，將路克索神殿改建為底比斯三神的「南方聖殿」(South Sanctuary)。這裡是阿蒙神的南方私人住所，也是每年泛濫季歐佩特慶典舉行時，阿蒙、姆特和孔蘇相會的地點，當時繁盛之情可見一斑。然而阿蒙霍特普三世的繼承人阿肯納頓(Akenaten)並未子承父業，因意識到信奉阿蒙神(Amen)的祭司地位高漲，甚至有凌駕法老王的態

勢，為遏止此事繼續發展，阿肯納頓掀起宗教改革，排除阿蒙獨尊太陽神阿頓(Aten)，並將帝號「阿蒙霍特普四世」(Amenhotep IV)改為「阿肯納頓」(Akenaten，意為「阿頓的僕人」或「阿頓光輝的靈魂」)，改變多神崇拜，倡導一神論，進而瓦解祭司階級制度，自立為唯一的祭司。

　　為與過往歷史徹底劃清界線，阿肯納頓還將首都由底比斯遷往阿馬爾奈(Tell al-Amarna)，兩萬多人因而展開長達兩百哩的行程，前往新都奉獻阿頓神。阿肯納頓的宗教狂熱，使他無視嚴重的經濟衰退，更疏於聯繫同盟，讓埃及陷入重重危機。在位17年的阿肯納頓逝世後，有關他的一切都遭新的執政者捨棄，埃及重拾古老而熟悉的傳統，不但首都遷回了底比斯，祭司也重建階級制度，繼位的圖坦卡門和霍朗赫布(Horemhab)重修路克索神殿，「底比斯三神」恢復了往日的地位。

　　路克索神殿的擴建工程一直持續到亞歷山大大帝，後來進駐的羅馬人曾在神殿附近設立軍隊營區，這也是為什麼阿拉伯人稱此區為「al-quşūr」(防禦工事)，衍生出今日「Luxor」的地名。

129

立姿雕像殘缺的頭像
阿布赫格清真寺
塔門
方尖碑
拉美西斯二世雕像
獅身人面像
拉美西斯二世雕像
獅身人面像
撒拉菲斯聖堂
底比斯三神聖殿
柱廊浮雕
柱廊
拉美西斯二世坐像
拉美西斯二世庭院
柱廊浮雕
拉美西斯二世坐像
拉美西斯二世庭院浮雕
多柱廳
阿蒙密室
阿蒙霍特普三世庭院
聖船聖堂
供奉廳
阿蒙霍特普三世聖壇

獅身人面像 Sphinxes

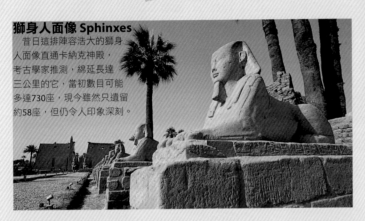

昔日這排陣容浩大的獅身人面像直通卡納克神殿，考古學家推測，綿延長達三公里的它，當初數目可能多達730座，現今雖然只遺留約58座，但仍令人印象深刻。

撒拉菲斯聖堂
Chapel of Seraphis

西元126年，羅馬皇帝哈德良(Hadrian)在自己生日時建造了這座聖堂。

拉美西斯二世雕像 Statues of Ramesses II

塔門前原立有拉美西斯二世的兩尊坐像及四尊立像，現僅餘位於塔門中央的兩尊坐像和塔門西側的一尊立像。這兩尊坐著的法老王頭戴統一上、下埃及的雙王冠，基座側面壁畫浮雕尼羅河神哈比(Hapy)捆綁蓮花及紙莎草的畫面，象徵統一上、下埃及。

©彭浩誠

方尖碑 Obelisk

滿布雕刻的方尖碑為拉美西斯二世(Ramesses II)所建，但西側的方尖碑於1833年被移往法國，1836年矗立於巴黎協和廣場上。

立姿雕像殘缺的頭像
Statues of Ramesses II

儘管如今只剩一尊立姿雕像，不過塔門前方還保留了一個立姿雕像殘缺的頭像，可以近距離欣賞法老王的神韻。

古埃及神殿中竟然有清真寺？

隨著城市的發展，路克索神殿附近擠滿房舍、商店與工作坊，甚至一度成為城市的一部分，於是一座清真寺在14世紀時大剌剌的興建於神殿中，如今這座代表伊斯蘭教勢力的阿布赫格清真寺(Mosque of Abu al-Haggag)依舊伴隨著路克索神殿，再加上後半部曾經被當成教堂使用的阿蒙密室，形成路克索神殿三種宗教融合的奇特面貌。

© 彭浩誠

塔門 Pylon

這座塔門高約24公尺、寬約65公尺，浮雕刻著拉美西斯二世的多場英勇戰役，其中包括與西臺人(Hittite)交戰的著名卡德墟(Kadesh)戰役，但刻痕已殘缺模糊。

© 彭浩誠

拉美西斯二世庭院 Great Court of Ramesses II

拉姆西斯二世不僅立了方尖碑、雕像，更擴建了塔門、庭院，並調整建築的軸線，將庭院方位偏轉向東，得以和卡納克神殿相對，這就是路克索神殿的中軸線並未成一直線的原因。該庭院環繞著雙重柱廊，柱頭裝飾著含苞待放的紙莎草花苞，但立於庭院內的拉美西斯二世雕像多已殘缺。

拉美西斯二世庭院浮雕
Reliefs of Great Court of Ramesses II

裝飾於柱廊牆壁上的浮雕，描繪法老王獻神以及民眾準備各項供品參與歐佩特慶典(Feast of Opet)的情景。

底比斯三神聖殿 Triple-Barque Shrine

　　這座敬奉阿蒙、姆特、孔蘇三神的小聖殿，原建於哈塞普蘇女王時期，後經拉美西斯二世重建。

拉美西斯二世坐像 Statues of Remesses II

　　這兩尊拉美西斯二世坐像均以黑色花崗岩雕成，雕像腳邊立著皇后娜菲塔莉(Nefertari)。

柱廊 Colonnade of Amenhotep III

　　這座美麗的柱廊是阿蒙霍特普三世為一年一度的歐佩特慶典所增建的元素，法老王將它當成後方阿蒙神殿的入口，14根巨大的石柱高達19公尺，柱頭裝飾有紙莎草花盛開的花苞。

柱廊浮雕
Reliefs of Colonnade of
Amenhotep III

　　此處浮雕完成於圖坦卡門統治時期，當時的埃及信仰重回底比斯三神的懷抱。兩側牆上描繪著歐佩拉慶典的熱鬧場景，西牆描繪神祇和民眾自卡納克神殿出發走向路克索神殿的場景，東牆描繪返回卡納克神殿遊行的情景，場面熱切繽紛，堪稱是圖坦卡門留予神殿最精采的獻禮。

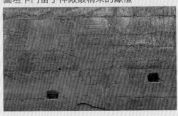

阿蒙霍特普三世庭院 Sun Court of Amenhotep III

　　佔地寬廣的庭院三面環繞著雙重柱廊，柱頭同樣飾有古典的紙莎草束雕飾，少數還殘留原有的色彩。

多柱廳 Hypostyle Hall

由四排各8根立柱構成的多柱廳，是原本歐特特神殿的第一室，32根立柱形成一道通廊，通往殿後的聖壇。

供奉廳 Antechamber

穿過阿蒙密室之後，就是圍繞著柱廊的阿蒙神的供奉廳。

阿蒙密室 Chamber of Amun

位於多柱廳正後方的阿蒙密室，在西元3世紀的羅馬時期，被一座加蓋的壁龕封擋，這種其他宗教入侵神殿改變原始結構的例子時而可見。阿蒙密室的兩側分別坐落著姆特和孔蘇的神殿。

聖船聖堂 Barque Shrine of Amun

阿蒙霍特普三世建造的聖船聖堂，後由亞歷山大大帝改建，因此，這座方形石室四周外牆上，布滿法老王裝束的亞歷山大敬奉諸神的浮雕，還可以看見以象形文字書寫的亞歷山大大帝王名圈。

阿蒙霍特普三世聖壇
Sanctuary of Amenhotep III

曾經是路克索神殿中最神聖的地方，這處位於該神殿最底部的聖壇，如今依稀可見昔日聳立阿蒙神像的基座。

MAP ▶ P.126D2

卡納克神殿

Temples of Karnak

擁有氣勢磅礴的阿蒙神殿

🚌可從火車站後方搭乘迷你巴士，或在市中心搭乘計程車和馬車前往 🏠Sharia Maabad al-Karnak，位於路克索市區北方約2公里處 🕐5~9月6:00~18:00；10~4月6:00~17:00 💲神殿區+露天博物館全票450埃鎊、半票230埃鎊；參觀Mut Temple加收全票80埃鎊、半票40埃鎊 ❗聲光秀由於演出時間、價格、播放的語言均會隨季節變動，請先上網查詢最新資訊：www.soundandlight.com.eg

卡納克神殿是古埃及中王國與新王國時期法老王們的祭祀地點，也是底比斯最重要的神殿！結合了神壇、列柱、塔門、方尖碑等建築元素，在一千五百多年中，經過歷代法老的增建與整修，形成一片長約1.5公里、寬800公尺、龐大異常的建築群。不過，如今卡納克神殿只剩下新王國

時期興建的部分，佔地約二平方公里，據估計，該面積約可容納10間大教堂，足以窺見其規模之空前絕後。

十座塔門拱衛著二十多座殿堂，卡納克神殿主要包含三座神殿，分別為阿蒙神(Amun)、姆特神(Mut)、曼圖神(Monthu，底比斯當地的鷹頭戰神)，阿蒙神殿位於中央，曼圖神殿在北邊，姆特神殿在南邊，神殿周邊還有一座遼闊的露天廣場，並有一池神聖的小湖，供昔日法老王和祭司們進行神聖儀式前淨身使用。

卡納克(Karnak)古時稱「Ipet-Sut」，意為

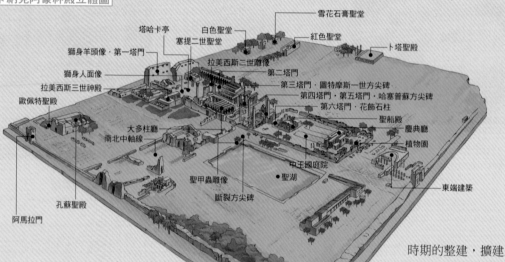

卡納克阿蒙神殿立體圖

雪花石膏聖堂
塔哈卡亭
白色聖堂
塞提二世聖堂
紅色聖堂
獅身羊頭像・第一塔門
卜塔聖殿
拉美西斯三世雕像
獅身人面像
第二塔門
拉美西斯三世神殿
第三塔門・圖特摩斯一世方尖碑
第四塔門・第五塔門・哈塞普蘇方尖碑
歐佩特聖殿
第六塔門・花飾石柱
聖船殿
大多柱廳
慶典廳
南北中軸線
植物園
孔蘇聖殿
中王國庭院
聖甲蟲雕像
聖湖
阿馬拉門
斷裂方尖碑
東端建築

「最受人景仰的宮殿」，這塊寶地獻給了至高無上的阿蒙神。在中王國時期，阿蒙神僅是區域性神祇，直到希克索斯王朝(Hyksos)宣告終結後，開啟新王國時期的統治者視阿蒙神為勝利的吉兆，阿蒙神的地位水漲船高，繼而又與太陽神拉(Ra)結合同化為阿蒙・拉神(Amun-Ra)，不僅躍升為埃及的「眾神之王」，並與妻子姆特(Mut)、兒子孔蘇(Khonsu)形成「底比斯三神」。

氣勢磅礴的阿蒙神殿就是在這種情況下誕生，即便其南北面各擴建了姆特神殿及曼圖神殿，位於卡納克神殿中心的阿蒙神殿，始終是最至高無上的權勢中心。打從中王國時期薩努塞一世(Senwosert I)興建的首間小聖堂，到托勒密王朝時期的整建，擴建工程前後跨越近兩千年，每位統治者無不竭盡所能地為這座神殿錦上添花，留下他們虔誠的敬神證據。

當時的底比斯權勢如日中天，卡納克也富甲一方，據資料記載，拉美西斯三世執政時期的卡納克發展至顛峰，境內擁有65座村落、433座花園、2,395平方公里牧場、421,662頭牛、83艘船及81,322名勞工，全是為了敬奉阿蒙神。阿蒙神的地位顯然不僅未受阿肯納頓宗教革命影響，反而加倍受到民眾崇敬擁護，而阿蒙神的祭司也如願達到權傾天下的目的，最後釀致祭司干預朝政、篡奪王位，導致埃及走入了混亂的黑暗時期，直到亞歷山大大帝揮軍而入，才恢復平靜安定。

獅身羊頭像
Ram-Headed Sphinxes

神殿現今的入口大道由拉美西斯二世鋪建，可通達與尼羅河相通的泊船小池，第一塔門後的露天庭院內，還殘留著原安置在大道上的多座獅身羊面像。大道兩側羅列著象徵阿蒙神的獅身羊頭像，在獅掌中央還立著法老王雕像。

拉美西斯三世神殿
Temple of Ramesses III

同樣在大廣場上、位於塞提二世聖堂斜對角的拉美西斯三世神殿保存完善，低矮的塔門前立有兩尊拉美西斯三世雕像，走入前庭可見法老王仿冥神歐西里斯(Osiris)的立像，壁上雕刻著慶典情景，庭院後方為小型多柱廳和聖壇，整體建築宛若尼羅河西岸的拉美西斯三世靈殿(Medinet Habu)的縮小版。

第一塔門 First Pylon

巍峨的第一塔門目前推斷是第30王朝的內克塔內布一世(Nectanebo II)所建，塔門未經雕飾的粗糙外表及高低不一的外型，顯示處於未完工的狀態。塔門後方還可看見一道泥磚搭建的斜坡，可知昔日城牆利用滾輪和繩子拖曳石塊搭建而成。站在塔門前，循著筆直的中軸線及微微升高的路面往內望，可遠眺位於最裡端的聖船殿。

塞提二世聖堂
Temple of Seti II

第一塔門後方的大廣場(Great Court)是卡納克神殿區中最大的廣場，位於左手邊的塞提二世聖堂以砂岩及花崗岩建成，昔日是歐佩拉慶典時安放底比斯三神聖船的地方。

獅身人面像 Sphinex

拉美西斯三世神殿前方有一座小巧的獅身人面像，推斷是仿自圖坦卡門面容。

塔哈卡亭 Kiosk of Taharka

坐落在塞提二世聖堂和拉美西斯三世神殿之間的建築遺址，原是一座立有10根石柱、裝飾紙莎草柱頭的露天亭閣，現僅存一根高21公尺的立柱，塔哈卡亭據推測應是為阿蒙神和太陽神結合舉行儀式之處。

拉美西斯二世雕像
Statues of Ramesses II

第二塔門前立有兩尊拉美西斯二世雕像，一呈行走狀、一呈立定狀，至於立於法老王雙腳間的小型雕像身分為何？比較可信的說法是拉美西斯二世最愛的皇后娜菲塔莉(Nefertari)。

第二塔門
Second Pylon

始建於霍朗赫布(Horemhab)，但直至拉美西斯二世才竣工，這也是為什麼塔門前方裝飾著拉美西斯二世雕像的原因。該建築後來曾遭阿肯納頓部分拆毀。

大多柱廳
Great Hypostyle Hall

整座神殿的精華就是大多柱廳，面積廣達5,500平方公尺，可同時容納梵諦岡的聖彼得大教堂與倫敦的聖保羅大教堂。這片由134根巨柱形成的柱林，象徵著古埃及尼羅河畔常見的紙莎草沼澤，所有的石柱飾有紙莎草柱頭，位於中央的12根雙排立柱高達21公尺(一說23公尺)，直徑達6.3公尺，朝外舒張的柱頭重現盛開的紙莎草花，至於環繞於周圍的122根石柱則高15公尺。這些巨柱須6、7人張開雙臂才能環抱，裝飾其上的法老王名圈，或許也是全世界所能發現最大的！

現今留存的高側窗顯示當初覆有蓋頂，藉此引進柔和的陽光與流通的空氣，從部分柱子殘存的顏色看來，昔日應該都描繪著繽紛的色彩。此大廳據說由拉美西斯一世構思，完成於塞提一世和拉美西斯二世之手，位於左側的浮雕出自塞提一世任內，不過保存狀態不及右側落成於拉美西斯二世時期的浮雕完善。至於此處浮雕主題不外乎法老王英勇的戰爭場景，或皇室膜拜神祇以及流傳的神話故事。

第三塔門・圖特摩斯一世方尖碑
Third Pylon・Obelisk of Tuthmosis I

第三塔門為阿蒙霍特普三世(Amenhotep III)所建，後來曾遭拆除作為興建露天博物館的建材。緊依第三塔門的方尖碑原有四座，分別為圖特摩斯一世及三世所建，現僅餘一座矗立在原處，這座圖特摩斯一世方尖碑高22公尺、重達百噸以上。

🔅 流落異鄉的方尖碑

古埃及雕鑿了數百座方尖碑，但僅留極少數於埃及，數十座華美的方尖碑被視為戰利品運往各國，下表為目前矗立於埃及和其他國家的十大方尖碑。

矗立地點	高度	建造的法老王
義大利羅馬拉特拉諾的聖喬凡尼廣場(Piazza San Giovanni in Laterano, Italy)	32.18公尺	圖特摩斯三世
埃及路克索卡納克神殿(Temple of Karnak in Luxor, Egypt)	29.56公尺	哈塞普蘇女王
土耳其伊斯坦堡(Istanbul, Turkey)	28.95公尺	圖特摩斯三世
義大利梵諦岡聖彼得廣場(Piazza di San Pietro, Vaticano)	25.37公尺	尚待考證
土耳其伊斯坦堡(Istanbul, Turkey)	28.95公尺	圖特摩斯三世
梵諦岡聖彼得廣場(Piazza di San Pietro, Vaticano)	25.37公尺	尚待考證
埃及路克索神殿(Temple of Luxor in Luxor, Egypt)	25公尺	拉美西斯二世
義大利羅馬波波洛廣場(Piazza del Popolo in Rome, Italy)	23.2公尺	塞提一世－拉美西斯二世
法國巴黎協和廣場(Place de Concord in Paris, France)	22.55公尺	拉美西斯二世
義大利羅馬蒙特奇利歐廣場(Piazza Montecitorio in Rome, Italy)	21.79公尺	薩美提克二世
美國紐約中央公園(Central Park in New York, USA)	21.21公尺	圖特摩斯三世
英國倫敦泰晤士河畔Embankment地鐵站北方(London, Great Britain)	20.88公尺	圖特摩斯三世

第四塔門・第五塔門・哈塞普蘇方尖碑
Fourth Pylon · Fifth Pylon · Obelisk of Hatshepsut

第四塔門及第五塔門都是由圖特摩斯一世所建，兩座塔門間有座小巧的聖堂，原本哈塞普蘇女王(Hatshepsut)在此立有兩座方尖碑，現僅存一座，高度近三十公尺、重達325噸，至於另一座方尖碑攔腰斷裂後，現安置在聖湖邊。

埃及的方尖碑都是以整塊花崗雕成，當時哈塞普蘇女王下令亞斯文採石場，在七個月內造出兩座貼上金銀合金的方尖碑，獻給卡納克的阿蒙神殿，顯示古埃及嚴密的組織結構及精湛工藝。這兩座方尖碑碑身四面刻著哈塞普蘇女王名字及建造細節，東面及西面的銘文特別獻給她的父親阿蒙神，藉此強調她繼位的合法性。

第六塔門 Sixth Pylon

第六塔門由圖特摩斯三世所建，牆壁上還留有標榜戰績的浮雕，足見後世稱圖特摩斯三世為首位帝國主義者並非沒有原因。立於塔門後的花崗岩石柱，分別飾有代表上下埃及的蓮花及紙莎草的柱頭，難得一見的畫面協調而典雅。

聖船殿
Sacred Barque Sanctuary

這座小型殿堂為亞歷山大大帝的弟弟菲力普・阿瑞戴烏斯(Philip Arrhidaeus)所建，殿內還留有安置阿蒙神聖船的基座，牆壁上裝飾著敬奉阿蒙神的浮雕。站在殿內往外望，目光循著緩緩下降的中軸線路面可遠眺多柱廳。聖船殿外壁浮雕著慶典熱鬧的場景，線條及構圖相當精緻，不要錯過。

中王國中庭 Middle Kingdom Court

據推斷，中央庭院是卡納克阿蒙神殿最早的興建地，但原來的建築早已蕩然無存，僅留存少許石塊鋪陳在碎石地上。

慶典廳 Great Festival Hall

中庭後方的慶典廳是圖特摩斯三世為自己打造的，西北角的入口處聳立著法老王穿著慶典服飾的雕像，廳內的立柱仿造帳篷支柱，展現這位法老王長年征戰以軍帳為家的歷練。在基督徒侵入時期，慶典廳一度被改建成教堂，因而柱身留有許多基督教相關的圖案。

聖甲蟲雕像 Giant Scarab

俗稱「糞金龜」或「蜣螂」，牠以後腿推滾泥土或糞便的模樣，讓古埃及人聯想到運行中的太陽，因而成了太陽神的化身，象徵經過夜間旅程後，在破曉時分重生的太陽神形象──赫普里(Khepri)。學者們推斷這可能就是這座聖甲蟲雕像自西岸阿蒙霍特普三世靈殿，移到代表再生、復活的東岸原因之一。

東端建築 Eastern Temple

神殿最東端的建築包括聆聽殿(Temple of Hearing Ear)和拉美西斯二世壁龕等，上述兩者都已傾圮。此處原立有埃及最大的方尖碑，據傳於西元前330年左右移往羅馬，現矗立於羅馬拉特拉諾聖喬凡尼廣場(Piazza San Giovanni in Laterano)上的方尖碑，即可能原立於此處。

南北中軸線 North-South Axis

由第三塔門及第四塔門往南、沿著聖湖畔，一路羅列著第七塔門(Seventh Pylon，圖特摩斯三世建)、第八塔門(Eighth Pylon，哈塞普蘇女王建)、第九塔門(Ninth Pylon，霍朗赫布建)、第十塔門(Tenth Pylon，霍朗赫布整建)，四座建築物構成神殿的南北中軸線，與路克索神殿遙遙相望。

第七塔門前原立有兩座方尖碑，其中一座在西元前4世紀左右被移往君士坦丁堡(今土耳其伊斯坦堡)，在20世紀初，第七塔門前的庭院內還挖掘出兩萬多件青銅像、石雕像及石碑，少數保存良好的已移至開羅的埃及考古博物館。

植物園 Botanical Garden

在這座植物園中，多幅殘留壁畫展示圖特摩斯三世連年長征在異域所見過的奇異動植物。

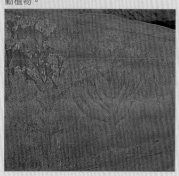

聖湖 Sacred Lake

面積廣達9,250平方公尺、容量達26,000立方公尺的聖湖，根據考古學家希羅多德(Herodotus)的記載，阿蒙神的祭司們每天早晚兩次都會在這座湖中為準備宗教儀式而淨身。

斷裂的方尖碑 Fallen Obelisk of Hatshepsut

　　由哈塞普蘇女王下令建造、而後斷裂的方尖碑安置於聖湖旁，遊客可就近欣賞方尖碑精美的雕刻。

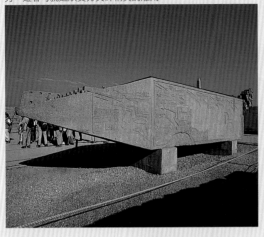

歐佩特聖殿 Temple of Opet

　　緊鄰孔蘇聖殿的歐佩特聖殿是由托勒密八世興建，敬奉著保護孩童的河馬女神。聖殿外觀已呈傾圮，西向的出入大門也不甚明顯，但殿內的浮雕保存良好，並闢有數個地下室，遺憾的是，此殿封閉謝絕參觀。

阿馬拉門
Bab el Amara Gate

　　嵌入外圍高牆的為孔蘇聖殿的塔門，因屬托勒密三世所建，所以又名托勒密三世塔門。塔門外原有雙排獅身羊面雕像通往姆特神殿區域，現今雕像已毀，塔門也已封閉禁止通行。

孔蘇聖殿 Temple of Khonsu

　　坐落在神殿西南角的孔蘇聖殿，是拉美西斯三世、四世為敬奉阿蒙神之子孔蘇所建，其後的法老王曾不斷整建，雖然佔地不大，但形制完整，多柱廳、通廊、安置聖船的聖壇規矩排列。或許正因殿內面積小，肅穆氣氛反顯濃郁。

卜塔聖殿 Temple of Ptah

　　卜塔聖殿遠在阿蒙神殿北端外牆處，由圖特摩斯三世興建，入口分列五道石門，兩側石壁分別浮雕著頭戴白冠及紅冠的法老王，象徵為進入者行滌淨禮。殿內分三間小室，兩間敬奉卜塔，另外一間敬奉哈特女神。整體建築保存得並不完好，且獨立於神殿之外，遊客甚少跨越數百公尺的碎石堆來此參觀。

白色聖堂
White Chapel of Senwosert I
這座聖堂為薩努塞一世為敬奉男性生殖之神敏神(Min)所興建，密布的淺浮雕堪稱中王國時期的最佳代表作。

雪花石膏聖堂
Alabaster Chapel of Amenhotep I
這是阿蒙霍特普一世為敬奉阿蒙神而建的聖堂，造型簡單典雅。

紅色聖堂
Red Chapel of Hatshepsut
外觀炫麗的紅色聖堂為哈塞普蘇女王時期的建築，採用三百多塊紅色石英岩及閃長岩，學者們推測這座建築應用來安置阿蒙神的聖船，最初位置為阿蒙神殿內聖船殿所在處，後遭拆除，直至西元2000年由考古學家重新組建。由於這座殿堂缺乏大面積的浮雕作品供專家們作為重建拼合的參考，因此，嚴格的說，這座聖堂的現貌並非原貌，事實上，這是一幢無法再重建的建築。

路克索⋯尼羅河東岸Luxor East Bank

埃及神殿建築
　　如同其他古文明帝國，古埃及人同樣深信世間的一切都是由神靈們所創造及管轄，萬能的神祇掌控生命與死亡、豐饒與貧瘠、循序與混亂，為了祈求諸神庇祐，古埃及人廣建神殿，分別敬奉掌管該地區的神祇。

　　神殿建築形式隨著朝代更迭而有所不同，大致上如圖所示，高大的塔門、堅實的護牆展現宏偉氣勢，神殿周身牆、柱密布繁複的雕刻，法老王奮勇殺敵、敬奉諸神、接受神祇加冕和賜福等場景一再重現，強化法老王與神祇之間的關係。無人能估算得出神殿的建築成本，石材、人工、財力、時間⋯⋯任何一項耗費絕對都是天文數字。

　　神殿的管理者為祭司，祭司的地位崇高，但每日敬神的例行工作也不少，除了進入聖壇膜拜神祇，每日需兩度為神祇淨身、奉獻食物，並持續薰香、潑灑汲自聖湖的聖水。

埃及神殿建築立體圖

聖壇
第二多柱廳　聖室
庭院　　　　　　　祭司住所
柱廊
　　　　　　　　聖湖
入口
　　　　　　　第一多柱廳
高大的塔門

　　對古埃及人而言，聖潔的神殿並不抽象，它還兼具醫院和學校的功能，攸關民生的大事也在此商討議定，也許正因為如此，古埃及人始終覺得神祇離他們並不遠。

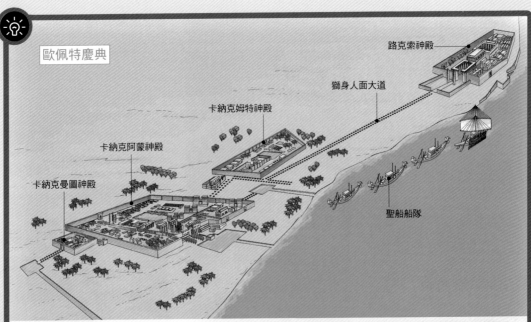

路克索神殿

獅身人面大道

卡納克姆特神殿

卡納克阿蒙神殿

卡納克曼圖神殿

聖船船隊

歐佩特慶典Feast of Opet

古埃及時期，每年尼羅河河水泛濫時，底比斯都會舉行迎神慶典，迎接底比斯三神。埃及人把這三位神祇從卡納克神殿沿尼羅河一路迎往路克索神殿，此慶典在第18王朝時持續11天，到了第22王朝拉美西斯三世時，這慶典延長為27天，慶典中分發食物，包括一萬多條麵包、85個蛋糕、385罐啤酒。

根據古埃及的曆法，一年只有氾濫(Akhet)、耕種(Peret)和收割(Shemu)三季，每季長四個月、每月有30天，依現今的劃分相當於7月中~9月中、9月中~3月中、3月中~7月中，再加上5天分屬歐西里斯(Osiris)、荷魯斯(Horus)、艾西斯(Isis)、奈芙蒂斯(Nephthys)、賽特(Seth)的慶典，一年365天的曆法就此確立。

除了廣建神殿外，定期為神祇舉行慶典是古埃及人敬神的必要傳統。每項慶典舉行的日期和程序細節依例都留存記載，有些甚至直接雕刻在神殿的牆壁上，這些明確的史料在古王國時期、中王國時期乃至新王國時期的建築中陸續被發現，披露出古埃及人對祭典的狂熱情緒。

新王國時期最重要的宗教建築卡納克神殿，每年一度的重頭戲就是歐佩特慶典，舉行的時間為氾濫季的第二個月，在圖特摩斯三世(Tuthmosis III)時代，「底比斯三神」是由阿蒙神殿循獅身人面大道抵達路克索

神殿，停留11日後，搭乘聖船沿尼羅河水路返回阿蒙神殿。到了阿蒙霍特普(Amenhotep III)時期，祭典行進路線改變，由卡納克阿蒙神殿循水路到達路克索神殿，返程沿獅身人面大道走陸路回卡納克阿蒙神殿。

慶典最高潮是法老王與祭司進入最後的密室，在那裡，在神的賜與下，法老王與其生命象徵卡(Ka)相互結合，法老王轉身為神，等在外頭的群眾熱情地歡迎成為神的法老王再度現身，透過這樣的慶典，再次強化法老王與神的關係，以此來鞏固政權。

在慶典期間，民眾供奉牲口獻祭，並歌唱、舞蹈、奏樂以娛樂神祇，法老王則經由神祇的加冕、結合強化統治威權並確立神格地位，神祇與君王雙雙藉由歐佩特慶典獲得重生和權勢，這就是慶典真正的目的。

MAP ▶ P.126C2

路克索博物館

Luxor Museum

展出重量級底比斯文物

🚗從火車站或路克索神殿步行前往約15~20分鐘 🏠Corniche an-Nil ⏰9:00~14:00、17:00~22:00 💲全票300埃鎊、半票150埃鎊

　　坐落在路克索神殿以北約一公里處，路克索博物館貌不驚人，但典藏著底比斯身為國都時期最具代表性的文物，見證往昔那段叱吒風雲的歲月。

　　這座外觀規矩整齊的博物館，出自埃及建築師哈金(Mahmoud al-Hakim)之手，主體建築面對尼羅河，正面門廊長55公尺、寬2.8公尺、高20公尺，周遭綠樹成蔭。博物館開幕於1975年，共有兩層樓，展示橫跨古王國末期至伊斯蘭統治的馬穆魯克王朝期間出土於底比斯的文物，包括許多新王國時期的雕塑、陶器、珠寶，其中最吸引人的是石像雕塑，大多來自卡納克神殿。另外，還有部分發現自圖坦卡門之墓的船隻、燭台與兵器。

哈特女神牛頭雕像

　　這件精美的牛頭雕像出自圖坦卡門陵墓，為哈特(Hathor)女神的化身，她執掌愛與喜悅，也負責引領法老王的靈魂進入冥府。這件作品的主體為木雕，鑲嵌銅製牛角及天藍石眼睛，上部貼覆金箔，下部及基座則塗抹象徵冥府的黑色樹脂。

阿蒙霍特普三世與鱷魚神索貝克

　　這件雕像是1967年挖掘斯瓦希里，阿爾蒙特(Sawahil Armant)運河時發現的，戴著阿特夫(Atef)頭冠、人身鱷魚頭的索貝克(Sobek)神賜予法老王生命，年輕的法老王頭戴斑紋法老頭巾，他的帝號寫在背面的石板上。

阿蒙霍特普三世頭像

　　這件高達215公分的頭像，是1957年發掘自西岸阿蒙霍特普三世靈殿(今曼農石像所在地)。圓潤的臉龐、細長的雙眼、豐厚的嘴唇展現了法老王高貴的儀表。

敬奉鱷魚神索貝克石碑

　　1967年挖掘斯瓦希里，阿爾蒙特運河時同時還發掘出這塊石碑，上半部浮雕祭司皮亞(Pia)帶著兒子Iy-Hevnef敬奉鱷魚神索貝克，下半部雕著皮亞帶著兒子、母親Iya、妻子Tinet-Nebu敬奉鱷魚神，最底端的六列象形文字為祈禱文。

薩努塞三世頭像

這座以紅色花崗岩雕鑿的薩努塞三世 (Sesostris III / Senusret III)頭像屬第12王朝的作品，帶著紅白雙王冠的法老王面容嚴肅，執著的雙眼、深刻的皺紋、凹陷的臉頰、緊閉的雙唇，顯現這位法老王剛毅不屈的個性。

圖特摩斯三世雕像

這座硬砂岩雕像作品雖有缺失，但仍展現動人的高超技藝。這位年輕的法老王頭戴斑紋頭巾，飾以假鬚，左腳向前跨步，雙手自然垂放於身側，手中握著代表威權的象徵物，腰帶中央鑴刻著名字，臉龐線條柔美，炯炯有神的雙眼襯著彎眉、高鼻和帶著笑意的雙唇，展現法老王保有永恆的青春。

阿蒙霍特普四世壁畫

原位於卡納克神殿東方的阿蒙霍特普四世神殿已不復存在，後世挖掘出的碎塊超過四萬件，這面壁畫便是利用283塊碎石拼貼而成，畫面展現人民耕作、飼養牲口等日常生活情景。

葡萄榨汁機裝飾

這件小巧的雕飾刻著一名裸體男子斜身倚靠枕上，右手拿著酒杯、左手握著一串葡萄的姿態，在四周法老王雕像群的包圍下，顯得相當突出。

圖特摩斯三世浮雕

這件浮雕展現法老王穿戴王冠及假鬚的模樣，雖屬西元前1490~1436年的作品，色彩依舊鮮麗。

阿肯納頓頭像

推翻阿蒙神信仰，掀起宗教革命改尊太陽神阿頓的阿肯納頓，在埃及歷史上留下改革的一頁。這尊高141公分的頭像反映他實事求是的風格，一掃法老王一貫俊美雄壯的形象，還以長臉、瘦頰、斜眼、厚唇的真貌。

哈布之子雕像

這尊黑色花崗岩雕像頭戴厚重的假髮，盤腿坐在基座上，左手拿著展開的莎草紙卷、右手握著筆，垂皺的腹部象徵他出身富貴。這位哈布之子(Son of Habu)，就是阿蒙霍特普三世時期赫赫有名的建築師及皇室顧問。

霍朗赫布與太陽神阿頓

這座閃長岩雕像顯示法老王霍朗赫布(Horemhab)跪在太陽神阿頓跟前，雙手敬奉球型器皿，法老王頭戴斑紋頭巾及紅白雙王冠、飾假鬚，穿著纏腰布及涼鞋，阿頓端坐在王位上，頭戴假髮及雙王冠，所飾的假鬚尾端微翹，右手掌心向下，左手握著生命之鑰的安卡。王座側面浮雕著捆綁蓮花及紙莎草的尼羅河神哈比(Hapy)，象徵統一上下埃及。

阿蒙霍特普三世與荷魯斯

這座僅高45.5公分的玄武岩雕像，為西元前1405~1367年的作品。法老王頭戴斑紋頭巾和紅白雙王冠、飾假鬚，右手握著彎鉤權杖，鷹神荷魯斯頭戴假髮及雙王冠，左手握著生命之鑰的安卡(Ânkh)，相互交臂環抱對方。

無頭眼鏡蛇雕像

眼鏡蛇為古埃及皇室和下埃及的守護神，祂常出現在王冠及頭飾的前額部位，代表著法老王的統治威權。這座路克索神殿出土的眼鏡蛇雕像，展現蛇身豎直盤捲兩圈，神態威猛，基座雕刻著法老王塔哈卡(Taharqa)為阿蒙‧拉與卡‧穆特夫(Amun-Ra Ka-Mutef)神祇所鍾愛。

阿蒙霍特普三世雕像

1989年1月，當路克索神殿的研究工作還在持續之際，一批雕像意外的出土面世，其中包括了這尊高249公分的阿蒙霍特普三世雕像。這位被哈塞普蘇女王篡奪王位的年輕法老王，頭戴統一上下埃及的紅白雙王冠及假鬚，纏腰部前端飾有眼鏡蛇圖案，雙手握著卷形飾物，呈行進姿勢的雙腳穿著涼鞋，年輕的臉龐充滿自信，胸前的項圈和臂環印子顯示曾覆有金箔。

霍朗赫布與阿蒙神

這座同樣是自路克索神殿出土的雕像展現法老王霍朗赫布(Horemhab)站在阿蒙神前，前者頭戴斑紋頭巾、飾假鬚，右手握著彎鉤權杖，阿蒙神則坐在王座上，頭戴雙羽冠，飾尾端微翹的假鬚，右手碰觸法老王的頭飾、左手前伸碰觸法老王的臂膀，護衛著祂所鍾愛的法老王，並賜與法老王如太陽神般永恆不朽的生命。

Iunyt女神雕像

這件精美的Iunyt女神雕像，是1989年隨阿蒙霍特普三世雕像出土的文物。坐在王座上的女神穿著合身長袍，顯露婀娜動人的身軀，長及胸前的披肩長髮襯托出姣美的容顏，彎眉、美目配上淺笑的唇，展現新王國完美無暇的雕刻技藝，無怪乎有人讚譽這尊雕像為「路克索的蒙娜麗莎」。

MAP ▶ P.126C3

木乃伊博物館

Mummification Museum

揭開木乃伊的神秘面紗

🚶 從火車站步行前往約15分鐘,或由路克索神殿步行前往約5分鐘 🏠 Corniche an-Nil ⏰ 9:00~14:00、17:00~22:00 💲 全票200埃鎊、半票100埃鎊

木乃伊博物館位於尼羅河畔,儘管規模小巧,卻是埃及少數的現代化博物館,所有的展品都與木乃伊有關。沿著展覽路線循序前進,可以看見木乃伊的製作步驟,過程非常繁複而細膩,首先要先 屍體塗上香膏,接著一層層地裹上白色的布條,古埃及人相信死者會來到諸神面前,以秤心儀式決定死者是否能得永生或遭冥界怪獸阿穆特(Ammut)吞食,透過古埃及人對木乃伊的描繪,可以瞭解到他們對於死亡的看法。

從太陽崇拜到冥世信仰,古埃及人由大自然的規律體驗生命循環的定律,他們敬畏死亡、期待重生,日昇日落的運行,讓他們深信所謂的死亡只是靈魂暫時離開軀體,他們必須為來世預作準備,將屍身製成木乃伊,以利靈魂重返軀體復活。

木乃伊這項巧奪天工的「技藝」究竟源自何時,目前並無定論,在第1王朝的墓地中,曾發現一截以亞麻布包裹的殘肢,或許可視為最早的「證物」。至於完整的屍身,應屬自沙卡拉階梯金字塔出土的左塞爾(Zoser)法老王。無論木乃伊的起源為何,學者們經過多年的文獻考察及實驗研究,已循序解開木乃伊的製作之謎,這些枯朽的軀體如今已不再神秘。

木乃伊博物館創立於1997年,埃及建築師巴克利(Gamal Bakry)巧妙地運用光線,將這座位於地下1樓的展覽廳營造成森冷的墓室,各種動物木乃伊及棺木一字排開,現身說法解釋木乃伊的來龍去脈。

位於入口處的阿努比斯雕像迎接著遊客,當初艾西斯就是在祂的幫助下,讓歐西里斯得以暫時復活。博物館中展示的木乃伊以動物主,非常地神奇,包括羊、貓、狒狒等,其中最特別的是鱷魚木乃伊,古時底比斯的尼羅河畔有許多鱷魚(現在要到亞斯文水壩才有鱷魚),古埃及人把鱷魚當神來崇拜,於是創造了鱷魚神索貝克,因此,這裡保存著許多鱷魚木乃伊,許多都是上了年紀的鱷魚,看到如此兇猛的動物纏上層層的白布,倒是形成相當有趣的畫面。

羊木乃伊棺木

羊是克奴姆(Khnum)的化身，這座羊木乃伊棺木覆蓋著貼有金箔的面具。

聖翅

聖翅象徵著來世與重生，其洞孔的作用在於方便縫在木乃伊的裹屍布上。

馬薩哈第木乃伊

這尊木乃伊是第21王朝統帥軍隊的將領及祭司馬薩哈第(Maseharti)，其父就是篡奪法老王王位的大祭司皮涅杰姆一世(Pinedjem I)。

Ba-di-Amon木乃伊棺木

狒狒木乃伊

狒狒是智慧之神的化身，這隻放在小棺木中的狒狒於帝王谷出土。

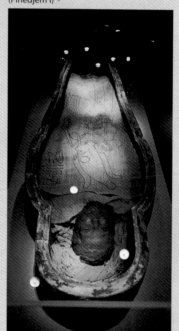

貓木乃伊

貓為女神貝斯特(Bastet)的化身。

腦部剖面

由此可觀察到木乃伊的腦部曾以瀝青填充的痕跡。

鱷魚木乃伊

鱷魚是掌管尼羅河氾濫的索貝克神(Sobek)的化身。

木乃伊製作方式及葬儀

古埃及人製作木乃伊的技術當然並非一蹴可及，而是經過時間的累積才慢慢改進，最早期的處理方式相當粗糙，屍身未經有效的防腐處理，內臟也沒完全清除，因此，屍身幾乎都已腐爛無存。直到新王國時期之後，木乃伊的製作方法漸次成熟，同時留存了大量文獻，為後世揭開了木乃伊的神秘面紗。

❶ 取出內臟

屍身送到專門處理木乃伊的工作坊，放置在設有排放屍血溝漕的石台上，先用鉤子自鼻腔鉤出腦漿，接著在體側開一切口，取出除心臟以外的內臟。取出後以椰棗酒、香料清洗內臟，含有14%乙醇的椰棗酒可以發揮消毒的作用。接著將內臟浸入泡鹼約40天以脫去水分，然後塗抹一層香精，甚至再加塗一層樹脂，最後包裹放入內臟罐中。

❷ 內臟罐

儲存內臟的保存罐稱做「卡諾皮克罐(Canopic jar)」，罐蓋最初使用的材質為青石，並無固定造型，第18王朝之後，採用荷魯斯四個兒子的造型，改由這四位神祇護佑死者臟器。

神名	外觀形象	守護的器官	守護的方位	呼應的神祇
Amset (Imsety) 艾姆樹特	人	肝	南方	Isis 艾西斯
Duamutef 多姆泰夫	狼	胃	東方	Neith 奈特
Hapy (Hapi) 哈比	猴	肺	北方	Nephthys 奈芙蒂斯
Qebesenuef (Qebehsenuf) 奎貝塞努夫	鷹	腸	西方	Serket 賽爾科特

❸ 屍身的脫水處理

屍身去除內臟後，同樣須以椰棗酒、香料清洗、消毒，並浸入泡鹼脫水。泡鹼是種天然形成類似鹽的物質，富含碳酸鈉、氯化鈉和硫酸鈉，能迅速滲透屍身吸收水分。為了確保在40天內完成乾燥屍體的程序，有時會以浸透芳香樹脂膠的亞麻布包裹屍身，一來可加速取屍身組織的水分，二來可使屍體不致產生惡臭。

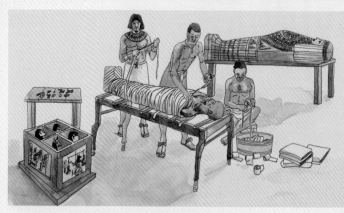

❹ 屍身的後續處理

屍身脫水之後，用浸泡過樹脂的亞麻布填塞腦腔，並以沒藥、肉桂、浸過樹脂的亞麻布填充胸腔，身側的切口以樹脂漿、蜂蠟密封後，覆蓋一塊薄金片或護身符，嘴、耳、鼻同樣以蜂蠟塗封，凹陷的眼框墊入亞麻布再闔上眼皮，恢復生前形象。

屍身的處理是層層塗上芳香的沒藥、珍貴油膏以及具防腐抗菌特效的雪松油，最後加塗一層融化的樹脂，以阻隔濕氣侵入屍身，然後以浸過樹脂的亞麻布條緊緊包裹屍身，並依次放入護身符。

❺ 護身符

護身符的式樣擷取自象形文字，種類相當多，目前能辨識的大約有荷魯斯之眼(Oudjat)、聖甲蟲(Scarab)、伊西斯結(Tyet)、節德柱(Djed)、生命之鑰「安卡」(Ānkh)、紙莎草柱、靈魂「巴」(Ba)、蛇頭、雙指、雙羽等等275種，通常放置在木乃伊屍身和裹屍布之間，以保護死者通達冥界。如最常見的聖甲蟲是放置在心臟位置，因古埃及人深信心臟是思想的所在，而聖甲蟲可防止心臟在死者進行「秤心儀式」時，說出不利於主人的供詞，另外象徵永恆、穩定的節德柱則是放在胸膛或脖子部位。

❻ 開口儀式

耗時約70天，木乃伊製作宣告完成後，就為木乃伊佩戴珍貴的珠寶、面具，而後放入彩繪精美的人形棺中舉行葬禮，在棺木置入墓室之前，祭司會持木製彎鉤杖碰觸木乃伊的嘴部行「開口儀式」，以喚醒死者的意識及身體各部位的功能，讓死者復活重生。

❼ 秤心儀式

《死亡之書》(又名《亡靈書》)是死者重生復活、通往來世的「指南」，此書衍生自古王國金字塔文、中王國棺廓文，完整版共192章，書中記載著死者的亡靈由阿努比斯(Anubis)帶領進入冥界審問，高踞在天秤上的正義女神瑪特(Maat)將代表真理的羽毛和亡靈的心臟放在天秤的兩端，圖特(Thoth)在一旁紀錄裁決結果。

亡靈一一對42位審判官否認生前可能犯下的罪行，如果所言不實，天秤失卻平衡，蹲踞在旁邊的鱷魚頭怪獸阿穆特(Ammut)就會一口吞噬心臟、撕裂亡靈，使亡靈墜入深淵、不得重生，如果亡靈通過審判，就被帶領到冥神歐西里斯(Osiris)跟前，靜待復活的宣判。

尼羅河西岸

尼羅河西岸
Luxor West Bank

文●墨刻編輯部　攝影●墨刻攝影組‧彭浩誠

古埃及從第18~20王朝之間由曼菲斯遷都底比斯(現在的路克索)，而法老王的陵墓也不再以金字塔的方式呈現，反而選擇位於西岸後方的達爾巴赫里(Deir al-Bahri)山谷長眠。即便法老王不再興建金字塔，然而據說這座谷地之所以雀屏中選，和山頂那座渾然天成的金字塔型山有關，法老王命人將墳墓鑿進山谷之中，希望這類較為隱密的墳墓能夠逃過挖墓者的侵擾。

尼羅河西岸是太陽西下之處，故被視為「亡者之地」，古埃及人除了在此興建法老王的陵墓，還有皇后、王子與貴族的墳墓區，以及法老王的祭祀神殿，如此一來，即使法老王深藏於山谷間的秘密墳墓中，祭司依然為了永恆的王，日夜向天神祈禱。

尼羅河西岸有建築雄偉的哈塞普蘇女王靈殿、傳說中神秘的克納村、阿蒙霍特普三世神殿遺蹟的曼儂石像、「萬王之王」拉美西斯二世為自己興建的拉美西斯二世靈殿，新王國時期最具代表性的建築群拉美西斯三世靈殿，因持續不斷的考古發現造成參觀熱潮的帝王谷，以及目前已出土將近百座陵墓的皇后谷等。

值得一提的是，對一般古埃及人民而言，尼羅河西岸是處神秘之地，帝王谷只是一片傳說之地，因此平時只有駐兵可以進出此地。然而隨著1827年起英國考古學家大規模的考古行動一一展開，特別是1922年時卡特(Howard Carter)發現了從未被偷盜的圖坦卡門之墓，出土法老王木乃伊和五千多件珍貴的陪葬品震驚全球，讓帝王谷的考古、參觀熱潮從此歷久不衰！

霍華‧卡特

出生於倫敦的霍華‧卡特(Howard Carter，1874~1939年)，是畫家和製圖家的兒子，從小就對考古充滿興趣的他，16~17歲時獲得了在埃及古蹟考古現場中素描的工作，也曾在多位當時著名的考古學者手下擔任助理。由於工作態度嚴謹，使得卡特在25歲時就擔任埃及南部努比亞地區的考古局監察官，後來在美國金主Theodore Davis的資助下，他發現了帝王谷中的圖特摩斯四世陵墓，並找到了哈塞普蘇女王的陪葬品，不過這些都比不過他在1922年發現的圖坦卡門陵墓出名。在發現這座帝王谷中唯一一座未被偷盜的墳墓以前，卡特窮困潦倒了一段時間，幸虧有卡爾納馮(Carnarvon)爵士的贊助，如今世人才能看見包括黃金面具等多達五千件珍貴寶物。卡特曾待在帝王谷一段不算短的時間，帝王谷附近的山丘上還可見這位考古學家的故居。

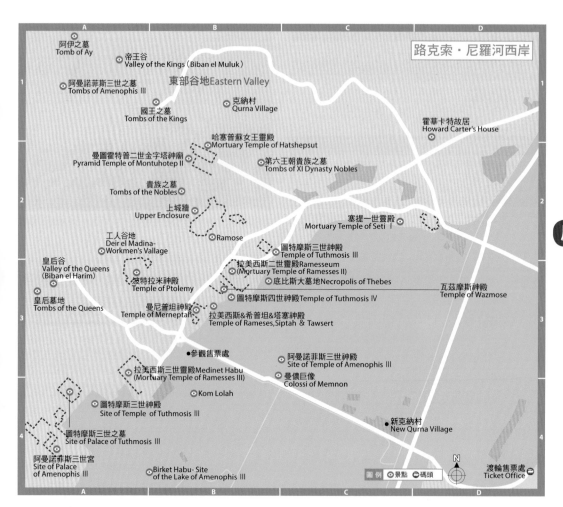

‖‖‖

INFO

‖‖‖

如何前往

1. 由東岸到西岸最便宜的交通方式，是在靠近路克索神殿的碼頭搭乘當地渡輪，攜帶單車另酌收費用，營運時間為6:00~16:00。或是可從東岸搭乘計程車前往，或包一輛計程車進行一日之旅，一天費用視時間長短和地點而異，約在300~500埃鎊之間。

2. 抵達西岸碼頭後，可選擇步行、騎單車、搭計程車等諸多方式遊覽。

3. 參團旅遊是最便捷舒適的遊覽方式，東岸各旅館、飯店都辦有遊覽西岸的行程，不妨多詢問和比較。

注意事項

1. 開放時間原則上為6:00~17:00，有關開放時間及票價最新詳情可洽古蹟稽查票務辦公室(Antiquities Inspectorate Ticket Office)。

2. 由於開放的時間早，在炎熱的夏季前往遊覽時，建議盡早抵達參觀。

3. 無論是夏季或冬季遊覽西岸，切記備足礦泉水、遮陽帽、防曬乳液、棉質長袖襯衫及一雙不磨腳的便鞋，地上碎石多，最好不要穿涼鞋。

MAP ▶ P.151A1

帝王谷
Valley of Kings
新王國時期的帝王陵墓區

🚌可從渡輪碼頭搭乘計程車或騎單車前往 ◷6:00~18:00 💲全票600埃鎊、半票300埃鎊(任選3座陵墓參觀,但圖坦卡門墓、拉美西斯五世及六世墓、塞提一世墓和Ay墓須另外付費);圖坦卡門墓(KV62)全票360埃鎊、半票180埃鎊;拉美西斯五世及六世墓(KV9)全票120埃鎊、半票60埃鎊;塞提一世墓全票1,400埃鎊;Ay墓全票100埃鎊、半票50埃鎊 ❶帝王谷谷外設有停車場及售票處,停車場至谷內景點需以小型觀光列車接駁。

新王國時期是個轉型的時代,顛覆了許多舊有的傳統,古王國時期法老王興建金字塔的慣例,在新王國時期變更為在山谷間尋覓隱密葬區,這些聚葬場就是後世發掘出的帝王谷。

帝王谷位於嶙峋的山脈間,有學者指出這些高峰山勢與金字塔相仿,因而被帝王、權貴選為託付來世的寶地,此處雀屏中選的真正原因並不

帝王谷
※僅標示大多數已知墓穴

KV1 Ramesses VII
KV2 Ramesses IV
KV5 Son of Ramesses III
KV46 Yuya and Tjuyu
KV4 Ramesses XI
KV7 Ramesses II
KV5 Sons of Ramesses II
KV8 Merenptah
KV6 Ramesses IX
KV55 Amarna cache
KV62 Tutankhamun(圖坦卡門)
KV9 Ramesses V & Ramesses VI (拉美西斯五世及六世)
KV54 Tutankhamun cache
KV57 Horemheb
KV17 Seti I(塞提一世)
KV18 Ramesses X
KV10 Amenmesse
KV16 Ramesses IX
KV35 Amenhotep II (阿蒙霍特普二世)
KV11 Ramesses III(拉美西斯三世)
KV20 Thutmose I and Hatshepsut
KV19 Mentuher-khepshef
KV43 Thutmose IV
KV36 Maiherpri
KV13 Bay
KV47 Siptah
KV14 Tawosret / Setnakhte
KV38 Thutmose I (圖特摩斯一世)
KV15 Seti II
KV32 Tia'a
KV42 Hatshepsut-Meryetre
KV34 Thutmose III(圖特摩斯三世)

明朗,由目前的挖掘發現,帝王谷中的墓主多屬於18~20王朝的法老王及權貴,首位安葬此地的法老王應是圖特摩斯一世(Tuthmosis I),造墓工程由特定的工匠執行,他們集中居住在達爾巴赫里(Deir al-Bahri)區域裡,陵墓內部的設計一律是一道密布浮雕的長廊引領死者度過人生最後階段,通達地底深處的主墓室安葬,形式大致上可劃分為兩類,一類是長廊轉折數個彎道通往底層,例如第18王朝的圖特摩斯三世(Tuthmosis III)和阿蒙霍特普二世(Amenhotep II)等法老陵墓,另一類則是陵墓長廊由入口筆直深入地底,第19~20王朝的法老王墓均屬此形式。

除了大小不一之外,一般來說,陵墓的型態都有一定的模式,共有三道迴廊,一個前廳,最後是放置大理石棺的停棺處。墳墓的兩邊石壁上都繪製了鮮豔的壁畫,畫匠除了利用天然顏料繪製,最後還會塗上蜂蜜讓顏色固定。壁畫主題不外乎節錄自《死亡之書》的內容,可以一窺古埃及人的宗教觀。

停棺的房間外用花崗岩封死,裡面放滿了法老王生前使用的東西,包括椅子、船、馬車,甚至是休閒娛樂的棋子、香精瓶等等,目的是讓死者可以享受到和生前一樣奢華的生活品質。棺木上有著胡狼造型的阿努比斯神,祂是死者的保護神,內棺裡有4個分別存放死者的胃、腸、肝和肺的卡諾皮克罐(Canopic Jars)。抵達停棺處的走道中還設計了一些陷阱,以預防盜墓者入侵,不過,道高一尺,魔高一丈,這裡的墳墓幾乎都被

法老王的陵墓是這樣建造的

　　法老王的陵墓各具特色且大小不一，其規模與壁畫的豪華程度，與法老王在位期間形成正比，因為法老王一旦登基，首要大事就是為自己興建墳墓，分成三組的工作人員各以一公尺為單位，首先進駐的先開挖通道，待首組工作人員朝第二公尺的通道開挖時，第二組工作人員開始雕刻前一公尺的壁畫，而當第二組工作人員準備雕刻第二公尺的壁畫時，第三組人員則動手為第一公尺的壁畫進行上色，如此類推。

　　不過，當某位法老王突然駕崩時，因為倉促下葬，有時來不及雕刻便直接以手繪的方式取代，這樣的情況在帝王谷中也可看見，畢竟不是每位法老王都像拉美西斯二世一般，擁有足夠的時間慢慢建造自己的墳墓。

盜挖一空，唯一逃過一劫的只有圖坦卡門之墓。

　　對於一般古埃及人民而言，帝王谷是一處傳說之地，除了進行安葬儀式，此地平時只有駐軍可進出。雖然從山頭到谷底日夜均有守衛巡邏，但早在第20王朝就陸續發生盜墓案，傳說當時的政府官員及造墓工匠都涉及分贓，祭司因而被迫將皇室陵墓遷往更隱密處，這些密室直到19世紀末才被發掘出土。

　　1827年，英國考古學家威爾金森(Gardner Wilkinson)以「KV」為陵墓依序作了編號，大規模的考古行動在得到資金贊助下一一展開，其中，霍華‧卡特(Howard Carter)於1922年挖掘出圖坦卡門之墓，墓中完好如初的木乃伊及五千多件陪葬的稀世珍寶震驚全球。1995年，威克斯(Kent Weeks)教授由一份莎草紙手抄本的線索，發現了拉美西斯二世的王子陵墓，墓室多達150間，部分墓室面積廣達400平方公尺。

　　持續不斷的考古發現，引爆了帝王谷的參觀熱潮，無以計數的遊客帶進大量的二氧化碳、濕氣(平均每位遊客產生2.8g的汗水)，加上毫無限制的碰觸壁畫，致使陵墓產生裂縫，當局除鋪設步道及玻璃維護，並會定期關閉墓室進行維修。

帝王谷參觀指南

　　在帝王谷目前發掘出的六十幾座陵墓中，只有十多座陵墓開放參觀，購買一般票的遊客可任選三座陵墓參觀，其中拉美西斯一世(KV16)、拉美西斯三世(KV11)都是精品，另外圖特摩斯三世(KV34)的走道壁畫精美，尤其是其中節錄自《死亡之書》第125章節的死亡審判。

　　參觀圖坦卡門墓(KV62)、拉美西斯六世墓(KV9)則需額外購票，圖坦卡門墓室牆上有描繪繼位的阿伊(Ay)法老王為圖坦卡門執行開口儀式的壁畫；拉美西斯六世墓的壁畫保存良好，其中天空之神努特的壁畫相當精彩。塞提一世墓(KV17)則於2016年重新開放，每日會限制參觀人數。

MAP ▶ P.151A3

皇后谷
Valley of Queens

娜菲塔莉皇后為參觀焦點

🚗 可從渡輪碼頭搭乘計程車或騎單車前往 ⏰ 6:00~18:00 💲 全票180埃鎊、半票90埃鎊。娜菲塔莉皇后陵墓需另外購票，全票1,600埃鎊 ❗ 皇后谷內的陵墓輪流進行整修，只有少部分對外開放

西岸第二座知名的陵墓區就是皇后谷，事實上，此處除了安葬尊貴的皇后，也包括皇家子女和權貴。

長眠於皇后谷(或稱Biban al-Harim)裡的都是第18~20王朝的皇后與皇子，那些早夭的皇子總是和母親葬在一起，目前出土的陵墓將近百座，

一般只開放2~5座陵墓供遊客參觀。儘管規模不及法老王的陵墓，皇后的墳墓與法老王的型態差不多，唯一例外的是編號66號的娜菲塔莉皇后(拉美西斯二世之妻)的墳墓，此墳墓的壁畫被譽為全埃及最美麗的墳墓之一，不但門票所費不貲，也限制每日參觀人數。

該陵墓於1904年時，由義大利考古學家奇阿帕雷力(Ernesto Schiaparelli)發現，和許多陵墓一般，娜菲塔莉之墓早被偷盜一空，只剩下幾件皇后的花崗岩雕像，所幸美麗的壁畫依舊，唯獨出土時受損情形相當嚴重，因此經專家研討後於1986年著手整修，費時五年才還以壁畫初始色彩。

在古埃及時期，每位王子依例須學習文書、騎射，甚至軍事指揮等技能，皇室女性接受教育的情形不詳，不過倒是有多位皇后展露卓越的治國才能。眾多的王子與公主陵墓，顯示歷代法老王都維持妻妾如雲、兒女成群的傳統，以確保江山後繼有人，但古埃及皇家固守血統純正，如此複雜的皇室成員，顯然會使近親聯姻的後遺症更加嚴重。

籠罩一層神秘面紗的克納村

一如埃及，克納村 (Qurna Village)一直傳說紛紜，傳聞村民的祖先是建造陵墓的工匠、畫家，為了保守陵墓所有的秘密，千百年來始終過著與世隔離的日子。另有一派說法則是這些村民都是貝督因人，他們移居到這塊平原為著尋寶，當歐洲學者來此搜尋古文物時，他們成了「供貨」的盜墓者。

無論克納村民是否為心懷不軌的竊盜，他們與官方之間的衝突，確實因古物交易猖獗而越演越烈，這也使得村民加深了對外界的不信任感。1940年代，建築師Hassan Fathy在距離西岸碼頭三公里處建了座新克納村(New Qurna)，但當時村民響應這項美意遷居新址的並不多。

MAP ▶ P.151B2

哈塞普蘇女王靈殿
Mortuary Temple of Hatshepsut
雄踞山谷間的建築群

🚗可從渡輪碼頭搭乘計程車或騎腳踏車前往 🕐6:00~18:00
💲全票360埃鎊、半票180埃鎊，以下須加付費用：El Assasif
全票100埃鎊、半票50埃鎊；Pabasa全票60埃鎊、半票30埃
鎊 ❶哈塞普蘇女王神殿外設有停車場及售票處，停車場至谷
內景點需以小型觀光列車接駁。

這是印何闐(Imhotep)逝世1,200年之後，又一
位天縱英才的建築師塞奈姆特(Senemut)所創造
的傑作。

這座為哈塞普蘇女王打造的靈殿，坐落在危崖
環伺的谷地中，兩道長闊的斜坡將三座平廣的柱
廊建築串聯起來，整體造型簡單明快，卻顯露不
可一世的魄力。懸崖逼視的達爾巴赫里(Deir al-
Bahri)山谷，因曾建有一座原意為「北方修道
院」的 Deir al-Bahri修道院而得名。首位闢建神

殿的是第11王朝的曼圖霍特普(Montuhotep)，
後來哈塞普蘇的繼任者圖特摩斯三世(Tuthmosis
III)也曾在此興建神殿，不過，這兩座建築物現
今都已毀棄，只有哈塞普蘇神殿建築群雄踞在谷
間。

這座坐落於底比斯山腳下的神殿，剛剛好沉浸
在陽光的陰影下，這正是建築師匠心獨具之處。
從入口處一排林立人面獅身像的通道直達大殿，
大殿分成三層，中間是斜坡走道。廊柱是神殿建
築的一大特色，不過，更值得欣賞的是裡面的
壁畫，描繪了哈塞普蘇的重要事蹟，這些壁畫在
1906年經過重新整修。

第一層柱廊左側裡的壁畫以搬運方尖碑的過程
為主題，古埃及人利用船隻將方尖碑從亞斯文運
送到卡納克神殿，右側的壁畫則展現法老王狩獵
的場景。第二層的左側壁畫重現哈塞普蘇女王從
紅海到朋特的情景，右側則描繪哈塞普蘇女王的
神聖誕生，指稱她是太陽神阿蒙的女兒。

哈特聖殿 Hathol Chapel

數十根方柱及圓柱構成的柱林，柱頭上雕飾著哈特女神的頭像，哈特聖殿十分壯觀。旁側牆上雕刻著大批駕船及行軍的兵士向哈特女神致敬，以及以牛造型出現的哈特女神舔舐哈塞普蘇女王手等浮雕。

埃及的武則天

哈塞普蘇女王(Hatshepsut)是埃及史上赫赫有名的女王，她的父親是圖特摩斯一世(Tuthmosis I)，哈塞普蘇嫁給繼位的哥哥圖特摩斯二世(Tuthmosis II)為妻，令她遺憾的是，在成為寡婦之前並未生育皇子，因此，哈塞普蘇輔佐庶子繼承皇位，不過，未久，不甘只為皇后的哈塞普蘇即展露野心奪取王位，自立為法老王。

為了樹立權威，哈塞普蘇以男裝示人，她穿起法老王的纏腰布，並戴起假鬚，憑藉著驚人的意志力及侍臣的忠心建立起專屬的政權。她在位15年的功勳，全紀錄在這座神殿內，包括遠征到朋特(Punt)的壯舉。

哈塞普蘇逝世後，繼位的圖特摩斯三世迫不及待的奪回王位，並憤恨的毀去哈塞普蘇的雕像、浮雕及名字，徹底抹滅她所留下的痕跡，直到西元19世紀時才在考古學家的幫助下，重新喚起世人對她的記憶。

朋特廊 Punt Colonnade

在第二層左側廊柱的左牆上，留有哈塞普蘇女王遠赴朋特的經歷，畫面自左而右描述阿蒙‧拉神(Amun-Ra)交付遠征任務、埃及艦隊自海岸出發、朋特國王及肥胖的皇后出面迎接、兩國交換禮品等場景。

朋特到底位於何處，目前尚無確切答案，一般咸信埃及艦隊是由今日的紅海蘇伊士灣出發，因此，推測朋特是在索馬利亞(Somalia)境內。無論如何，哈基蘇女王此番遠征攜回了沒藥樹、肉桂、象牙、黑檀木、豹皮等物，無論就實質收穫或是她個人聲望都是一趟豐收旅程。

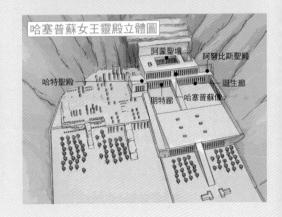
哈塞普蘇女王靈殿立體圖

誕生廊 Birth Colonnade

位於第二層右側的誕生廊浮雕著諸神關照哈塞普蘇女王的誕生，繁複的浮雕一再強而有力的宣告哈塞普蘇女王為神祇的化身，以證實她繼承王位的合法性。

哈塞普蘇像 Statue of Hatshepsut

第三層柱廊外側立著哈塞普蘇女王仿冥神歐西里斯(Osiris)姿勢的雕像，戴著假鬚的她刻意展現男性特質。立於此處的雕像原已被圖特摩斯三世所毀，如今所見為利用碎石塊重塑而成。

阿努比斯聖殿 Anubis Chapel

保存情形略勝哈特聖殿，壁畫依稀可見原來的色彩，哈塞普蘇女王的相關浮雕已遭圖特摩斯三世銷毀，現今只見圖特摩斯三世敬奉阿努比斯神(Anubis)、拉‧赫拉克提神(Ra-Horakhty)等場景。

阿蒙聖壇 Sanctuary of Amun

穿越柱廊即通達一處多柱庭院，左側有敬奉法老王的聖室，右側為敬奉太陽神的聖室，位於中央底端緊依崖壁的就是崇高的阿蒙聖壇。

157

MAP ▶ P.151B3

拉美西斯二世靈殿

**Ramesseum
(Mortuary Temple of Ramesses II)**

拉美西斯二世的百萬年神殿

🚃可從渡輪碼頭搭乘計程車或騎單車前往 ⏰6:00~18:00 💲全票180埃鎊、半票90埃鎊

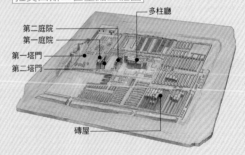

拉美西斯二世靈殿立體圖

第二庭院
第一庭院
第一塔門
第二塔門
多柱廳
磚屋

　　這座拉美西斯二世口中的「百萬年神殿」(Temple of Millions of Years)，是這位法老王為榮耀自己，並企圖將生命延續至來世所建造的靈殿，兩座巍峨的塔門、立有48根石柱的多柱廳、兩處寬廣的庭院、三間聖堂，建構成一處足以頌揚這位「萬王之王」不朽功勳的殿堂。

　　解密象形文字的商博良(Jean-François Champollion)是第一個辨認出這座古蹟牆壁上王名的學者，他在1829年時來到這處遺址，並賦予它今日的名稱「Ramesseum」。不過儘管靈殿佔地非常遼闊，卻因為許多部份已成廢墟，相較於卡納克神殿和阿布辛貝神殿中的拉美西斯二世神殿，令人備感唏噓。

　　雖然這處永恆之殿不敵現實的折磨而傾圮，但遊走其間，仍能感覺昔日規模的龐大，而也是因為這般雕像潰散一地的景象，讓英國詩人雪萊(Percy Bysshe Shelley)寫下了最著名的短詩《Ozymandias》。

第一塔門 First Pylon

　　毀於地震的第一塔門孤立在矮樹叢中，入口的石門現以混凝土補強支撐。

第一庭院 First Court

　　兩旁原有的柱廊現已蕩然無存，原立於第二塔門前的拉美西斯二世巨像也已倒塌，由殘塊推斷，這座雕像高約18公尺、重達1,000噸，激發了英國詩人雪萊寫出《Ozymandias》的靈感。

第二塔門 Second Pylon

　　塔門後壁浮雕描繪發生於西元前1275年的卡德墟(Kadesh)戰役，拉美西斯二世率軍猛攻西臺人(Hittite)，殺得敵軍屍橫遍野。這場戰役的浮雕同樣出現於拉美西斯二世所建的大阿布辛貝神殿中。

多柱廳 Great Hypostyle Hall

　　外牆浮雕拉美西斯二世接受神祇賜予生命、拉美西斯二世單膝跪在底比斯三神之前、圖特神(Thoth)將拉美西斯二世名字寫在聖樹葉上等場景，廳內原立有48根石柱，現存29根，柱頭飾有象徵統一上、下埃及的紙莎草及蓮花，色彩依舊鮮麗。

第二庭院 Second Court

　　殘存的拉美西斯二世雕像雙手交握於胸前，分別握執著連枷權杖及彎鉤權杖，模仿冥神歐西里斯(Osiris)的姿勢，代表法老王永生不朽。

磚屋

　　神殿兩側及後方殘存的磚造窯洞，曾作為儲藏室、工作室及工人住所，當年的數量是現存的三倍之多。

MAP ▶ P.151A4

拉美西斯三世靈殿

Medinet Habu
(Mortuary Temple of Ramesses III)

新王國代表建築群

🚌 可從渡輪碼頭搭乘計程車或騎腳踏車前往　🕐 6:00~18:00
💰 全票200埃鎊、半票100埃鎊

拉美西斯三世並未被拉美西斯二世的光芒所遮掩，他打造的靈殿，堪稱是新王國時期最具代表性的建築群之一。

拉美西斯三世是第20王朝、同時也是新王國時期最後一個法老王，他一生中戰功彪炳，曾經兩次擊潰中東的利比亞，也曾出兵攻打巴勒斯坦，在他即位第8年即擊敗海上來襲的敵人，並擴獲大量的俘虜，也因此他喜歡把自己比擬成古埃及鷹頭戰神曼圖（Mont / Monthu）。

除喜愛征戰外，拉美西斯三世也熱愛大興土木，從他在這座靈殿裡修建了多間停棺神殿，以及祭祀太陽神阿蒙（Amun）、象徵法老王之母的姆特（Mut）、月神孔斯（Khons，阿蒙與姆特之子）的祭壇，就不難看出端倪。該靈殿所在之地，古時稱為「Djamet」，據傳是阿蒙神首次出現之處，因而早在神殿建造之前，此地已被視為聖地。

在這座超大型的建築群裡包含了神殿、皇宮、儲藏室、行政辦公處、祭司的住所等，不過其中最精采的，要屬中庭石壁上的戰爭浮雕，具有宣揚國威的功用，特別是在埃及對抗利比亞的勝利之戰中，可以看見拉美西斯三世在戰場上戰無不勝、攻無不克的英勇姿態；另一項精采之處，則是石柱上諸神形象的雕刻。

雖然，拉美西斯三世東征西討，所向無敵，並擁有來自世界各國的貢品，然而古埃及當時已開始面臨經濟上的壓力，再加上後宮發生叛亂，儘管該事件最後並未成功，卻引發社會動盪。

於是，靈殿建成之後，法老王個人崇拜的風潮反而逐漸式微，因而在第20王朝晚期，這裡成為底比斯西岸的行政中心，建造帝王陵墓的工人前來抗議罷工、索取拖欠的工資，居民湧進靈殿躲避戰禍……但環抱靈殿的防禦高牆終究有其底限，當整個底比斯淪入基督徒手中時，靈殿也無可倖免的遭受侵犯，甚至改建成了教堂。儘管如此，拉美西斯三世靈殿終因其特殊的行政地位及防禦價值，免於毀滅的命運。

入口 Entrance

古時，神殿的入口前端建有碼頭銜接運河及尼羅河。

拉美西斯三世靈殿立體圖

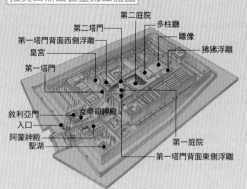

第二庭院
多柱廳
雕像
狒狒浮雕
第一塔門背面西側浮雕
皇宮
第一塔門
敘利亞門
入口
阿蒙神殿
聖湖
女祭司神殿
第一庭院
第一塔門背面東側浮雕

聖湖 Sacred Lake

這座聖湖除了供日常敬奉使用外，膝下無子的婦女會在夜間前來聖湖沐浴，祈求艾西斯(Isis)讓她受孕。

敘利亞門
Syrian Gate/ Migdol Gate

拉美西斯三世曾對敘利亞的一座城堡留下深刻印象，因此，他為自己的靈殿建造了同樣高傲的門面。這座樓高兩層的建築物既具有防禦功能，也是法老王與妻妾休憩的娛樂場所，拉美西斯三世的第二任妻子就是在此策劃暗殺法老王，為其子潘特維拉(Pentwere)奪取繼承權，事後密謀者全數遭逮捕並處死，但拉美西斯三世也在案件審理期間過世。

女祭司神殿 Tomb Chapel of the Divine Adorers

通過敘利亞門後，左側有座第25~26王朝所建的神殿，神殿的作用有多種說法，一般咸信是屬於供奉阿蒙神的女祭司神殿，小前庭的浮雕現已移藏開羅的埃及博物館，但留存殿內的雕刻同樣精采動人。

阿蒙神殿 Temple of Amun

位於右側的阿蒙神殿始建於第18王朝，主要建造者為哈塞普蘇女王，但她的名字已被繼位的圖特摩斯三世毀去，最外側的塔門則是托勒密王朝時期所建。

第一塔門 First Pylon

雖然上層的泥磚建築已被損毀，但塔門氣勢依然驚人。外牆浮雕著拉美西斯三世對抗努比亞人(西側)及敘利亞人(東側)的場景，事實上，拉美西斯三世從未與此兩族交戰，主要是仿拉美西斯二世靈殿的形式而雕。

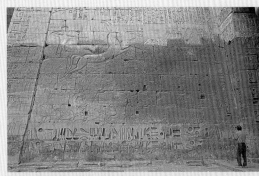

第一塔門背面西側浮雕 Reliefs of First Pylon

西牆浮雕著拉美西斯三世率領千軍萬馬與利比亞人交戰的景況，這是一場真實的戰役。

第一塔門背面東側浮雕 Reliefs of First Pylon

東牆記載著戰勝的拉美西斯三世軍隊計算砍下的敵軍斷手及生殖器的數目，這是埃及神殿中最血腥的描繪。

第一庭院 First Court

東側浮雕毀於基督徒之手，西側圓柱渾厚堅實，牆面並闢有觀景窗供法老王出席觀禮。

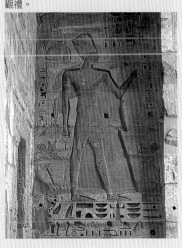

皇宮 Pharaoh's Palace

皇宮已傾圮，東南角的高牆上留有拉美西斯三世在沙漠捕獵羚羊、在沼澤刺殺野牛的情景。

第二塔門 Second Pylon

　　注意塔門外牆留有拉美西斯三世大戰海上部族的浮雕，這些海上部族主要來自愛琴海、地中海區域，均被他英勇擊退。

第二庭院 Second Court

　　基督徒曾佔據此處，因而兩側雕像都遭毀壞。注意西側牆面上雕刻了38行象形文字，記述拉美西斯三世靈活運用戰術、調遣軍隊，成功封鎖敵人船隻，奮勇擊敗利比亞人及海上部族的功勳。同側牆面上另一端又見拉美西斯三世軍隊計算敵軍斷手的浮雕，二度血腥的強調戰績，實在令人觸目驚心。

狒狒浮雕 Reliefs of Baboon

　　在古埃及信仰中，狒狒與太陽神有關，在此浮雕中，狒狒們與拉美西斯三世一起膜拜神祇。

雕像 Statues

　　拉美西斯三世和圖特神(Thoth)的殘破雕像立於殿後。

多柱廳 Great Hypostyle Hall

　　已呈露天，殘留的立柱還保有原來的色彩，兩側牆上浮雕著拉美西斯三世接受底比斯三神的賜福。

©彭浩誠

MAP ▶ P.151B4

曼儂巨像
Colossi of Memnon
阿蒙霍特普三世神殿遺址

🚗 可從渡輪碼頭搭乘計程車或騎單車前往

新王國時期的法老王一方面在隱密的山谷中打造陵墓，另一方面還在平原上廣建神殿，為的是使靈魂能持續受到敬奉。哈塞普蘇女王、拉美西斯二世和三世的神殿或靈殿都留存至今，而這兩座矗立在路邊的傾圮石像，則是阿蒙霍特普三世(Amenhotep III)神殿的遺址。

阿蒙霍特普三世神殿包含三道塔門和一座主殿，傳說是以「金石築牆，銀磚舖地」，規模直追東岸的卡納克神殿，但因神殿坐落在離河岸不遠的平原上，終究難敵河水氾濫的侵襲，遭受毀滅的命運。

神殿內發掘出的雕像和石碑，現今分藏於開羅的埃及博物館和英國的大英博物館中，留在原處的這兩尊雕像原立於第一塔門前，高約18公尺，腳邊左、右各立阿蒙霍特普三世的母親穆坦葳雅(Mutemwiya)和皇后泰伊(Tiy)的雕像，基座側面

會說話的雕像？

西元前27年發生的大地震，使北側的石像攔腰斷裂，自此，每日清晨總能聽到石像發出奇異的聲音，於是希臘人穿鑿附會的說這是在特洛伊戰爭(Trojan War)中陣亡的曼儂呼喚母親「黎明女神」Eox的聲音。事實上，這神秘的聲響應是黎明的暖風穿越石像裂縫所產生的。不過，西元199年羅馬皇帝塞維魯(Septimus Severus)修復石像之後，就不復聽聞此樂音了。

裝飾著尼羅河神哈比(Hapy)捆綁蓮花及紙莎草的浮雕，象徵著統一上、下埃及。

尼羅河谷地

尼羅河谷地
Nile Valley

文●墨刻編輯部　攝影●墨刻攝影組‧彭浩誠

全長6,650公里的尼羅河，沿著非洲的東岸往北流，它在埃及的懷抱中開出了一枝蓮花，開羅以北是輕綻的花朵，以南是一枝迤邐八百公里的細莖。這條蜿蜒的長莖自遠古時期即哺育著上埃及，滋養著亞比多斯(Abydos)、艾斯納(Esna)、登達拉(Dendera)、艾德芙(Edfu)、孔翁波(Kom Ombo)、亞斯文(Aswan)和阿布‧辛貝(Abu Simbel)等地。

隨著古王國時期的結束，上、下埃及逐步走向統一，古埃及的政治核心因而南移至上埃及的底比斯，由此展開中王國與新王國時期，並於西元前1570~1090年之間達到發展的顛峰。於是，底比斯搖身一變成了全國性的大都會，這個集政治、經濟、宗教於一身的首善之區，極盛時期人口高達百萬，各種建築與文化欣欣向榮。

新王國時期的法老王陵墓全都位於路克索的西岸，而以路克索為核心的尼羅河谷地，更烙印著新王國時期的輝煌史蹟。這些優美的古文明遺址，是19世紀歐洲最熱門的旅遊地，富豪們坐在遊船甲板上，瀏覽兩岸連綿不斷的神殿，感嘆歲月流逝、體驗沙漠風情，留下獨一無二的回憶，而這些，也正是我們今日的旅遊重點。

亞比多斯Abydos

MAP ▶ P.165A1

亞比多斯神殿

Temples of Abydos

銜接今生與來世的冥神信仰中心

🌐 由於距離亞比多斯最近的火車站仍有10公里之遠，因此最方便前往亞比多斯的方式是參加從路克索出發的一日遊行程，另外也可從路克索包計程車前往。　📍 位於路克索及索哈傑(Sohag)兩城市之間，距離路克索約3小時的車程　🕗 8:00~17:00　💲 全票150埃鎊，請注意門票會調漲

看似荒涼的亞比多斯，緊繫著古埃及初始的原始信仰。

遠古時期，此地大批的墓地由豺狼外型的凱迪阿曼提神(Khentyamentyu)守護，到了第5~6王朝時期，象徵死神的凱迪阿曼提逐漸與冥界之王歐西里斯(Osiris)同化，自此，亞比多斯成為冥神信仰的中心，不僅每年定期演出歐西里斯死亡與復活的傳說，法老王及貴族更廣建神殿、石碑，以期亡魂能如歐西里斯一般得以復活。至新王國時期，貴族屍身抹了防腐香膏後，還習慣先運抵亞比多斯神殿停屍一段時日，再運回底比斯安葬，如果無法依例完成這項人生的最後一趟朝聖之旅，也必定會在墓室中浮雕船隻載運木乃伊到亞比多斯的儀式。

這處銜接今生與來世的聖地，如今僅存塞提一世神殿(Temple of Seti I)見證昔日歷史。塞提一世當時面臨倡導一神論的阿肯納頓(Akenaten)王朝剛結束的混亂時局，為鞏固民心，他在亞比多斯建造神殿，恢復膜拜阿蒙・拉(Amun-Ra)、歐西里斯(Osiris)、荷魯斯(Horus)、艾西斯(Isis)、卜塔(Ptah)、拉・赫拉克提(Ra-Horakhty)等諸神的傳統信仰，殿內浮雕著諸神為塞提一世加冕、賜予生命，重新強化法老王與神祇的親密關係。

塞提一世另將歷代法老王名羅列在一處牆面上，對後世考古有極大助益。位於殿外的歐西里恩(Osireion)遺址傳說是歐西里斯埋葬處，傾圯的建築幽幽散發著神秘氣氛。

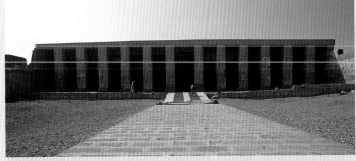

登達拉Dendara

MAP ▶ P.165B1

哈特神殿

Temple of Hathor

唯一能確認建造日期的神殿

🚗 可以從路克所搭乘約40分鐘的火車抵達Qena後，轉搭計程車前往哈特神殿，另外也可參加從路克索出發，前往亞比多斯神殿和哈特神殿的一日遊行程。 🏠 位於路克索北方約60公里處，距離路克索約1.5小時的車程 🕐 8:00~17:00 💲門票全票240埃鎊、半票120埃鎊，參觀以下景點須另外付費：Panorama100埃鎊；Dendara Catacombs100埃鎊

　登達拉的哈特神殿和艾斯納的克奴姆神殿都是托勒密王朝(Ptolemaic Dynasty)時期的建築，而最獨特的是，哈特神殿是唯一一座能確認建造日期的神殿。興建於西元前54年7月16日，稍晚增建的歐西里斯(Osiris)聖堂則於西元前47年12月28日動工。這些精確的日期數字源自殿內所繪的黃道圖，專家們利用史料結合圖中的星辰，推算出驚人的明確結果。

　為了面朝尼羅河，神殿打破了傳統的坐落方向，將東西向改建成南北向，此外更捨棄了巍峨的塔門，展現建築風格上極大的轉變。殿內敬奉神祇哈特及其丈夫荷魯斯、兒子哈松圖斯(Harsomtus，又名Ihy)，雖然基督徒損毀了神祇面容，但多柱廳、聖壇、聖湖等主建築保存良好。

　精美的浮雕是哈特神殿無與倫比的資產，許多雕刻還維持著千年不改的色彩，顯現往昔熱鬧的慶典儀式和豐盛的天文知識，給予後世考古極大的驚喜與振奮。

入口大門
大門左側留有原鑲於柱頭的哈特女神頭像及貝斯神(Bes)像。

誕生室
這間誕生室為羅馬皇帝奧古斯都為哈特女神及其子哈松圖斯所建，前端左右各有一間儲藏室，兩側還有柱廊，柱頭飾有庇祐分娩的保護神貝斯像。

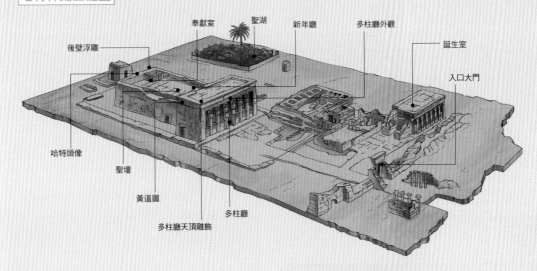

哈特神殿立體圖

- 奉獻室
- 聖湖
- 新年廳
- 多柱廳外觀
- 誕生室
- 後壁浮雕
- 入口大門
- 哈特頭像
- 聖壇
- 黃道圖
- 多柱廳
- 多柱廳天頂雕飾

多柱廳外觀

外牆浮雕著羅馬皇帝提比略(Tiberius)、克勞狄烏斯(Claudius)敬奉哈特、荷魯斯等諸神的場景。低圍的半牆式設計，可清楚看見立柱柱頭雕飾有著牛耳的哈特女神頭像。

多柱廳天頂雕飾

仔細欣賞多柱廳精緻的天頂雕飾，東側尤其精采，描繪天空女神努特(Nut)伸展身子撐起宇宙，並分別於天頂兩端展現努特在黃昏吞噬太陽，到了清晨又誕生太陽的情景。圖中的18艘小船其實是曆法計算的方式，每艘船代表10天，180天構成了半年。

多柱廳

24根立柱柱頭並非浮雕傳統的紙莎草或蓮花，而一律雕飾哈特女神頭像，遺憾的是，許多女神容貌遭基督徒毀損。

聖壇

通過第二多柱廳及通廊就來到殿內的聖壇，龐大的石室聖壇為十多間小室所包圍，由壁上浮雕可以推知聖壇內原設有石龕，安置著哈特雕像以及每年赴艾德芙(Edfu)會見丈夫荷魯斯所乘的聖船，但現今都已蕩然無存。

黃道圖

神殿內兩側設有石梯通達屋頂，屋頂前端有兩間聖室敬奉冥神歐西里斯，東側的聖室天頂留有著名的圓形黃道圖，顯示當時卓越的天文知識。不過，真品收藏於法國巴黎羅浮宮，聖室內所見為仿製模型。

新年廳

這間挑高的小廳是新年期間舉行宗教儀式的地方，隱藏於錯綜複雜的通道後方，讓人有柳暗花明的驚喜感。

哈特頭像

殿後外牆的中央飾有哈特女神龐大的頭像，牆頭頂端還裝飾著獅頭出水口。

後壁浮雕

殿後外牆的西側雕刻著末代女王克麗奧佩脫拉(Cleopatra)和她與凱撒所生的兒子小凱撒(Caesarion)雙雙敬奉哈特女神的場景，女王纖細的蜂腰為當時主流美學的表現。

奉獻室

位於屋頂後端的奉獻室環繞著12根石柱，每年新年期間，供奉於聖壇內的哈特女神雕像，就會循西側階梯抬入奉獻室迎接旭日，象徵與太陽神結合，儀式完成後，再循東側階梯返回聖壇，慶典盛況雕刻於石梯兩側的牆壁上。

聖湖

聖湖四周環抱圍牆，四個角落都設有階梯通往湖底。傳説荷魯斯大戰賽特(Seth)的戲碼，以及哈特與荷魯斯的婚禮儀式都是在此舉行，不過，現今湖水已乾涸，長滿了綠樹及灌木。

艾斯納Esna

MAP ▶ P.165B2

克奴姆神殿
Temple of Khnum
建於托勒密王朝的年輕神殿

🚗可從路克索、艾德芙或亞斯文搭乘迷你巴士前往艾斯納，之後轉搭馬車前往神殿。　📍位於路克索南方約58公里處　🕐7:00~17:00　💰全票150埃鎊、半票75埃鎊

曾經是尼羅河主要漁獲區的艾斯納漁產豐富，魚神妮特(Neith)是當地的守護神。

從它今日殘破的市容，很難想像這裡曾是熱鬧繁忙的商業中心，從古埃及18王朝之後，由於埃及與蘇丹開始發展貿易關係，遂成為主要對口城市，極盛時期艾斯納岸邊舟楫如雲，在希臘、羅馬統治時期，一度成為上埃及地區第三省的首府，不過這些光輝的歷史，如今只能勉強從城裡僅見的泥磚造房舍，以及屋內殘剩的埃及屏風，嗅出一點氣息。

這座克奴姆神殿始建於托勒密王朝，埃及最「年輕」的神殿之一，羅馬皇帝克勞狄烏斯曾大手筆擴建，但現今卻也風華不再，所處窪地比周遭地勢足足矮了9公尺，留存的建築也僅餘多柱廳。

即便歷經滄桑，這座碩果僅存的多柱廳依然令人印象深刻，24根立柱的柱頭雕飾呈現16種變化，柱身細雕各項慶典的宗教儀式，考古學家正陸續解讀其中記載的時間及活動細節。

在兩千多年前，多柱廳的入口是現今北側的後門，其外牆還留有珍貴的象形文字，內容禮讚克奴姆神，文字形似羊與鱷魚，十分有趣。至於神殿內的浮雕也相當完整，上面對於庶民文化多所著墨，可以發現魚、花草、焚香及陶罐等圖案。

艾德芙Edfu

MAP ▶ P.165B2

荷魯斯神殿

Temple of Horus

保存最完善的神殿之一

🚗 可從路克索、孔翁波或亞斯文搭乘迷你巴士前往艾德芙，由車站步行前往神殿約20分鐘；另外尼羅河遊輪也停靠艾德芙，碼頭邊有馬車可帶領遊客前往神殿 (需議價)。 🏠位於亞斯文北方約105公里處，距離孔翁波約60公里 🕐7:00~17:00 💲全票450埃鎊、半票230埃鎊 ❗聲光秀由於演出時間、價格、播放的語言均會隨季節變動，請先上網查詢最新資訊：www.soundandlight.com.eg

艾德芙(Edef)是希臘統治時期建立的城市，希臘人稱之為「太陽城」，曾經是宗教、商業中心，盛產陶器與甘蔗。因為土質極佳，據說以此陶土製成的器皿，可以讓水保持冰涼。由於四周環繞著甘蔗田，隨時可以看到身穿長白袍的小男生，趕著駝甘蔗葉的驢車走在馬路上，空氣中總是彌漫著抵不住太陽炙烤而散發出的淡淡甘蔗香。

荷魯斯神殿又稱作艾德芙神殿，由於興建略遠於尼羅河谷地較高處，躲過了洪水的侵害，堪稱是埃及保存最好的神殿，不僅塔門、外牆、庭院、神殿都維持原貌，浮雕內容更涵蓋古埃及崇拜的諸神傳說，因而備受推崇，是一座集神殿建築、神學、象形文字於一身的「圖書館」。

荷魯斯大戰賽特報殺父之仇

神殿坐落在古城Djeba的所在地，埃及人始終深信此地正是傳說中鷹神荷魯斯大戰殺父仇人賽特(Seth)之處，神殿內刻滿了兩位神祇作戰的畫面，也有女神哈特(Hathor)每年從登達拉(Dendara)逆流而上與丈夫荷魯斯相會的浪漫場景。大量的神祇傳說在神殿裡輪番演出，無論看門道或看熱鬧，荷魯斯神殿都令人著迷。

這座砂岩打造的神殿由托勒密三世始建於西元前237年，因適逢上埃及動盪不安之時，工程斷斷續續持續了180年，直到西元前57年托勒密十二世(埃及豔后的父親)時期才竣工，慢工細活的品質歷經兩千多年的考驗依舊動人。而它在19世紀中被馬里埃特(Auguste Mariette)發現以前，長時間埋藏於沙土和石礫之間。

171

誕生室 Birth House

位於神殿前方的誕生室，慶賀荷魯斯和哈特之子哈松圖斯誕生，可見哈特哺育愛子的浮雕。

塔門 Pylon

高聳的雙塔門浮雕著托勒密十二世屠殺敵人向荷魯斯獻祭的場景；托勒密十二世在鷹神面前抓著敵人的頭髮，並以權杖敲打他們的頭顱。入口大門兩側立著兩尊以黑色花崗岩雕成的老鷹，象徵荷魯斯，門楣中央可以看見兩隻支撐圓盤的眼鏡蛇，以及後方展開的鷹翅。

荷魯斯神殿平面圖

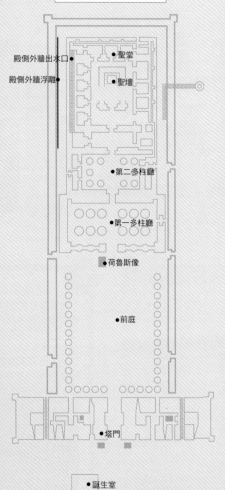

殿側外牆出水口 ● 聖堂
殿側外牆浮雕 ● 聖壇
● 第二多柱廳
● 第一多柱廳
● 荷魯斯像
● 前庭
● 塔門
● 誕生室

© 彭浩誠

荷魯斯像 Falcon Statue

與塔門前的雕像同樣以黑色花崗岩雕成，頭戴代表上、下埃及雙王冠的鷹神，具體展現王權與神祇的合而為一。

前庭 Court of Offering

東、西、南三面柱廊環抱著前庭，32根石柱柱頭呈現混合式風格，每個柱頭均裝飾著不同的圖案。此區牆壁上的浮雕，主要描繪荷魯斯與哈特相會的場景。

第一多柱廳 Outer Hypostyle Hall

廳內立有12根雕飾繁複的石柱，分為左右兩個內室，左邊為祝聖室，是昔日祭司更衣行滌淨禮的所在，右邊則為圖書館，原為紙莎草紙文獻儲藏處。此柱廳裡的浮雕以神殿的創立為主軸，可以看見從測量土地到法老王參與神殿興建、以及最後將神殿獻給荷魯斯神的場景。

聖壇 Antechamber

經過通廊就來到位於殿後的聖壇，這座內室宛如殿中殿，結構高大堅實，東、西、南三面環設敬奉敏(Min)、歐西里斯(Osiris)、哈特(Hathor)、孔蘇(Khonsu)、拉(Ra)等諸神的小聖室，繁複的浮雕佈滿各壁。聖壇中央立著高約4公尺的聖龕，由整塊花崗岩雕成，如磐石般矗立著。

殿側外牆浮雕

古時，艾德芙當地每年都會舉行一場「勝利慶典」，並按例演出一場荷魯斯報父仇的好戲，其概況就雕刻在神殿的外牆上。在這齣膾炙人口的好戲中，謀殺冥神歐西里斯(Osiris)的賽特化身為體型嬌小的河馬(在古埃及人的眼中，河馬是不懷好意的生物)，荷魯斯持10支魚叉刺向河馬身體不同部位以報父仇，最後致命的一擊，通常由法老王或祭司上場扮演荷魯斯執行，慶典的壓軸活動是大家分食河馬形狀的糕餅，意味著完全消滅惡魔賽特。

第二多柱廳
Inner Hypostyle Hall

同樣擁有12根石柱的第二多柱廳，牆壁上點綴著建殿慶祝儀式以及荷魯斯和哈特所乘的聖船的浮雕。該柱廳的左後方有一間實驗室，所有儀式和供神所需的香精與焚香都曾在此製造與保存。這些以鮮花榨成的香精收藏於雪花石膏瓶中，放得越久越香，品質也越優良，此室四周牆壁上的浮雕描繪的正是製作花精的方法。

殿側外牆出水口

神殿旁側外牆上的出水口為獅頭形狀。

聖堂 Sanctuary of Horus

位於聖壇後方的聖堂安置著聖船，前端飾有荷魯斯木雕胸像。在兩千多年前，聖船密封於實心堅牢的松木大門後，平時只有法老王或大祭司可以接近，一般民眾只能在節慶期間一窺它的真面目。不過今日這艘聖船為複製品，真品目前收藏於巴黎的羅浮宮中。

尼羅河丈量儀Nilometer

荷魯斯神殿中也有一座尼羅河丈量儀遺跡，位於右面殿側外牆旁的地下，有一道階梯可以通往下方，過去用來預測來年的農作物收成。

孔翁波Kom Ombo

MAP ▶ P.165B2

孔翁波神殿
Temple of Kom Ombo

同時供奉鷹神及鱷魚神的雙神殿

🧭 前往孔翁波最方便的方式，是從路克索包計程車同時遊覽艾德芙和孔翁波，或是從亞斯文包計程車前往孔翁波，另外，搭乘尼羅河遊輪停靠孔翁波，碼頭就在神殿旁，可步行前往。
🏛 位於亞斯文北方約45公里處 ⏰ 7:00~19:00 💲 全票360埃鎊、半票180埃鎊

名稱原意為「大量(Kom)黃金(Ombo)」的孔翁波，是古埃及黃金之都的舊址，從史前時代開始，這裡就一直是座熱鬧的城鎮，當地居民以務農為主，種植甘蔗與小麥。到了波勒密王朝時期，這裡成為重要的軍事基地，而埃及人與努比亞人之間的金礦交易，甚至與衣索匹亞

(Ethiopia)的大象交易，都以此為據點，連帶帶動這座城鎮的繁榮。到了近代，因興建亞斯文高壩產生了巨大的人工湖納塞湖，使得努比亞人被迫遷離家園，許多遷居於此努比亞人更增添了孔翁波的另類面貌。

根據考證，孔翁波神殿可能建築在中王國時期的遺址上，今日所見的建築大約於西元2世紀時由托勒密六世(Ptolemy VI)開始興建，由托勒密八世(Ptolemy XIII)完成內外的廊柱廳，至於周邊的城牆則由羅馬第一任皇帝奧古斯都增建於西元30年左右，只不過大部分多已毀損。

殿內的浮雕大多是在托勒密十二世及羅馬時期完成的，雖然歷經長時間的沙埋土掩及基督徒的破壞，主結構依然完好，神殿坐落在傳統的東西軸線上，北側供奉鷹神，南側供奉鱷魚神，對稱的建築結構成神殿全貌。

前庭

前庭的前方原立有高大的塔門，兩側建有高牆，現今都已傾圮，庭中所立的16根石柱也僅餘殘柱。

ⓒ彭浩誠

建築正面與柱頭

建築正面採雙入口形式，分屬鷹神Haroeris和鱷魚神索貝克，他們各自擁有自己的祭司。立柱柱頭為混合式，中央門楣上端留有托勒密十二世敬奉神殿的題詞。

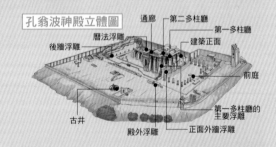

孔翁波神殿立體圖

通廊　第二多柱廳
曆法浮雕　第一多柱廳
後牆浮雕　建築正面
　　　前庭
古井
殿外浮雕　第一多柱廳的主要浮雕
　　正面外牆浮雕

古埃及獨一無二的雙神殿

位於小山丘上的孔翁波神殿，是孔翁波最知名的觀光景點，這座同時供奉鷹神Haroeris(荷魯斯的其中一個化身)和鱷魚神索貝克(Sobek)的神殿，在埃及絕無僅有，不僅因為它是少數獻給「惡神」的神殿，更因為它採雙神信仰與雙神殿的形制。

孔翁波最初的名稱為「Pa-Sobek」，也就是「索貝克的領地」之意，昔日常見鱷魚爬上沙質河岸曝曬太陽。對古埃及的居民來說，除了崇拜象徵正面力量的神祇外，他們也膜拜害怕的事物，於是被當成賽特化身之一、過去常將村民當成食物的鱷魚，也成了他們敬畏的對象。據說，是因為不好正大光明的信仰「惡神」，因此，當地居民將索貝克與Haroeris放在一塊，另一方面也展現不分善惡之間的宗教平等。

建築正面外牆浮雕

在建築正面雙入口的兩側各有一幅浮雕，面對建築左邊的那幅敘述鷹神Haroeris和朱鷺神圖特(Thoth)為托勒密七世舉行滌淨儀式。

通廊及第一、二多柱廳

進入前庭後、沿通廊前進，在抵達聖壇之前會先經過兩座多柱廳，它們各林立著10根立柱，通廊左邊獻給鷹神Haroeris，右邊屬於鱷魚神索貝克所有，從立柱和浮雕中便能發現其主角為何。

第一多柱廳的主要浮雕

在第一多柱廳的左側區域、入口正後方的牆壁上，可以看見女神艾西斯(Isis)和獅頭女神Raettawy將托勒密七世介紹給鷹神Haroeris，一旁還伴隨者朱鷺神圖特(Thoth)。至於位於右側區域、入口正後方牆壁上的浮雕，則是象徵上埃及的奈庫貝特(Nekhbet)兀鷹女神和下埃及守護女神眼鏡蛇瓦傑(Wadjet)，在索貝克面前為托勒密七世加冕上、下埃及的雙皇冠。

誕生室

誕生室位於鷹神Haroeris神殿中，裝飾其屋頂的鷹神壁畫依舊色彩繽紛。誕生室是鷹神Haroeris出生的地方，其浮雕可見艾西斯分娩和哺育鷹神的場景。

曆法浮雕

神殿中的浮雕除了描繪神話故事和法老王供奉神祇等場景外，還會記載奉獻貢品的日期與數量，此「貢品表」浮雕位於索貝克神殿中，標示了古時曆法的計算方式，十分珍貴。

後牆浮雕

　　神殿外圍有一條通道，可通往後牆浮雕，在這裡除了可看見荷魯斯之眼外，還有一組內容類似外科手術的器械的浮雕，包括手術刀、骨鋸、牙科器材等，目前推論因古時常有信徒來此膜拜鷹神祈求治癒疾病，因此，這組器具可能與宗教獻祭儀式有關。

殿外浮雕

　　神殿敬奉的鷹神(左)及鱷魚神(右)手持著代表生命之鑰的「安可」(Ankh)，居中的橢圓形圖飾刻著法老王的名字。在浮雕的另一面，可以看見類型男性生殖器的圖案，它是生殖之神敏(Min)的簡化象徵。

©彭浩誠

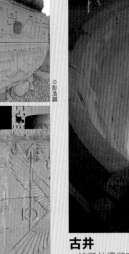

古井

　　神殿外還留有一口深井，這曾是神殿的重要水源，傳說也供信徒行淨身禮用。

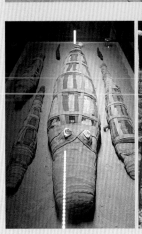

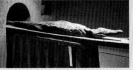

鱷魚木乃伊博物館

　　神殿外有一座小型博物館，裡面收藏了十幾隻鱷魚木乃伊，甚至還有小到還在蛋中的模樣，相當特別。

亞斯文

Aswan

文●墨刻編輯部
攝影●墨刻攝影組‧彭浩誠

亞斯文●

亞斯文的名稱來自同名埃及女神Swenet，因為至關重要的地理位置而備受矚目。這裡是古埃及時期最南端的邊防屏障，埃及通往蘇丹的重鎮，對抗努比亞人的軍事前哨；這裡也是法老王們的採石場，一塊塊金字塔的石材或一根根的方尖碑，藉由尼羅河運往北方的工地；這裡還是駱駝商旅聚集的大市場，來自各地的特產與當地黃金、岩礦和象牙轉換交易……亞斯文，自古以來便展現了令人不可忽視的實力。

由於這樣的交流，這裡混雜了濃厚的努比亞風情，膚色較為黝黑的人種，色彩更為鮮豔的工藝品，讓亞斯文呈現繽紛的非洲情調。而這處今日非常受歡迎的旅遊聖地，還擁有尼羅河最美麗的河段，清澈無比的河水在夕陽西照時尤為迷人，搭乘白色風帆巡遊更是當地最浪漫的回憶。當然讓遊客意猶未盡的，除了前往市區參觀外，一探周邊的費麗神殿(Temple of Philae)與阿布辛貝神殿(Temples of Abu Simbel)，更是最大的賣點。

亞斯文之最Top Highlights of Aswan

阿布辛貝神殿

阿布辛貝神殿由兩座神殿組成，其中的拉美西斯二世大神殿與金字塔、獅身人面像齊名，是遊客來到埃及必訪的景點。神殿同樣因1960年代興建高壩的工程而遭受威脅，由聯合國教科文組織及多國專家將神殿搬運至新址重建。(P.194)

努比亞博物館

努比亞博物館的創立同樣起因於高壩的興建，博物館於1997年11月開幕，展現努比亞地區從史前至現代共六千多年的歷史、文化及藝術。(P.184)

努比亞部落

因高壩工程帶來水位高漲，努比亞人的家園及文物消失於水庫中，被迫四處遷徙，如今他們散居於納瑟湖畔、大象島、孔翁波或蘇丹南部。(P.186)

亞斯文高壩

高壩落成於1971年，高壩可解決水患和旱災問題，然而其形成的人工湖卻會淹沒努比亞部落及部分神殿群，埃及政府因此向國際求援，因此衍生了多項搶救文物的計畫。(P.190)

費麗神殿

在1902年興建亞斯文水壩後，費麗神殿就曾多次遭受水淹的威脅，至1960年代啟動高壩興建工程後，為了不讓神殿永沉水底，聯合國教科文組織開始進行搶救工作，將神殿搬遷至附近的島上。(P.191)

亞斯文市區和
尼羅河兩岸
Central Aswen & Two Banks of Nile

文●墨刻編輯部　攝影●墨刻攝影組・彭浩誠

亞斯文，這座位於埃及最南方的小城市，是過去與中非通商的重鎮，以象牙買賣為最大宗，因此，在希臘統治時期，這裡曾被稱為「大象」，這也是大象島(Elephantine Island)名稱的由來。這裡是尼羅河最美麗的河段，河

水清澈沁涼，夕陽景象美麗得無以復加。

由於接近中非的核心，亞斯文當地住有許多努比亞人(Nubian)，產生獨特繽紛的努比亞文化。因此，相較於路克索的古埃及遺跡，亞斯文堪稱是一處具有濃厚非洲風情、可令人心情

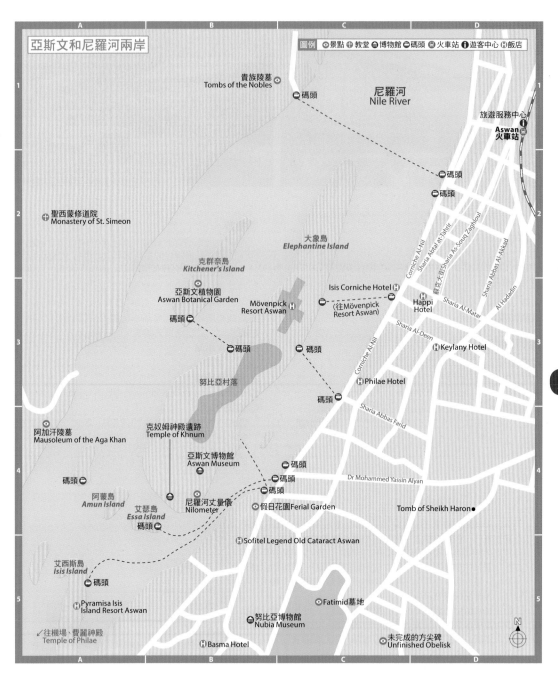

亞斯文和尼羅河兩岸

圖例 ●景點 ✚教堂 🏛博物館 ⚓碼頭 🚉火車站 ❶遊客中心 ⓗ飯店

尼羅河
Nile River

貴族陵墓
Tombs of the Nobles

⚓碼頭

旅遊服務中心
Aswan
火車站

⚓碼頭

⚓碼頭

聖西蒙修道院
Monastery of St. Simeon

大象島
Elephantine Island

克群奈島
Kitchener's Island

亞斯文植物園
Aswan Botanical Garden

Isis Corniche Hotel ⓗ

Mövenpick
Resort Aswan

(往Mövenpick
Resort Aswan)

Happi
Hotel

⚓碼頭

⚓碼頭

⚓碼頭

努比亞村落

Keylany Hotel

ⓗ Philae Hotel

阿加汗陵墓
Mausoleum of the Aga Khan

克奴姆神殿遺跡
Temple of Khnum

亞斯文博物館
Aswan Museum

⚓碼頭

Dr Mohammed Yassin Alyan

⚓碼頭

⚓碼頭

⚓碼頭

阿蒙島
Amun Island

艾瑟島
Essa Island

尼羅河丈量儀
Nilometer

假日花園 Ferial Garden

Tomb of Sheikh Haron ●

⚓碼頭

艾西斯島
Isis Island

ⓗ Sofitel Legend Old Cataract Aswan

⚓碼頭

Pyramisa Isis
Island Resort Aswan

Fatimid墓地

往機場、費麗神殿
Temple of Philae

努比亞博物館
Nubia Museum

未完成的方尖碑
Unfinished Obelisk

ⓗ Basma Hotel

N

亞斯文……

亞

斯文市區和尼羅河兩岸 Central Aswan & Two Banks of Nile

放鬆的度假勝地。

在今天這個旅遊年代，亞斯文的一切幾乎都可化成商品，除卻周邊的阿布‧辛貝這處招牌

景點，宜人的氣候、狂野的沙漠、混血的努比亞文化、浪漫的尼羅河落日，都成了亞斯文的著名景點。

INFO

基本資訊

人口：約30萬
區域號碼：97

如何前往

◎航空

亞斯文機場位於市區西南方約25公里處，埃及航空每日都有航班往來於開羅和亞斯文之間，航程約75分鐘；旺季時可能另增往來亞斯文和阿布辛貝的航班，航程約45分鐘。亞斯文機場和市區之間沒有巴士銜接，只能選擇搭乘計程車，車程約20~30分鐘。

◎鐵路

亞斯文火車站位於蘇克大街北端，附近林立旅館和商店。每日有數班日間班火車往返開羅，車程約14小時，幾乎所有南下或北上火車均停靠孔翁波、艾德芙和路克索。另有為外國觀光客設立的臥鋪火車，每天往來於開羅、路克索、亞斯文之間。由於發車時刻、票價時有變動，因此於搭車前詢問旅遊服務中心或鐵路服務台，並建議事先購票。

亞斯文火車站
☎ 231 4754

臥鋪火車服務
🌐 abelatrains.com/Home(可查詢時刻表和預訂)

◎遊輪

亞斯文是尼羅河遊輪的起點／終點，不過遊輪行駛於開羅和亞斯文之間，必須全程參加，詳情見

乘三桅帆船暢遊尼羅河

早在19世紀，乘坐三桅帆船(Felucca)沿尼羅河遊覽上埃及就已在蔚為風行，對遊客來說，尼羅河是首風情無限的詩篇，而最能展現尼羅河優美身段的莫過於亞斯文河段。亞斯文坐落在尼羅河東岸，西岸依偎荒漠岩山，寬廣的河道迤邐而過，綠茵的小島點綴其間，風光旖旎。乘著三桅帆船悠盪，靜觀絢麗的夕陽變化著彩光，萬種風情盡在其中。

乘三桅帆船遊賞尼羅河的的時光可長可短，一小時繞遊大象島賞夕陽是標準遊程，又或者參加一日的行程，沿著尼羅河遊覽亞斯文周邊景點，包括大象島、貴族陵墓、聖西蒙修道院、努比亞村落等。喜愛水上遊的遊客甚至還可以參加兩天一夜航行至孔翁波(Kom Ombo)或三天兩夜到艾德芙(Edfu)的遊程，夜間可宿於船上或在陸地紮營，觀星、夜遊、生營火等活動可自行決定。

亞斯文的遊船眾多，費用也因此紊亂，如議價不成，可尋求旅遊服務中心代為安排。

©彭浩誠

P.48~50。遊輪碼頭位於亞斯文市區，步行前往火車站只需約5分鐘的時間。

市區交通

◎計程車
亞斯文市區可以步行方式前往，但如果想參觀努比亞博物館、未完成的方尖碑等，不妨包一輛計程車展開一日遊行程，還可前往近郊的費麗神殿和亞斯文高壩，費用約在30~40美金之間。

◎渡輪
想前往大象島的人可以搭乘渡輪，共有兩條路線，一是抵達亞斯文博物館，另一是抵達Siou。至於要前往貴族陵墓的人，則必須在最北邊的碼頭搭乘渡輪。

旅遊諮詢

◎旅遊中心 Tourist Office
市中心
🏠Midan al-Mahatta
📞231 2811
🕐週六至週四8:00~15:00

騎駱駝體驗和小提示

在埃及許多地方都有機會騎乘駱駝，而在亞斯文，騎駱駝尋訪努比亞村落也是常見的旅遊體驗。如果是首次騎駱駝，小編整理了一些注意事項可預做準備，讓大家的騎駱駝體驗更安心！

©彭浩誠

● **裝備**：服裝以方便活動為首選，身上裝備盡量簡單(或收進背包裡)，以防物品在騎乘駱駝時掉落。

● **步驟**：駱駝一開始會趴坐在地上，依照駝伕的指示從側面騎上駱駝。騎上駱駝後，抓緊坐墊上的扶手。駱駝會先從後腳站起，這時身體需向後傾斜以保持平衡，接著駱駝會站直前腳，這時身體再向前傾斜。駱駝坐下時則是先彎曲前腳，接著才是後腳。不過有時駱駝站起或坐下來只是一瞬間，騎乘者難以悠閒的執行分解動作，所以切記緊抓扶手、保持平衡。

● **坐姿**：騎乘者的背要打直，為了保持平衡，當駱駝上坡時，騎乘者身體向前傾斜；當駱駝下坡時，身體要向後傾斜。

城市概略City Guideline

坐落於尼羅河中的大象島是埃及最古老的地區之一，也是古埃及時期的亞斯文所在地，島上擁有克奴姆神殿等遺跡和亞斯文博物館。隨著時代發展，今日的亞斯文市區(Central Aswen)位於尼羅河的東岸，由於城鎮非常迷你，只需沿著尼羅河畔步行，即可逛完全城，其主要餐廳和旅館聚集於火車站的南邊。

除了市區以外，位於尼羅河東岸的景點還包括努比亞博物館和未完成的方尖碑，至於位於尼羅河西岸的，則包括宏偉聳立於山丘上的貴族陵墓，以及因為興建亞斯文高壩而被迫遷移的努比亞村。

MAP ▶ P.181B5

努比亞博物館

Nubia Museum

因建壩工程而衍生的文物保存計畫

🚗 可從市區搭乘計程車前往，約6分鐘可達。 🏠Sharia Abtal at-Tahrir ⏰9:00~17:00，週四及週五延長18:00~21:00 💲全票300埃鎊、半票150埃鎊

1960年代，為了徹底整建尼羅河，納瑟政府著手興建高壩，儘管將可解決水患和旱災等問題，然而水壩形成的人工湖，卻會全盤淹沒努比亞部落和部分神殿群。

為了拯救這些珍貴的文物，埃及向國際求援，數十國家的考古學家、工程師、攝影師趕赴埃及，在建壩工程啟動之後，竭盡所能的遷移神殿、收集文物，衍生出40項工程的龐大計劃，其中包括努比亞博物館的創建，其成果斐然，堪稱該計劃中的典範。

博物館於1997年11月開幕，展現了努比亞地區從史前時代到現代六千多年的完整歷史、文化與藝術。展場分為數個部分，從石器時代、金字塔時代、努比亞文化、科普特時代、庫什王國(Kush Kindom)到伊斯蘭時期，此外，還有一個用來陳列聯合國教科文組織在該地區參與搶救與維護等工作過程的展場。

主建築由埃及建築師哈金(Al-Hakim)擔綱，他以古典風格設計外觀，內部的參觀動線、陳列設計及燈光效果均屬佳作。館藏涵蓋史前時期到新王國時期的雕像、浮雕、武器、用具，館方還運用大量的模型、照片、文字輔導說明，並另闢科普特區、伊斯蘭教區，解說努比亞在第5~12世紀歷經宗教信仰轉變的過程，當然，聯合國教科文組織搶救文物的貢獻也闢有專區詳細介紹，其中包括讓阿布辛貝神殿和費麗神殿起死回生的鬼斧神工重建工程。

拉美西斯二世雕像

這尊位於展覽大廳醒目位置的拉美西斯二世雕像，來自尼羅河河谷中的胡珊神殿(Temple of Gerf Hussein)。

戶外園區
園區的泉水設計表達流淌的尼羅河賜予埃及美景和生命。

努比亞屋宅
館方運用模型重現努比亞部族裝飾豐富的多彩屋宅和生活情景。

木乃伊面具
館內展示的數個木乃伊面具都貼有金箔，這個大象島出土、蓄鬚的木乃伊，其身分為祭司。

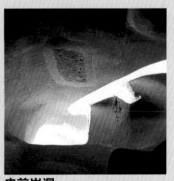

公羊木乃伊棺木
這座貼有金箔的公羊木乃伊棺木，是大象島上克奴姆神殿旁出土的文物，傳說人類是由羊頭人身的克奴姆神自陶製的輪中創造出來的。

史前岩洞
戶外展區擺設了彩繪史前岩畫的石洞，岩畫內容涵蓋多種動物。

努比亞部落Nubian Villages

努比亞曾是庫什王國(Kush Kingdom)的領土，這片從亞斯文尼羅河畔直到南部喀土穆(Khartoum)的地區，由於銜接南埃及與蘇丹，因此被稱為「埃及與非洲交流的通道」。儘管幾乎寸草不生，但努比亞卻蘊藏著豐沛的金礦、銅礦、碧玉、紫水晶等礦源，不缺交換穀物的貨品，而非洲其他地區出產的象牙、黑檀木、香料、鴕鳥毛也都是經由努比亞運往北方的埃及，因此，在亞斯文興建高壩之前，努比亞曾享有獨霸一方的日子。

亞斯文建壩是整治尼羅河必要的手段，英國在接管埃及之後，曾三度建造及擴建水壩，1960年代，奪回政權的納瑟上校(Colonel Nasser)再度投注人力與歲月興建高壩，徹底解決供電及灌溉等問題。在高壩帶來水位高漲的情況下，此區據估約有24座教堂、城堡和墓地等許多努比亞的建築遺跡都遭到嚴重的威脅，其他還包括費麗神殿以及阿布辛貝神殿等等，所幸在世界教科文組織的協助之下，將遺跡一塊塊拆解後，另覓高地重組，至於該地區所有挖掘出來的手工藝品和文物，則收藏於努比亞博物館。

1971年，高壩落成，埃及人民受惠，努比亞人民卻被迫四度遷徙，美好的家園及無價的文物消失於水庫中。即便如此，這支在許多昔日出土壁畫與雕刻中被描述成商人或傭兵的民族，依然堅守著自己的傳統，保留了自己獨特文化、建築和語言。他們今日多散居於納瑟湖畔、大象島、孔翁波或是蘇丹南部，因此許多遊客來到亞斯文總會順道拜訪努比亞村落。

在尼羅河西岸、貴族陵墓附近有一座規模不算小的努比亞村落，當地旅行社提供半日遊行程，讓遊客先搭乘小船漫遊尼羅河，欣賞河岸風光與動植物，隱身於植物間的各種鳥類常常帶來驚喜。而後登上西岸，換騎駱駝前往努比亞村，沿途起伏的沙丘帶來潛入沙漠的體驗。最後登場的是色彩繽紛的房舍，這些以黏土烤製的磚塊砌成的低矮房屋，門口和牆壁裝飾著駱駝、鱷魚、花、鳥等圖案，屋頂或呈圓拱狀，或擁有階梯與平台，一時給人希臘小島的錯覺。有趣的是，在這些房舍中庭有時可見獸欄，裡頭養著一隻隻兇猛的鱷魚，因為對於努比亞人來說，能把鱷魚當寵物可是尊貴的一大象徵。

MAP ▶ P.181D2,D3

蘇克大街

Sharia as-Souq

宛如亞斯文縮影的熱鬧街道

🚶 出火車站即達

緊鄰火車站的蘇克大街是亞斯文的縮影，簡樸的咖啡館飄著香甜的水煙味、白花花的陽光映著色彩鮮麗的香料，商家站在街邊殷勤的邀客入內參觀，種類齊全的埃及特產一字排開，遊客走過這條長達300公尺的大街，總得懷著「過關斬將」的勇氣。

其實真正具有亞斯文風情的商品是擺在流動的小攤上，各式努比亞便帽、長袍堆積如山，好奇的遊客總不免選購一套、穿戴一身，讓自己沾染一些豪邁不羈的風情。遠離火車站往南走，商品種類越見豐富，南方這塊區域的主要客源是當地民眾，日常用品、蔬果魚肉全羅列在街邊，想嚐道地的羊奶起司或選購努比亞編籃，若循著大街往下多走些路，會發現更多驚喜。

值得一提的還有水果攤，埃及的水果攤非常多，門前兩邊豎著甜甘蔗，現搾甘蔗汁經過特殊器材處理，搾出來的果汁冰涼清香，呈淡綠色，簡直是飲品中的聖品，據說，這有退火美容的功效，便宜又可口。

187

未完成的方尖碑
Unfinished Obelisk
由哈塞普蘇女王下令打造

🚗 可從市區搭乘計程車前往，約10分鐘可達。　🏠 位於火車站以南約2公里處　⏰ 7:00~16:00　💲 全票200埃鎊、半票100埃鎊

　　堅硬且質優的花崗岩，是古埃及建造神殿、方尖碑和雕像最佳的材料，也因此盛產上等花崗岩的亞斯文，成為造就這個世界三大古文明之一的幕後一大功臣。

　　在這片遼闊的岩石山中，躺著一根原本可能成為全世界最大的方尖碑，這根方尖碑由哈塞普蘇女王下令打造，高度將近42公尺、重達1168噸，即使幾近完成，卻因為出現一道裂縫而被迫停工。這根未經雕飾的方尖碑為法老王上了寶貴的一課：必須下修方尖碑的高度，哈塞普蘇女王後來才能以聳立於卡納克神殿的方尖碑名留後世。由此卻也不難看出哈塞普蘇女王承受的壓力：這位奪權的女法老王為了證明合法性和權勢，必須以這麼一根驚人的方尖碑懾服眾人。

© 彭浩誠

大象島
Elephantine Island
昔日集經貿政宗於一處

🚗 可從亞斯文市區搭乘渡輪前往　🏠 位於尼羅河中

　　早在古埃及時期，亞斯文就是舉足輕重的貿易中心，而所謂的「中心」，指的就是集經貿、政治、宗教等權勢於一處的大象島。

　　位於尼羅河中的大象島是埃及最古老的地區之一，如今出土的器具可遠溯史前時代。據說遠在西元前4000年，此島就已有人定居，第6王朝時治理本島的罕奎貝(Heqaib)建樹頗多，逝後葬於西岸的貴族陵墓區，並被奉為神祇。在中王國及新王國時期，大象島持續繁榮昌盛，不僅為戍守南疆的要塞，貿易交流更是達成顛峰。

　　名稱來自古名「Ibu」，其原意就是「大象」，關於「大象島」由來有兩種說法，一與過去是重要的象牙交易地區有關，另一說則因河岸邊的巨大鵝卵石遠看很像躺著曬太陽的大象。島上的遺跡集中在南部，由德國考古協會與瑞士考古研究協會於1969年攜手開挖，部分文物已移藏博物館，現場的遺跡雖顯殘破，仍可讓人實地瞭解當時社會型態的變遷。

亞斯文周邊
Around Aswan

文●墨刻編輯部　攝影●墨刻攝影組‧彭浩誠

離開滿載市集風情的亞斯文，再往南便是一片因興建高壩而改變地貌的尼羅河「上游」流域！首先映入眼簾的是費麗神殿，過去原位於距現址550公尺遠的費麗島上，而它附近的畢佳島(Biga Island)對古埃及人而言是處神秘之地，既是宇宙最初被創造的一堆土丘，也是埋葬奧塞里斯神的地方，由於土壤有一部分是神的身體，故當時只有祭司與神殿工作人員可以住在此島。

而後，在進入全埃及最大的人工湖以前，會先經過高壩，這座高110公尺、長3,830公尺、寬980公尺的水壩，落成於1971年，不但調節了尼羅河的水位，也因水利帶來發電，助長了埃及的工業發展。高壩如今開放參觀，行走於壩頂的堤道，兩旁全是無盡的水色。

坐落於納瑟湖旁的阿布辛貝神殿，是亞斯文

周邊最著名的景點，它同樣因為高壩的興建，而往上搬移了好幾十公尺。神殿的建築和雕像被一塊塊拆卸並於新地點重組，才使得它至今仍能出現於眾人面前，特別是神殿外四座龐大的拉美西斯二世神像，更成為繼吉薩金字塔區後的古埃及象徵！

MAP ▶ P.189B1

亞斯文高壩
Aswan High Dam
調節尼羅河水量的艱鉅工程

🚗 前往高壩最方便的方式是從亞斯文搭乘計程車前往，也可包一輛計程車展開一日遊行程，還可順道前往努比亞博物館、未完成的方尖碑及費麗神殿，費用約30~40美金　⏰9:00~17:00　💲全票100埃鎊，請注意門票會調漲

為了整建尼羅河，早在20世紀初英國人接管埃及之後，就陸續興建和擴建亞斯文水壩。然而到了1950年代，這座調節尼羅河水流的水壩已不敷使用，於是掌權的納瑟將軍(Colonel Nasser)決定在舊壩以南6公里處另建一座新壩，也就是今日所說的亞斯文高壩。

即便早已有了這樣的念頭，興建高壩的工程卻遲遲到1960年才得以展開，其中最大的困難在於資金和技術。首先，歐洲國家反對國際銀行貸

款給埃及，於是納瑟將軍決定將長期被英法兩國控管的蘇伊士運河(Suez Canal)收歸國有，在美國的施壓下，聯合國終於下令要求將此運河的所有權還給埃及，運河的收入因而得以為高壩提供部份資金。而後慷慨解囊的蘇聯政府更提供興建水壩的專業技術，終於亞斯文高壩不再只是紙上談兵。

高壩於1971年落成，這座高110公尺、長3830公尺、(底部最)寬980公尺的水壩，體積足足有古夫金字塔的18倍大，在落成當時是全世界最大的水壩，如今為第三大，它不但讓埃及可耕地多出了30%的面積、發電量多出一倍，多出的電力連帶使得當地工業獲得發展，除足以供埃及國民使用外，更可外銷至鄰國。不過對埃及人來說，此高壩興建最大的成就，應是靠自己力量完成此艱鉅工程的民族驕傲。

MAP ▶ P.189B2

納瑟湖
Lake Nasser
世界最大的人工湖

高壩落成的同時，也誕生了全世界最大的人工湖「納瑟湖」，這座橫跨埃及南部和蘇丹北部的湖泊長510公里、寬5~35公里、表面積達5,250平方公里，其中83%位於埃及境內，剩下位於蘇丹的部分則被稱為「努比亞湖」(Lake Nubia)。

納瑟湖的總蓄水量為157立方公里，平日大多維持在135平方公里的容量，然而1996年時卻因

為衣索匹亞下了場豪雨，造成湖面水位上升幾近破表，於是只好將阿布辛貝以北約30公里處Toshka的洩洪道打開，這是高壩落成後第一次使用這項設施。

MAP ▶ P.189B1

費麗神殿
Temple of Philae
遷移後重建還原的迷人神殿

ℹ️ 從亞斯文搭計程車至Shellal碼頭，車程約10分鐘，而後搭船前往島上。一艘船至少可坐8名乘客，船夫招攬人數額滿後開船，但因無單位管束船夫，因此，上船費相當紊亂，上船前要和船夫先講價，返程另行找船隻搭乘，無須包船來回，因船夫等待的時間計價昂貴。 🏠 Agilika Island ⏱️ 10~5月7:00~16:00、6~9月7:00~17:00 💲全票450埃鎊、半票230埃鎊；Panorama加付全票140埃鎊、半票70埃鎊 ❗聲光秀由於演出時間、價格、播放的語言均會隨季節變動，請先上網查詢最新資訊：www.soundandlight.com.eg

同樣是遭受建壩水淹的威脅，但與阿布辛貝神殿相較，費麗神殿的命運更加多舛。

早在1902年首度興建亞斯文水壩時，費麗神殿已遭水淹，到了1932年，第三度擴建水壩時，費麗神殿所在的費麗島全部沉入水下，當時的遊客只能從船上俯瞰費麗神殿水下的模糊倩影。然而1960年代開始啟動高壩興建工程後，意味著費麗神殿將永沉水底，聯合國教科文組織於是開始進行搶救工作，決意將這座神殿遷往附近比原先所在島嶼高20公尺，且地貌類似的阿基利卡島(Agilika Island)。

由於神殿已遭水淹，因此先在費麗島四周建起了一道封閉的圍堰，抽乾堰內河水後，再將45,000塊岩石切割拆除，移往附近的阿基利卡島後按原貌重建，整個工程耗資三千萬美金。

1980年3月，費麗神殿宣告重建完畢，其新貌與往昔並無二致。儘管艾西斯女神的信仰最初可追溯到西元前7世紀，不過，這座神殿目前保留下來最古老的建築，約可回溯到西元前3世紀時的法老王內克塔內布一世(Nectanebo I)，至於這片遺址中最重要的部分，則是從托勒密二世(Ptolemy II)任內開始建造，並且不斷增建長達五百年的時間。在羅馬統治初期，這座神殿備受呵護，彰顯羅馬統治者對埃及信仰的包容，迄今已歷三千多年歲月，儼然已成為亞斯文最迷人的地標之一。

登船碼頭　東柱廊　西柱廊　第一塔門　第二塔門　艾西斯神殿

圖拉真涼亭　第二塔門內西柱廊　戴克里先之門

西柱廊
Western Colonnade

32根立柱保存良好，柱頭雕飾為混合形式，整體建築為托勒密三世所建，柱廊壁面浮雕是羅馬統治時期的傑作，壁上的開窗原可眺望與費麗島相鄰的畢佳島(Biga Island)。

東柱廊
Eastern Colonnade

前庭的東側列柱還處於未完工的狀態，柱廊南端供奉努比亞守護神阿瑞斯努菲斯(Arensnuphis)的神殿、位於中段後方的獅首人身曼杜利斯(Mandulis)小神殿、位於北端供奉祭司印何闐的殿堂都已傾圮。

192

第一塔門 First Pylon

第一塔門始建於托勒密五世及六世時期，直至托勒密十二世才完成整體雕飾。壁面浮雕法老王奮勇殺敵的場景，塔門前原立有一對雕刻象形文字和希臘文的方尖碑，現僅餘一對石獅守門。

第二塔門 Second Pylon

同樣興建於托勒密六世，由托勒密十二世完成雕飾。壁面浮雕托勒密六世敬奉歐西里斯(Osiris)、艾西斯(Isis)、荷魯斯(Horus)等三位神祇的場景。塔門旁的巨碑重達200噸，記載著位於尼羅河第一瀑布(First Cataract)附近的多迪卡斯奇那斯(Dodekaschoinos)地區對艾西斯神殿的諸多奉獻。

第二塔門內西柱廊
Western Colonnade of Second Pylon

西柱廊規模不大，但柱身雕飾精采，柱頭鑲雕女神哈特(Hathor)頭像，值得細賞。

艾西斯神殿 Temple of Isis

前廳立有10根浮雕石柱，牆面浮雕著托勒密王朝君王敬奉諸神。這座多柱廳前半部為露天，後半部有蓋頂，天頂浮雕著展翅的女神奈庫貝特神(Nekhbet)。走過佈滿浮雕的通廊，後方的聖壇原擺有艾西斯神所屬的三艘聖船，現已蕩然無存，室內原還有兩尊艾西斯雕像，現藏於法國羅浮宮及英國大英博物館中。

圖拉真涼亭 Kiosk of Trajan

又被稱為「法老王之床」(Pharaoh's Bed)的圖拉真涼亭，是費麗神殿中最知名的一景，由14根立柱及半牆環抱，精緻的柱頭雕為混合式風格，最初可能蓋有木頭屋頂，現已成露天。神殿開有兩道門，其中一面面對著尼羅河，推斷是初始登島的入口。

戴克里先之門 Gate of Diocletian

戴克里先之門據推斷應是慶祝勝利所造的拱門遺跡，由河上遠觀景色更勝一籌。

MAP ▶ P.189A2

阿布辛貝神殿
Temples of Abu Simbel

永垂不朽的拉美西斯二世神殿

🌏 比較方便的方式是搭乘旅遊服務中心、當地飯店或旅行社安排的巴士或行程,另外,埃及航空提供從開羅、亞斯文飛往阿布辛貝的航班,飛抵阿布辛貝機場後,可搭乘機場巴士前往神殿,參觀神殿停留的時間約2小時,這是配合回程的航班時間,注意不要延誤,一定要準時回到入口處搭乘機場巴士返回阿布辛貝機場搭機。 🏠位於亞斯文以南280公里處 🕐10~4月6:00~17:00、5~9月6:00~18:00 💰全票600埃鎊、半票300埃鎊,2/22及10/22兩日的票價會調漲 ❗聲光秀由於演出時間、價格、播放的語言均會隨季節變動,請先上網查詢最新資訊:www.soundandlight.com.eg

　　阿布辛貝神殿共由拉美西斯二世大神殿(Great Temple of Ramesses II,或稱「大阿布辛貝神殿」)和娜菲塔莉神殿(Temple of Nefertari,或稱「小阿布辛貝

神殿」)兩座神殿組成,其中大阿布辛貝神殿與金字塔和獅身像人面齊名,但在19世紀以前,它不過是一則掩埋於漫天沙土中的傳說。

　　1813年3月,瑞士歷史學家柏克哈特(Johann Ludwig Burckhardt)首度發現了這個秘密,四座深埋在沙中的巨型雕像揭露了大阿布辛貝神殿的所在。1817年,另一位探險家貝爾佐尼(Giovanni Battista Belzoni)清除了入口的沙土,沉睡了11個世紀的拉美西斯二世終於被歐洲人所喚醒。自此,包括義大利、法國、德國等多國學者湧入阿布辛貝,這項創世紀的發現使得學者們忘卻沙漠躁熱的煎熬,德籍考古學家施里曼(Heinrich Schliemann)甚至稱這項發現足以媲美特洛伊城再現!

　　大阿布辛貝神殿確實是空前絕後的建築奇蹟,

耗時30年建成，敬奉著曼菲斯(Memphis)的守護神卜塔(Ptah)、底比斯的守護神阿蒙‧拉(Amun-Ra)、海利奧波利斯(Heliopolis，開羅古地名)守護神拉‧赫拉克提(Ra-Horakhty)，以及拉美西斯二世自己。

唯一對拉美西斯二世構成威脅的，是1960年代興建高壩的決策，為了搶救阿布辛貝神殿，51國專家學者齊赴埃及，聯合國教科文組織集資約4,600萬美金，選定比原址高約65公尺處為新址，趕工整建岩床，同時將大、小阿布辛貝神殿切割成1,000多塊石塊，小心翼翼的搬運至新址重新組建，這項浩大工程於1968年9月宣告完工。

完成組合後的阿布辛貝神殿背倚人造假山，大神殿內部甚至建造了一座「小巨蛋」：上端覆蓋著一座可承重10萬噸的混凝土！外觀與19世紀重現天日時一樣，三千多年前的建築手筆與現代工程的再造魄力都令人驚嘆。

親眼見識「海市蜃樓」

頂著豔陽，走在酷熱的沙漠中，當旅人正覺得口渴，突然看見遠方出現一大片湖水，旅人急忙走向水邊，卻發現不論怎麼走，永遠都無法靠近那水面。我們都聽過上述這種關於「海市蜃樓」的描述，事實上，海市蜃樓是一種光線折射現象，經常在沙漠及柏油路面出現。

當沙漠或柏油路面的溫度上升，使地面上方的空氣增溫，這時靠近地面的空氣溫度比空中的溫度高，暖空氣的密度較冷空氣小，因為兩者密度不同，光線由冷空氣傳自暖空氣的折射率也不同，我們才會產生錯覺，將反射至地面的「藍天」看成「水面」，而在從亞斯文乘車往返阿布辛貝神殿的路上，就能看見這樣的景象。

© 彭浩誠

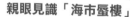

遵守禁止攝影的規定

為了保護文物，埃及各大景點、博物館對於攝影有不同規範，有些景點無限制；有些需購買攝影票(不可使用閃光燈)；有些是完全不能攝影，景點附近都會設有提醒標示。提醒大家，千萬不要抱持著偷拍一張照片做紀念的僥倖心態，一旦被工作人員發現，很有可能被收取高額罰款。

拉美西斯二世大神殿(大阿布辛貝神殿)

©彭浩誠

拉美西斯二世雕像

　　神殿高30公尺、寬40公尺的立面端坐著四座高度超過20公尺的巨型石像,它們頭戴斑紋頭巾和一統上、下埃及的雙王冠,右側第二尊石像的頭部毀於西元前27年的大地震,其頭部位於前方的地面上,即使聯合國教科文組織遷移後依舊維持著發現時的樣貌而未加以修復。

　　立於雕像腳邊的小雕像為皇室成員,包括拉美西斯二世的母親穆蒂(Mut-Tuya)和皇后娜菲塔(Nefertari),以及最受寵愛的幾位兒子Amenhirkhopshef、拉美西斯(Ramesses),和女兒Bint'Anta、Nebttawi以及Merytamun等。

法老王名浮雕
　　拉美西斯二世不朽的名字鐫刻在臂上橢圓形的雕飾中。

俘虜浮雕
　　緊鄰入口的雕像基座浮雕著被俘虜的敵人,一側為非洲黑人、一側為亞洲人。

大阿布辛貝神殿立體圖

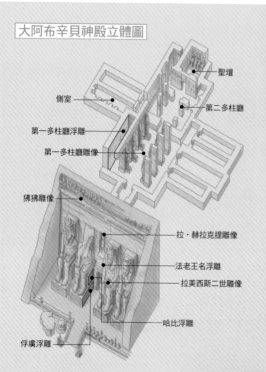

- 聖壇
- 側室
- 第二多柱廳
- 第一多柱廳浮雕
- 第一多柱廳雕像
- 狒狒雕像
- 拉‧赫拉克提雕像
- 法老王名浮雕
- 拉美西斯二世雕像
- 哈比浮雕
- 俘虜浮雕

哈比浮雕

再往上看，上端的浮雕內容為尼羅河神哈比(Hapy)，捆綁蓮花及紙莎草的衪象徵統一上、下埃及。

狒狒

正面頂端羅列著敬迎朝陽的22隻狒狒雕飾。

拉‧赫拉克提雕像

位居神殿正中央上端的是拉‧赫拉克提(Ra-Horakhty)，這位鷹頭太陽神兩手握著象徵拉美西斯二世帝號的代表物，兩旁浮雕描繪拉美西斯二世手捧瑪特神(Maat)敬獻。

第一多柱廳雕像

第一多柱廳長18公尺、寬16.7公尺，中央兩側立著8尊拉美西斯二世雕像，雕像高10公尺、背倚方形大柱，左側頭戴代表上埃及的白冠，右側頭戴統一上下埃及的紅白雙冠，雙手在胸前交叉，執握著連枷權杖及彎鉤權杖，姿勢仿冥神歐西里斯(Osiris)，象徵著法老王永生不朽，頂篷繪有奈庫貝特(Nekhbet)女神展翅護衛上埃及的圖案。

第二多柱廳

廳內四根方形立柱及四壁浮雕著拉美西斯二世和皇后娜菲塔敬奉諸神的宗教儀式。

第一多柱廳浮雕

精采的浮雕描述拉美西斯二世的征伐戰績，其中最具代表性的為北面描繪發生於西元前1275年的卡德墟(Kadesh)戰役，拉美西斯二世在畫面中駕著雙輪馬車、張弓猛擊西臺人，四周滿是大批部隊行軍、激烈的肉搏戰鬥、敵軍車毀人亡四散逃逸等景象，人物總數超過千人，宛若一篇璀璨的史詩。

側室

側室的浮雕描述法老王敬奉諸神的情景。

聖壇

四位神祇由左至右為卜塔(Ptah)、阿蒙·拉(Amun-Ra)、拉美西斯二世和拉·赫拉克提(Ra-Horakhty)，他們都安坐在整體建築的中軸線上，每年逢10月22日及2月22日這兩天，陽光會穿越前廳照入聖壇，奇妙的是，只有三位神祇受光，唯獨冥神卜塔依然隱身於陰暗中。

此現象及日期代表的意義，學者尚無定論，一派咸信與法老王生日和即位週年慶有關，另一派則指出所有坐向相同的建築都可引光入室，因此日期代表的意義不大，兩派唯一的共識是法老王可藉太陽神獲取新生的能量。不過這項「奇景」，以成為阿布辛貝神殿最大的賣點，每年總吸引眾多人潮前來參觀。

娜菲塔莉神殿 (小阿布辛貝神殿)

©彭浩誠

在大阿布辛貝神殿旁有一間小型神殿，是拉美西斯二世專為愛妻娜菲塔莉而建，而這也是古埃及唯一一座法老王為妻子興建的神殿！

整體結構與阿布・辛貝神殿相仿，唯獨體積小了許多，6尊雕像分立正面斜壁兩側，各為2尊拉美西斯二世雕像左右護衛著1尊娜菲塔莉雕像，這些雕像高約10公尺，比較特別的是，依據傳統，皇后雕像一律立於法老王腳側膝部以下位置，拉美西斯二世打破規範，賜予皇后娜菲塔莉平起平坐的地位，且在神殿內外多處鐫刻夫妻倆人並列的名號，充分顯示娜菲塔莉對拉美西斯二世的重要性。6尊雕像的腳邊分立皇室子女，它們分別為拉美西斯二世的子女。

神殿內由多柱廊、通廊、聖壇組成，四壁佈滿拉美西斯二世及娜菲塔莉向哈特、瑪特(Maat)、姆特(Mut)、塞蒂斯(Satis)、荷魯斯(Horus)、艾西斯(Isis)、克奴姆(Khnum)、孔蘇(Khonsu)、圖特(Thoth)諸神敬奉鮮花及燃香的情景。北牆及南牆浮雕著拉美西斯二世和娜菲塔莉向哈特敬獻紙莎草，化身為牛的哈特女神乘船航行於紙莎草叢中，畫面精緻動人。

敬獻哈特女神的神廟

多柱廊立有6根石柱，柱頭鑲雕女神哈特(Hathor)的頭像，這一點可以從女性頭像有著牛耳朵瞧出端倪。事實上，如果在進入神殿之前曾仔細觀察聳立於外觀的娜菲塔莉雕像，會發現她頭戴哈特女神的牛角型王冠，此外這座神殿內的多處裝飾細節也和哈特女神相關，顯然小阿布辛貝神殿獻給這位愛和美的女神，也因此又被稱為「哈特神殿」(Temple of Hathor)。

199

亞歷山卓

亞歷山卓●

Alexandria

文●墨刻編輯部
攝影●墨刻攝影組·彭浩誠

在歷史中，亞歷山卓(或稱亞歷山大港)有著不凡的出身。兩千多年前，意氣風發的亞歷山大大帝欽點這處濱海小漁村，作為連結埃及與馬其頓的國都，頂著光環的亞歷山卓就此誕生。

雄才大略的托勒密(Ptolemy)將軍將它建設成足以和羅馬與雅典相互媲美的城市，奠定它成為托勒密王朝文化和政治中心的地位。在羅馬壓境的威脅下，這個末代王朝仍然表現傑出，不僅催生了俯瞰地中海、名列世界七大奇景的法羅斯燈塔(Lighthouse of Alexandria或Pharos Lighthouse)，更創建了博學院(Mouseion，原意為希臘文中的「博物館」)網羅當世優秀的學者，包括數學家阿基米德(Archimedes)、創幾何原理的歐幾里德(Euclid)、歷史學家曼尼多(Manethon)、測出地球圓周近似值的埃拉托斯特尼(Eratosthenes)等共聚一堂，使得亞歷山卓如願的成為科學、哲學、文學的交流中心。

這道光芒一直持續到末代王朝克麗奧佩脫拉女王(Cleopatra)執政時期，最後終究引爆了羅馬難容二虎的妒心，排山倒海的軍隊渡洋而來，克麗奧佩脫拉先後拉攏凱撒、安東尼仍無法挽回頹勢。埃及王朝統治就此終結，成為羅馬的領地，隨後歷經政教衝突、阿拉伯征服，亞歷山卓風華不再。如今的亞歷山卓反而成為一座悠閒的濱海避暑勝地，以和緩的氣候、古典的舊宅、錯亂的巷弄展現另一番動人的面貌。

亞歷山卓之最Top Highlights of Alexandria

奎貝堡

此區曾有座建於西元前300年的巨型燈塔，曾被列為世界七大奇景之一。燈塔坍塌後，馬穆魯克蘇丹奎貝在原址，以燈塔碎石興建了這座碉堡，用以防範土耳其。(P.204)

柯蘇卡法墓

歷史可追溯至西元2世紀，由其形制可知最初可能為一座家族墳墓。此家族依舊採取古埃及祭祀方式，但墓穴的建築及壁畫則為亞歷山卓獨有的希臘羅馬式古埃及藝術。(P.208)

亞歷山卓圖書館

西元前297年，托勒密一世曾於此打造一座圖書館，使這裡成為地中海區域的文化中心，但圖書館於西元前8年遭焚毀。2002年，一座未來感十足的圖書館對外開放，更象徵亞歷山卓的東山再起。(P.206)

羅馬圓形劇場

這座羅馬圓形劇場於1964年由波蘭考古學家發現，經過30年的挖掘，終於清楚呈現過去的面貌。歷史回溯到西元4世紀，屬希臘羅馬時期的典型建築，它是埃及境內碩果僅存的圓形劇場！(P.210)

INFO

基本資訊

人口：約490萬
面積：約2,679平方公里
區域號碼：3

如何前往

◎航空

亞歷山卓有兩座機場，一是位於市區西南方約45公里外的Burg Al-Arab機場，大部份的航班都停靠於此，可搭乘機場巴士前往市區，車程約1小時，也可搭乘計程車前往市區。另一座機場是位於市區東南方約7公里的Nouzha機場，提供國內線班機起降，可搭計程車前往市區。

◎鐵路

亞歷山卓主要火車站有兩處，一是位於Midan Ramla南方約1公里處的Misr火車站(Mahatta Misr)，該火車站位於亞歷山卓市中心，前往各處都很方便，也有電車經過；另一個Sidi Gaber火車站(Mahatta Sidi Gaber)則位於比較東郊，可搭乘電車前往市區。每日有班車火車往返開羅，車程約

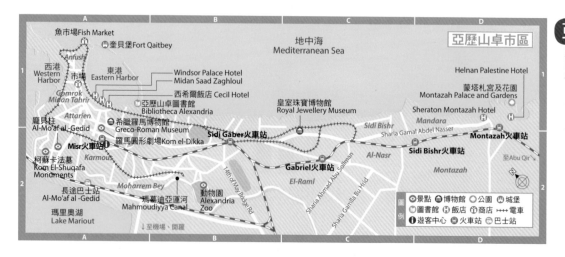

亞歷山卓市區

地名	
魚市場Fish Market	
奎貝堡Fort Qaitbey	
地中海 Mediterranean Sea	

Anfushi
西港 Western Harbor
市場
東港 Eastern Harbor
Gomrok
Attarien
龐貝柱 Al-Mo'af al -Gedid
Misr火車站
柯蘇卡法墓 Kom El-Shuqafa Monuments
Karmous
長途巴士站 Al-Mo'af al -Gedid
瑪里奧湖 Lake Mariout

Windsor Palace Hotel
Midan Saad Zaghloul
西希爾飯店 Cecil Hotel
亞歷山卓圖書館 Bibliotheca Alexandria
希臘羅馬博物館 Greco-Roman Museum
羅馬圓形劇場Kom el-Dikka
Sidi Gaber火車站
Moharrem Bey
瑪慕迪亞運河 Mahmoudiyya Canal
動物園 Alexandria Zoo
↓至機場、開羅

皇室珠寶博物館 Royal Jewellery Museum
Sidi Bishr
Sharia Gamal Abdel Nasser
Mandara
Gabriel火車站
El-Raml
Al-Nasr
Sharia Ahmad Abu Soliman
Sharia Gamila Bu-Hrid

Helnan Palestine Hotel
蒙塔札宮及花園 Montazah Palace and Gardens
Sheraton Montazah Hotel
Montazah火車站
Sidi Bishr火車站
Montazah
至Abu Qir

圖例
景點 博物館 公園 城堡
圖書館 飯店 商店 電車
遊客中心 火車站 巴士站

2.5~3.5小時，火車會先停靠Sidi Gaber火車站後，才抵達位於市中心的Misr火車站，下車前記得先確認清楚。由於發車時刻、票價時有變動，請於搭車前事先詢問鐵路服務台。

◎長途巴士

長途巴士站Al-Mo'af al -Gedid位於Midan Saad Zaghloul以南好幾公里遠處，可以從Misr火車站搭乘迷你巴士前往，或是搭乘計程車前往。

市區交通

◎計程車

亞歷山卓的計程車採議價方式，因此，搭乘前不妨先詢問旅館當地人的合理車資。

◎巴士

市區的巴士總站位於Misr火車站前的Gumhuuriiya廣場，可於此搭乘巴士及迷你巴士。行經Corniche街的迷你巴士最為便利，不過，搭乘前需先確認目的地。

◎電車

電車在亞歷山卓相當於地鐵，是市內相當方捷的交通工具，缺點就是速度慢，藍色電車由市中心往東行駛、黃色電車則行駛往西的路線，營運時間為每日5:30~24:00(夏季延長收班時間至凌晨1:00)，車資依距離遠近而定。

旅遊諮詢

◎旅遊中心Tourist Office

Mahatta Misr

Misr火車站月台

9:00~18:00

女人街購物去

提到購物，一般人會介紹Attarien區，這裡的巷弄裡藏著許多古董店，尤其是在Masjed El Attarien和Ismail Mehana兩條大街交會處，但所謂的古董，主要是1952年政變期間倉促離開的歐洲人遺留的家當。

真正貼近當地風情的商場在Midan Tahrir廣場邊、Ahmed Orabi大街的巷弄裡，曲折的彎巷錯綜複雜，小商舖櫛比鱗次，賣的多是女性相關用品如針線、鈕扣、緞帶、彩珠、內衣、首飾、香料等等，儼然是處「女人街」，每條窄巷都見包著頭巾的婦女摩肩擦踵，在處處只見男性拋頭露面的埃及社會中，能見著這麼多婦女群聚是十分新鮮的景象。

沈浸過往的滄桑歲月

碉堡厚實的外牆搭配數座半圓形塔樓，如今成為遊客漫步賞景和拍照取景的瞭望台，城內主體建築像座城堡縮影，但裡面已空無一物。

1882年英軍砲擊曾重創碉堡，經過兩度整修才使碉堡重現風采，仔細觀察牆面壁間，不難發現曾有的滄桑一直不曾抹滅。

MAP ▶ P.203A1

奎貝堡

MOOK
Choice

Fort Qaitbay

法羅斯塔曾矗立於此

🚋 可搭乘電車或從市區搭計程車前往　⚓ Eastern Harbour　🕘 9:00~19:00　💲 全票150埃鎊、半票75埃鎊

此區曾有座不復存在的燈塔，一度被列為世界七大奇景之一，部份遺跡還殘留於堡壘中。

早在1480年，奎貝堡就矗立於岬角，護衛著亞歷山卓城，它的外觀平凡無奇，出色的是所在位置，西元前3世紀，巨型燈塔「法羅斯燈塔」(Lighthouse of Alexandria或Pharos Lighthouse)就是聳立於此。

西元前300年，就在亞歷山卓海岸邊的法羅斯島(Pharos)上，興建了一座巨大的燈塔，根據

魚市場・炸香魚

亞歷山卓是埃及的防禦北門，也是歷史悠久的漁港，在奎貝堡附近就有一處喧鬧的魚市場，順著魚腥味就能輕易找著。市場規模不大，但人聲鼎沸，一簍簍漁獲清晰的展現亞歷山卓新鮮澎湃的生命力，也宣告了此地的美食主題。

想吃鮮魚很簡單，城裡的大小餐廳都供應這道餐點，漁獲種類很多，但烹調手法單調，只有炸魚及烤魚，但鮮度不必擔心，保證吃不膩。

推斷，這座名留青史的燈塔高約122~135公尺，耗時15年修建，正方形的底層有上百間供工作人員使用的廳房，第二層為八角樓，第三層為圓樓，最頂層架設燈架，燈火射程可遠達50公里，但水力或火力的運用細節還在考查當中。

燈塔的中心是兩座螺旋狀起降機，可利用水力讓燃料運送到頂端，至於頂端的燈更是充滿傳奇，有人認為當時燈塔上裝置了光亮的鋼製鏡子，白天利用太陽反光、夜晚上則是使用火柱，但也有人認為這面鏡子是以透明的玻璃製成。

西元8世紀之後，燈塔已出現老態崩塌，1303年的大地震徹底摧毀了這座創世傑作，一百多年之後，15世紀之時，馬穆魯克蘇丹奎貝在原址利用現成的燈塔碎石，建成了一座碉堡防範土耳其，並以一條名為海波塔斯塔堤翁(Heptastadion)的堤道和本土相連，直到今日，奎貝堡還肩負著守衛之責。

入口處的紅色花崗石來自亞斯文，碉堡旁還有一座大型蓄水池，供圍城時使用，堡壘如今改建成一座海軍軍事博物館，展示從羅馬至拿破崙海戰時期的一些手工武器。

堡壘本身是欣賞亞歷山卓海灣的最佳地點，正好將彎曲的雪白沙灘與不斷湧向沙灘的碎浪盡收眼底，許多釣客和情侶在此駐足，夕陽西下時更是浪漫異常。

亞歷山卓圖書館

Bibliotheca Alexandria

奪回亞歷山卓失去的榮耀

🚗可從市中心搭乘計程車前往 🏠Al-Corniche, Shatby 🕐週日至週四11:00~19:00，週六12:00~16:00，週五休館 💲圖書館與多座博物館套票70埃鎊、半票10埃鎊。僅參觀手抄本博物館全票30埃鎊、半票10埃鎊，古蹟博物館全票50埃鎊、半票25埃鎊 🌐www.bibalex.org

循著濱海大道往東走約1.5公里，一幢未來感十足的建築赫然臨海矗立，這就是展現亞歷山卓東山再起的圖書館。西元前297年，托勒密一世曾打造一座附屬於博學院(Mouseion，原意為希臘文中的「博物館」)的圖書館，配合一系列獎勵學術的推展計劃，使亞歷山卓躋身為地中海區域的文化中心，該圖書館擴展到最後，藏書多達七十萬冊，卻在西元前8年遭到焚毀。

兩千多年之後，亞歷山卓當局再度興起建造圖書館的構想，這項計劃獲得聯合國教科文組織的支持，五百多位建築師競相角逐，最後由挪威建築單位脫穎而出。

新圖書館於2002年對外開放，外觀為一座

尋訪海底古城

亞歷山卓附近的地中海海域蘊藏著豐富的千年古蹟，吸引找門道的考古學家及熱愛古蹟的遊客，許多潛水公司應運而生，推出1日遊、2天1夜、3天2夜、4天3夜甚至7天6夜等潛水行程，有意造訪「埃及豔后」失落古城的遊客，可洽旅遊服務中心代為介紹或安排。

直徑長達160公尺的傾斜圓柱體，斜面鑲嵌玻璃帷幕，總面積達36,770平方公尺，藏書八百萬冊金。除主要閱覽室外，裡頭還附設了手抄本(Manuscript)、古蹟(Antiquities)、科學史(History of Science)等博物館和天文館(Planetarium)，以及多間特殊閱讀室等設施。

MAP ▶ P.203A2

龐貝柱
Pompey's Pillar
塞瑞皮斯信仰的見證

🚶 從Midan Saad Zaghloul搭乘計程車前往約15~20埃鎊 🏠 Amoud il-Sawari ⏰ 9:00~17:00 💲 全票150埃鎊、半票75埃鎊

在托勒密王朝時期，亞歷山卓是希臘人的家，猶太人也不少，至於埃及人則聚居在城西的洛寇提斯區(Rhacotis)，也就是龐貝柱的所在地。

當年的統治者為了傳播希臘文化，同時守護埃及文明，於是創立了「塞瑞皮斯」(Serapis)信

通往傳說的神秘通道

此柱後面另有一條密道，通往傳說中的亞歷山大圖書館(Great Library of Alexandria)的分館，裡頭收藏了大量的卷軸和文獻，供所有前來塞拉潘神殿的人翻閱，使得此地一度成為地中海最重要的宗教和文化中心。

當然，如今除了一些泥土建的階梯與牆壁，裡頭已空無一物。至於地下墓室中出土的聖牛雕像，已移至希臘羅馬博物館中展示。

仰。「Serapis」一詞源自埃及神祇歐西瑞皮斯Osirapis(冥神歐西里斯Osiris與聖牛Apis的結合體)，托勒密一世為其添加希臘諸神的特質，為子民締造了嶄新的守護神，並在洛寇提斯的山丘上建了祭祀「塞瑞皮斯」的塞拉潘神殿(Temple of Serapeum)，遺憾的是，基督徒在政教紛爭中摧毀了一切。

今日留存的遺跡不多，僅餘石柱、兩座花崗岩獅身人面像和充滿傳說的聖牛墓室。巍峨的石柱由整塊粉紅色花崗岩雕成，底部的碑文顯示為紀念羅馬皇帝戴克里先(Diocletian)，與龐貝毫無關係，傳言是到訪的十字軍誤認為龐貝將軍所建而錯誤命名，也有一說與龐貝於西元前48年被凱薩擊敗後來到埃及遭暗殺一事有關，產生了今日的誤會。

戴克里先是羅馬統治時期最後一位親自踏上埃及的皇帝，他即位時，羅馬王朝已經岌岌可危，外界蠻族的侵擾日益嚴重。然而靠著當時大將迪諾西拉丁以靈活移動的軍隊和強大的武力基礎攻陷埃及，從亞歷山卓登陸的羅馬大軍歷經八個月的圍城之役，終於讓亞歷山卓投降。

龐貝柱高25公尺、周長達9公尺，於西元293年豎立在古希臘遺址上，抵達塞拉潘神殿的階梯多達一百階，附近還有一些神聖的圖騰雕塑，如聖牛與人面獅身像，不過如今都已消失。

MAP ▶ P.203A2

柯蘇卡法墓
Catacombs of Kom el-Shuqafa
深埋地底的大型羅馬墓地

🚶 從龐貝柱步行前往約需5分鐘的時間，也可從市區搭乘計程車前往 🕐 9:00~17:00 💲 全票150埃鎊、半票75埃鎊

「Kom el-Shuqafa」原指「財寶丘」，不過，深埋於地底下的不是金銀珍品，而是墓穴。

此區看來像座廢墟，卻蘊藏著埃及目前出土最大的羅馬墓地，其歷史可回溯到西元2世紀，墓主身分不明，由墓室的劃分形式可知最初可能是座家族墳墓，而後卻變成公墓。柯蘇卡法墓從1990年開始挖掘，而這處偉大的發現卻只因一頭驢子不慎跌落洞內而意外曝了光！

長眠於此的家族依舊採取古埃及祭祀方式，其建築與壁畫則結合古埃及與當代技術。儘管祭壇壁畫展現純粹的古埃及風格，但當時參與建造的建築師與藝術家卻都經希臘羅馬藝術的訓練與薰陶，因而形成混合的表現手法，這也是亞歷山卓所獨有的希臘羅馬式古埃及藝術，以雕塑為例，已擺脫古埃及僵直的造型而融入羅馬時期的靈活。

從螺旋狀樓梯緩緩進入地底深處，已完成挖掘工程的包括祭壇、主墳墓、祭祀區與大墓地區。墓內陰暗的螺旋梯是當年運送屍體的通路，中央天井提供照明和通風，第一層經走廊通抵的圓形大廳(Rotunda)，左手邊有一間供喪家用餐的餐室。

從螺旋階梯下行，會先進入一個前廳，廳裡的牆壁與古埃及墓室相同，繪滿死亡世界與埃及神明的圖案，唯獨這些神明長像奇特：換穿羅馬士兵制服、接上蛇尾巴的古埃及阿努比斯神，在這裡成為希臘神話中保護獵人的艾戴多塔門(Adathodaemon)。

此外，也出現混合三個時代的景象，包括羅馬皇帝化身成埃及神奧塞里斯，並向死者獻上供品，旁邊還畫上希臘、羅馬時期的圖案，比起純粹的古埃及圖像，這種融會的繪畫風格，線條較為靈活與柔軟，但卻失去原來的莊嚴與神秘感。

環繞著主要墓室的是一個U型的走道，在走道的轉角處另有一洞穴，這才是主人真正的埋棺處，因為擔心被盜墓，所以故弄玄虛地把棺木設計在隱密的角落。

珍稀的羅馬風情浮雕

第二層的主墓室儘管石棺已空，獨特的壁面浮雕巧妙融合希臘、埃及兩大文化，守門的聖蛇戴著代表上、下埃及的紅白雙冠，持著希臘酒神戴奧尼索斯(Dionysus)的松果權杖，和宙斯使者赫密斯(Hermes)的雙蛇魔杖，頭上還頂著希臘女妖梅杜莎(Medusa)的圓盾，立於墓室內的埃及墓地守護神阿努比斯(Anubis)更採羅馬軍團裝扮，這些奇妙的浮雕使柯蘇卡法墓聲名大噪，而亞歷山卓殘存的羅馬時期風情也只能在此找到。

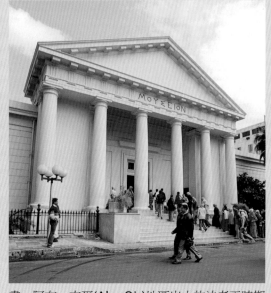

MAP ▶ P.203A1

希臘羅馬博物館

Greco-Roman Museum

彰顯亞歷山卓輝煌歷史

🚗從Midan Saad Zaghloul循Safiyya Zaghloul路往南走，到Al-Huriyya路左轉再走約250公尺即抵 🕐5 Sharia Al-Mathaf al-Roumani ❗該博物館目前進行整修中，確切開放日期請洽當地旅遊中心，整修後展覽廳和展出藏品也可能會有更動

　　希臘羅馬博物館不但紀錄了托勒密王朝時期亞歷山卓的歷史，同時也紀錄了埃及的歷史，1894年，埃及統治者阿巴斯二世(Abbas II)決心催生一座博物館彰顯亞歷山卓輝煌的歷史，並將這個任務交由義大利考古學家波迪(Giuseppe Botti)擔綱，1895年，希臘羅馬博物館順利落成，展覽的文物涵蓋埃及各個重要年代，包括基督教時期的大理石浮雕、雕像，屬科普特藝術的織物、壁畫、石碑，希臘羅馬時期的馬賽克鑲嵌畫，阿布·吉爾(Abu Qir)地區出土的法老王時期文物等等，顯露亞歷山卓昔日的光輝。

牧羊人

　　這件白色大理石雕像雕刻著肩上扛了一頭羊、腳邊跟著兩隻羊的牧羊人，象徵著耶穌基督引領著信徒。這件西元3世紀的文物，發掘於亞歷山卓西方約300公里處的美沙·馬楚(Mersa Matrouh)。

銀杯

　　圖中這件銀杯貼有金箔，杯身裝飾希臘酒神戴奧尼索斯(Donysus)洋的斜臥在葡萄蔓藤中的景象，一群小愛神丘比特(Cupids)拉著葡萄藤，並在一座壓榨器上踩踏著葡萄。

石膏面具

　　館內收藏許多羅馬時期的石膏面具及木乃伊，歷史回溯到西元2世紀，這些彩繪面具按死者形象所繪，舉行喪禮時放置在棺木上。共同特徵是繪有靈活的大眼，迄今色彩仍十分鮮豔。

墓室壁畫

　　這幅墓室出自亞歷山卓西郊墳場，描繪兩頭牛運轉水車灌溉作物的情景，歷史可回溯到西元2~3世紀，十分珍貴。

塞瑞皮斯像

　　西元前305年即位的托勒密一世，為子民們締造了嶄新的守護神「塞瑞皮斯」(Serapis)。這個新創的神祇結合了埃及眾神祇的特質，成功地成為當時埃及最普遍的新興信仰，展館內有多尊塞瑞皮斯的胸像。

阿芙洛蒂像

　　這尊白色大理石雕像是希臘愛與美的女神阿芙洛蒂(Aphrodite)及其子愛神(Eros)，線條流暢、體態柔美。

奧理略雕像

　　身穿戎裝的羅馬皇帝奧理略(Marcus Aurelius)雕像以白色大理石雕刻而成。

羅馬圓形劇場

Kom el-Dikka

埃及僅存的圓形劇場

🚗可從Midan Saad Zaghloul沿An-Nabi Daniel路往南走，到Yousef路後左轉，再走約200公尺即達 🏠Sharia Yousri ⏰9:00~17000 💲羅馬圓形劇場全票150埃鎊、半票75埃鎊

這座圓形劇場於1964年由波蘭考古學家發現，經過約三十年的挖掘，終於清楚呈現過去的面貌。歷史回溯到西元4世紀，屬希臘羅馬時期的典型建築，它是埃及境內碩果僅存的圓形劇場！

劇場在6~7世紀發生的地震中曾遭重創，所幸主要建築並未嚴重受損而留存良好，因此直到今日，劇場的回聲效果仍是一流，站在場中央說話或拍掌，聲音可清晰的傳至後排任一角落，可見設計完美。

此外，還可從建材窺見當時往來頻仍且便利的國際貿易：呈半圓形環抱、可容納近八百名觀眾的13排階梯式觀眾席，以歐洲大理石打造，上層殘留的立柱以亞斯文的花崗岩為材料，還有來自小亞細亞的綠色大理石……這座劇場在托勒密王朝是一座公園，用來觀賞音樂或是摔角表演等休閒。

見識兩千年前大戶人家的排場

劇場東面另有精采的「群鳥府邸」(Villa of Birds) 不容錯過，華美的馬賽克鑲嵌地磚讓人驚艷，鴿子、孔雀、鸚鵡、鵪鶉等鳥類鑲嵌畫栩栩如生，細緻的工藝、精巧的圖案及色彩的配置，展現了西元2世紀大戶人家的排場及美學素養。

MAP ▶ P.203C1

皇室珠寶博物館
Royal Jewellery Museum

館藏及建築皆華麗耀眼

🚋可搭乘2號電車至Qasras-Safa站下車 🏠27 Sharia Ahmed Yehia Pasha, Glymm ⏰9:00~17:00 💲全票180埃鎊、半票90埃鎊

想要一窺亞歷山卓最華麗的一面，便不能錯過皇室珠寶博物館。

前身為法瑪‧札哈拉公主(Princess Fatma Al-Zahra)的府邸，館內收藏了19世紀穆罕默德‧阿里王朝(Muhammad Ali Dynasty)的皇室珍寶，包括繪畫、雕塑和裝飾藝術品，其中又以珠寶首飾最引人注目。穆罕默德‧阿里王朝統治埃及將近150年，1952年埃及發生革命後，倉促離去的皇室留下了大量的珠寶與文物，在妥善的保存下，前總統穆巴拉克於1986年將它們以皇室珠寶博物館的方式對外展示。

博物館的主要展品可分為兩大部分：阿里王朝時期的畫作和國王法魯克與兩任皇后的私人珠寶。畫作以皇室成員肖像畫為主，至於珠寶則包括法魯克國王前後兩任皇后的結婚珠寶、公主的嫁妝和致贈駙馬爺的首飾，皇后結婚珠寶寶石之珍貴與設計之巧思，成為館中最耀眼的收藏。其他還有各國贈送的結婚禮物、皇室日常所使用的物品等等，其中就連咖啡杯與逗弄皇子的搖鼓都是黃金打造，奢華可見一斑。

除了館藏之外，博物館的建築本身也相當有看頭，左側的宮殿原來是一位土耳其貴族的宅邸，捐獻出來成為博物館的一部分，右側則是法魯克國王的舊寢宮，建築物與裝潢風格以義大利巴洛克風格為主，瀰漫著浪漫而華麗的特色，充分表現在雕花的天花板、彩繪的玻璃與粉嫩的房間顏色，尤其是左側宮殿2樓的浴室。

西奈半島及紅海一帶

Sinai Peninsula & Red Sea

文●墨刻編輯部
攝影●墨刻攝影組‧彭浩誠

位於非洲東部和阿拉伯半島之間的紅海，是一片縱橫2,250公里的狹長型陸間海，關於其名稱緣由眾說紛紜，可能來自季節性的大片紅藻，或是附近的紅色沙漠，也可能是民族學中某特定顏色象徵的方位。

無論如何，這片《聖經》中摩西帶領以色列人穿越的「通往自由之路」，隱藏著不少美麗的珊瑚礁群，強烈的地層落差、迥異的海底地質和繽紛的海洋生物，讓紅海近年來成為歐美人士口中絕佳的潛水地點，許多國際連鎖飯店集團紛紛進駐，讓非洲大陸上的胡爾加達和西奈半島上的夏慕雪等小鎮，搖身一變成為熱鬧的濱海避暑勝地。

除此，來到這裡也不能錯過嵌在亞、非兩塊大陸間的西奈半島，這處自古以來無可避免成為不同宗教與民族鬥爭的「戰區」，其最知名的宗教景觀包括摩西獲頒十誡的西奈山，以及希臘東正教修士靜心修養的聖凱瑟琳修道院。

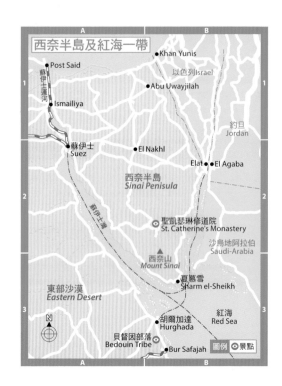

西奈半島及紅海一帶

Khan Yunis
Post Said
以色列 Israel
蘇伊士運河
Abu Uwayjilah
Ismailiya
約旦 Jordan
蘇伊士 Suez
El Nakhl
Elat El Agaba
西奈半島 Sinai Peninsula
蘇伊士灣
聖凱瑟琳修道院 St. Catherine's Monastery
沙烏地阿拉伯 Saudi-Arabia
西奈山 Mount Sinai
夏慕雪 Sharm el-Sheikh
東部沙漠 Eastern Desert
紅海 Red Sea
N
胡爾加達 Hurghada
貝督因部落 Bedouin Tribe
Bur Safajah
圖例 ◉景點

貝督因人

西奈半島主要的居民屬貝督因人(Bedouin)，他們世世代代在沙漠中遊牧維生，人口及部族的數量都難以確定，估算約8~30萬人，分屬於14~27個部族，其中包括駐守在聖凱瑟琳修道院的喬貝利亞(Jebeliya)部族，其祖先受東羅馬皇帝查士丁尼所托，到此修建聖凱瑟琳修道院，自此落地生根，後世子孫因而成為修道院中的一份子。

面對荒野的沙漠，貝督因人培育出嫻熟的求生技能，他們藉由野兔、狐狸尋找水源，善用植物製成草藥醫治蛇、蠍咬傷，並習於對抗險惡的氣候及野狼、鬣狗的侵擾，他們利用口述傳承歷史及經驗，也傳遞好客的天性。

隨著西奈半島沿海城鎮的過度開發，貝督因人遊牧的環境受到排擠及破壞，而遊客的好奇心，促使「探訪貝督因」成為新興的旅遊項目，當地人供應餐點、在營火邊起舞娛賓，並出售刺繡長袍、駱駝毛織毯及綴滿錢幣的傳統面罩……昔日靠天倚地吃飯的傳統民族，不可避免的也逐漸因觀光而「世俗化」。

MAP ▶ P.213B3

胡爾加達

MOOK Choice

Hurghada

歐美遊客喜愛的度假勝地

🚌 Super Jet Co.巴士公司(www.superjet.com.eg/home)和 Go Bus巴士公司(go-bus.com)均提供往來於開羅和胡爾加達的巴士，車程約6~7小時，建議事先查詢時間與購票 🔆位於紅海沿岸

玻璃船Sindbad Submarine
🏠 1 Mohamed Said St, Hurghada, Red Sea 📞065-340 4228 🌐www.sindbadclub.com/experiences

位於開羅東南方的胡爾加達，是紅海沿岸繼蘇伊士(Suez)之後的第二大城，同時也是當地最知名的濱海度假勝地，由於擁有世界級的礁岩和全年溫暖和煦的氣候，讓它在短短的二、三十年間，躍升為歐美人士眼中的潛水和避寒勝地，於是一座座度假村如雨後春筍般出現，每年冬天，

來自義大利、德國和俄羅斯的旅客更將此地的沙灘點綴得熱鬧非凡。

距離沙漠不過咫尺之遙的胡爾加達，延伸著長達36公里的美麗沙灘，昔日由幾個部族組成的小漁村，度過了漫長且寧靜生活，然而紅海底下蘊藏的美麗珊瑚礁和熱帶魚等海洋生態，使它在1980年代開始吸引潛水客和大批遊客的湧入，逐漸發展成今日分為3個區塊的城鎮，由北往南分別為El Dahar、Sekalla和El Memsha。

El Dahar是城市鬧區，也是胡爾加達最古老的區域，自然也是當地最具埃及氛圍的地方，大大小小的街道串連成趣，上演著熱鬧的市集場景，郵局和長途巴士站等均位於此區；Sekalla以一座名為Gebel al-Dahar的沙岩高原和El Dahar為界，它是胡爾加達今日的市中心，快速發達的它只見一座座度假旅館緊密相鄰；位於沿海路的

El Memsha則是高級度假村的天下，相較之下Sekalla顯得比較親民，這塊西方遊客出入常駐的區域裡，還有著洋溢西方風情的購物中心。

胡爾加達每年日曬時間長達3,800小時，夏天天氣炙熱，到了冬天溫和舒適，即使到了12月平均日照時間仍長達9小時，平均氣溫更在12~22℃，對歐美遊客來說無疑是消磨冬日時光的絕佳去處，他們前來住上一段時間，盡情享受當地的亞熱帶沙漠氣候，有時搭乘長途巴士前往尼羅河谷地拜訪法老王的遺跡。

不過也因為太多遊客的「入侵」，胡爾加達一帶的珊瑚礁和海底生態面臨破壞的命運，所幸1992年創立的胡爾加達環境保護和管理協會(Hurghada Environemental Protection & Conservat ion Associat ion，簡稱HEPCA)和2009年接手的非政府組織(Non-Governmental Organization，簡稱NGO)的號召與維護，喚起人們的注重意識，才使得情況獲得改善。

多樣活動瘋玩天堂

潛水並不是唯一觀賞當地海洋生態的方式，如果不想濕身，可以前往位於El Dahar的水族館(Aquarium)，或是搭乘玻璃船Sindbad Submarine，深入海底25公尺深處，同樣能近距離感受海底奇觀。

除了水上和水底活動外，搭乘四輪驅動車(4WD)奔馳於沙漠也是胡爾加達的熱門活動之一，其中包含拜訪貝督因部落，除瞭解貝督因人生活型態、品嚐以駱駝糞為燃料烤出的餅外，還能選購獨具特色的手工藝品。

聖凱瑟琳修道院

St. Catherine's Monastery

列為世界遺產的古老修道院

🌏 開羅的旅行社或西奈沿岸度假小鎮均有前往聖凱瑟琳修道院的套裝行程，是參觀此地最方便的方式。🕐 位於西奈半島南部的中央位置 🕐 週一至週四和週六9:00~11:30，週五、週日及東正教宗教節日不開放。 💲 進入修道院無須門票，但其他特展則須另外付費，費用視特展而異。🌐 www.sinaimonastery.com ❶ 1.修道院的外圍停車場邊設有觀光警察檢查哨，訪客須憑護照登記個人資料；2.由觀光警察檢查哨至修道院步行約10分鐘；3.訪客需注意服裝整齊，不可穿著無袖上衣或短褲、短裙；4.修道院不盡然會依時開放，訪客要有心理準備。

早在修道院建立之前，已有許多基督徒湧進西奈半島，泰半是為了躲避羅馬君主的迫害，避居到這塊《聖經》所提及的聖地清貧修行。

直到西元4世紀，在君士坦丁大帝(Constantine the Great)祖護的羽翼下，基督教徒得到前所未有的自由與發展，皇太后海倫娜(Helena)更在修道院現址興建了座小教堂，成為希臘東正教修士靜心修行的庇護所。

西元6世紀之後，東羅馬皇帝查士丁尼(Justinian)成為另一個扭轉西奈半島歷史的關鍵人物，他命人採集花崗岩疊砌出堅實高聳的城牆，並將小教堂擴建成今日所見規模，使修士們的生活得到實質的保障。隨後，修士們在後堂拱頂添製一幅《基督變容》(Transfiguration)馬賽克鑲嵌畫，教堂因而正名為「救世主基督變容教堂」(Church of the Transfiguration of the Savior Christ)，一直到聖凱瑟琳遺體被發現，教堂才有了今日的名稱。

聖凱瑟琳於西元294年誕生於亞歷山大港，她

因虔誠信奉基督教而殉難。據傳，天使於是將她的遺體移至西奈半島的最高峰(現今這座高峰即命名為凱瑟琳山)。三個世紀之後，一名修士發現了聖凱瑟琳完好如初的遺體，並將之運回修道院安置。聖凱瑟琳殉教事蹟經由十字軍傳入了西方，使修道院成為信徒朝聖的聖地！

而後修道院歷經阿拉伯、鄂圖曼土耳其以及拿破崙等政權輪替，該修道院始終以其崇高的地位超脫政治的統轄，維持著唯我獨尊的姿態，它不僅見證了千百年來政權交替，更刻劃出東正教在埃及的傳播痕跡。懷抱著任何目的前來的訪客都必須牢記，這是一座依然謹守修道戒律的院所，因此，開放參觀的地點及時間都嚴格受限。訪客鑽進窄小的入口，參觀部分有限。人潮擁擠在所難免，禮讓是必要的朝聖禮儀。

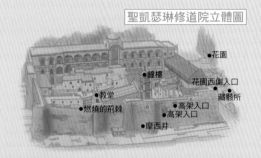

聖凱瑟琳修道院立體圖

花園
鐘樓
花園西側入口
藏骸所
教堂
燃燒的荊棘
高架入口
高架入口
摩西井

高架入口

這是早期對外聯繫的唯一通道，人和物品都得裝入籃子靠滑輪拉上入口。

鐘樓

這棟鐘樓是由修士興建於1871年，樓內懸掛的9座鐘是俄羅斯沙皇所贈，現今只在宗教節日時敲響。

教堂

這座教堂是由打造城牆的建築師於西元542年建造，並與海倫娜皇后所建的小教堂融合成一體。留存至今的木門、聖像、廊柱已逾1,400年歷史，後堂半圓室拱頂保有「基督變容」馬賽克圖，居中為基督、摩西、以利亞、聖彼得、聖約翰及聖雅各，四周環有12使徒像，每當清晨陽光射入，景象就宛如《馬太福音》所載：「基督面容燦如日，衣服白如光」。

摩西井

緊依城牆的這座井是修道院的主要水源，傳說摩西就是在此遇見為羊群打水的Zipporah，她後來成為摩西的妻子。

燃燒的荊棘

根據《聖經·出埃及記》第三章記載，上帝顯現在燃燒的荊棘火焰中，訓令摩西帶領子民離開埃及，這株長綠樹木據說就是該荊棘的分枝。

西側入口

這道入口設有三道鐵門，並不對遊客開放。一旁另有一道已封閉的入口，入口上方還保有傾倒口，作戰時可將沸油淋下，阻擋入侵者。

花園

在貧瘠的花崗岩山腳下所闢建的這座花園，全賴修士們自行運土、灌溉而成。園中種有橄欖樹、蔬菜及杏樹、李樹等，並設有基地埋葬修士。

藏骸所

修士們去世後，先葬於花園內的基地，而後再將骨骸挖出，安置在這所藏骸所內。屋內的頭顱骨堆積如山，包括一具身著黑色法衣的骨骸，為6世紀的修士斯蒂法諾(Stephanos)。

MAP ▶ P.213B2,B3

西奈山
Mount Sinai
聖經中摩西接受十誡之處

📍開羅的旅行社或西奈沿岸度假小鎮均有前往聖凱瑟琳修道院和西奈山的套裝行程，是參觀此地最方便的方式。🏠位於聖凱瑟琳修道院南方 ❗循坡路上山並不難行，要注意的是掌控往返時間，旅行社多半安排在鄰近區域住宿，於凌晨兩、三點登頂觀日出，這項活動很受歡迎，但因環境荒涼，切記不要單獨摸黑登山，而且記得備妥禦寒衣物、水及手電筒。

　　海拔高度2,285公尺的西奈山，據傳就是聖經中摩西從上帝手中接受《十誡》之處，因此又名「摩西山」（Mt. Moses，即當地人稱的Gebel Musa），聖凱瑟琳修道院的修士則敬稱它為「聖峰」（Holy Peak）。

　　從聖凱瑟琳修道院攀登西奈山有兩條路徑，一條是由懺悔的苦行修士鋪砌的石階，距離較短，但3,750級石階非一般人的腳力所能負荷，另一條較平坦的路徑是19世紀所闢的坡路，步行約兩

小時，駱駝載客也是循此步徑上山，適合一般大眾健行。

　　山頂建有一座以利亞禮拜堂，據傳，上帝就是在小禮拜堂後方的山洞曉諭摩西。從山頂遠眺，西奈山景一覽無遺，景色空靈絕美，值得登高靜賞。

MAP ▶ P.213B3

夏慕雪
Sharm el-Sheikh
滿足潛水迷的渴望

📍開羅每日都有航班飛往夏慕雪，夏慕雪機場（http://sharm-el-sheikh-airport.com）位於納瑪灣以北約18公里處，另外也可從開羅搭乘Go Bus巴士公司（go-bus.com）前往夏慕雪，車程約6~8小時，須事先訂票，夏慕雪的長途巴士站就位於納瑪灣附近。🏠位於西奈半島的最南端 ❗夏慕雪活動項目繁多，商家因競爭激烈常會打折推出優惠價，因此，不妨多方詢問。

　　今日所稱的夏慕雪，劃分為瑪亞灣（Sharm al-Maya）和納瑪灣（Na' ama Bay）兩處海灣區，傍著瑪亞灣的夏慕雪舊鎮，是以色列人於1967~1982年佔領西奈半島時所開發的小鎮，今日還留存一些平價飯店、咖啡館及市場。相距約6公里的納瑪灣，是1980年代才崛起的度假勝地，國際連鎖五星級飯店沿著灣整齊排列，門面華美的商場與高級餐廳錯落於濱海步道兩側，毫不掩飾本區客層非富即貴的身份。

　　事實上，納瑪灣動人的魅力全架構在璀璨的珊瑚礁群之上，一百五十多種珊瑚及一千多種海中生物，使此地成為熱門的潛水景點，許多潛水中心提供水肺深潛、浮潛所需的器具及短期課程，每日有船班航向不同的潛點，滿足潛水迷的渴望。

　　不諳潛水的遊客，可選擇衝浪、風浪板、滑水、帆船、拖曳傘、玻璃船、四輪越野摩托車、騎馬、騎駱駝或拜訪貝督因人等遊程，否則就與歐洲人一起躺在艷陽下享受與日光的相擁。

The Savvy Traveler
聰明旅行家

基本資訊

埃及

◎**正式國名**：阿拉伯埃及共和國(The Arab Republic of Egypt)

◎**地理位置**：埃及北鄰地中海、東臨紅海，主要國土位於非洲東北邊，另以西奈半島涉足亞洲。由東往西分別與巴勒斯坦、以色列、蘇丹和利比亞交界。

◎**地理環境**：埃及領土呈不規則的四方形，東西最寬距離為1,240公里，南北最長距離為1,024公里，地勢平緩，沙漠面積約佔全國總面積95%。地理環境約分為尼羅河流域、西部沙漠區、東部沙漠區及西奈半島等四大區域。尼羅河流域以開羅為中心，開羅以南為綠色帶狀綠洲，開羅以北至亞歷山卓為三角洲沖積平原，是人口最密集的區域。

尼羅河以西為利比亞沙漠，面積廣達681,000平方公里，約佔埃及總面積的2/3，主要由砂岩及石灰岩構成，逢有地下水的窪地才形成綠洲。尼羅河以東為直逼紅海之濱的阿拉伯沙漠，水源相當缺乏。西奈半島突出於紅海，北部多沙丘，南部為高原地形，富含鹽分的紅海，提供精彩的珊瑚景觀及豐沛的海中生物。

◎**面積**：約1,001,450平方公里

◎**人口**：約107,770,000人

◎**首都**：開羅(Cairo)

◎**宗教**：90%以上的人口信奉伊斯蘭教，主要屬遜尼教派，其他人口信奉科普特基督教(Coptic Christianity)及其他宗教。

◎**種族**：埃及人、貝督因人及柏柏爾人占99%，希臘人、努比亞人、亞美尼亞人、義大利人和法國人後裔占1%。

◎**語言**：官方語言為阿拉伯語，觀光區大多可通英語，有些店家甚至可用中文議價。遊客雖不必熟稔阿拉伯語，但是可以試著讀懂旅遊中接觸較頻繁的數字。

阿拉伯語數字對照表							
١	1	١٠	10	١٩	19	٨٠	80
٢	2	١١	11	٢٠	20	٩٠	90
٣	3	١٢	12	٢١	21	١٠٠	100
٤	4	١٣	13	٢٢	22	٢٠٠	200
٥	5	١٤	14	٣٠	30	٣٠٠	300
٦	6	١٥	15	٤٠	40	٤٠٠	400
٧	7	١٦	16	٥٠	50	١٠٠٠	1000
٨	8	١٧	17	٦٠	60		
٩	9	١٨	18	٧٠	70		

簽證辦理

　　埃及的觀光簽證採落地簽證及線上電子簽證(e-visa)兩種方式,採落地簽證只需在開羅機場入關前備妥6個月以上效期之中華民國護照、來回機票證明、彩色照片1張、已填妥之入境卡,並向移民護照關口前的櫃台繳費即可。

　　採申請線上電子簽證者,上網(www.visa2egypt.gov.eg)填妥資料,以信用卡支付簽證費,約1~5天可收到回覆的郵件,建議將電子簽證列印出來以備查詢。

　　單次入境簽證費用為25美金、多次入境為60美金。

　　觀光簽證的效期為30天,逾期必須親赴各城市的簽證處辦理加簽手續。如果出發前就已知道自己停留埃及的時間會超過30天,建議行前辦妥簽證,不過埃及在台灣並未設立辦事處,因此,必須將證件轉送香港辦理。

埃及駐香港領事館
🏠 香港銅鑼灣告士打道225~227號信和廣場22樓1室
📞 +852-2827 0668
📠 +852-2827 2100
@ consulate.hongkong@mfa.gov.eg

◎駐約旦臺北經濟文化代表處
Taipei Economic and Cultural Office
🏠 No. 18, Iritiria Street, Um Uthaina, Amman, Jordan
📞 +962-6-5544426,緊急電話+962-79-5552605
📠 +962-6-5544434
🕐 週日至週四9:00~18:00
🌐 www.roc-taiwan.org/jo

旅遊諮詢

◎埃及旅遊局官方網站
🌐 www.egypt.travel

飛航資訊

　　台灣目前沒有直飛埃及的航班,均必須由第三地轉機,國人較常使用的航空公司包括阿聯酋航空、土耳其航空、新加坡航空等,詳情可洽航空公司或各大旅

台灣飛往埃及主要航空公司

航空公司	飛行城市	網址
阿聯酋航空	台北經杜拜至開羅	www.emirates.com
土耳其航空	台北經伊斯坦堡至開羅	www.turkishairlines.com
新加坡航空	台北經新加坡、杜拜至開羅	www.singaporeair.com
埃及航空	開羅至亞歷山卓、路克索、亞斯文,亞斯文至阿布辛貝	www.egyptair.com

行社。若不知如何選擇航空公司,建議善用機票比價網站Skyscanner (網址:www.skyscanner.com.tw),填寫出發、目的地及時間後,可選擇只要直達班機或轉機1~2次,網站上會詳細列出所有票價比較、飛航時間及提供服務的航空公司組合。

　　埃及國內航線基本上由埃及航空營運,無論是票價或航班常因淡旺季而劇烈變化。搭機的遊客要注意,每逢10月到隔年3月這段旅遊旺季期間,國際段與國內段的班機都常客滿,尤其是亞斯文和阿布辛貝之間的航班很受歡迎,建議提前訂位及開票。

鐵路交通

　　埃及的鐵路網絡由昔日統治的英國人興建，長度達五千公里，幾乎涵蓋亞歷山卓到亞斯文之間的主要城鎮，唯獨西奈半島除外。埃及火車系統較為老舊，因此不及搭乘豪華長途巴士舒服，不過沒有塞車的困擾，尤其是針對開羅及其附近城市的交通。

　　火車等級分為有空調與無空調兩類，有空調的列車掛有臥舖車廂、頭等車廂、二等車廂，無空調列車掛有二等普通車廂及最便宜的三等車廂。

　　遊客往返開羅與路克索、亞斯文之間，多選擇安全便捷的空調臥舖列車，臥舖列車供應餐食，會由車掌為乘客送至包廂，車掌也會將包廂內的座椅更換為臥舖形式，也備有毯子供旅客使用。如果衛生習慣比較講究的朋友，可以自備毯子或大浴巾。

　　如果選擇搭乘火車，為確保舖位或座位，預約是必要的手續，尤其若逢重要的伊蘭斯節日，要記得提前一週預約。

臥舖火車服務

🌐abelatrains.com/Home(可查詢時刻表和預訂)

©彭浩誠

公路交通

　　埃及公路北至亞歷山卓、南至阿布辛貝神殿、東至西奈半島、西至綠洲，四通八達，在境內形成交通網，因此，搭乘長途巴士幾乎可在埃及各地暢行無阻，加上票價便宜，因而為許多旅客所採用，尤其是尼羅河谷地一帶，除非包車，否則巴士通常是最好的選擇。不過，長途巴士的班次、時刻、票價等經常無預警的變動，乘客最好在搭車的前1~2日到車站查詢最新的狀況。

　　巴士分為豪華和一般巴士兩種，豪華巴士有空調，座位空間也不會過於狹窄，行駛於開羅、亞歷山卓、蘇伊士、胡爾加達和路克索等大城和知名景區。至於一般巴士，行駛距離通常較短，票價較便宜，當然也比較不舒適。要注意的是，購買熱門地區的車票，建議提前1~2日預約。目前埃及主要的大型巴士公司共有5家，分別經營不同的路線。

Go Bus：前身為El Gouna，經營開羅往返亞歷山卓、紅海沿岸、路克索及胡爾加達等路線。費用依據班次、等級而異，可在線上訂位。

🌐go-bus.com

Super Jet：經營開羅往返亞歷山卓、路克索、胡爾加達、夏慕雪的路線。

🌐www.superjet.com.eg/home

Upper Egypt Bus Co.：經營路線的區域包括開羅以南的尼羅河谷地區、紅海沿岸及綠洲。

East Delta Bus Co.：經營路線包括開羅通往西奈半島及蘇伊士運河地區。

West & Mid Delta Bus Co.：經營包括亞歷山卓在內的尼羅河三角洲地區和西部的西瓦綠洲。

旅遊資訊

時差

　　台灣時間減6小時為埃及當地時間，夏令時間(4月最後一個週五至10月最後一個週四)台灣時間減5小時為埃及當地時間。

電壓 220V，採雙圓頭插座。

貨幣及匯率

　　埃及幣制單位為埃鎊，簡稱E£(有些商家寫成

LE)，E£1約等於新台幣1.02元(2023年12月)，近年埃鎊改採浮動匯率，貨幣大幅貶值，由於匯率波動大，請以實際為準。

紙鈔面額有E£200、E£100、E£50、E£20、E£10、E£5、E£1，以及50pt、25pt、10pt、5pt。硬幣有E£1、50pt、25pt、10pt、5pt。(註：E£1＝100 piasters)

兌幣

遊客可在機場、大型飯店及主要銀行兌換埃及鎊，上述兌幣處的匯率相差很大，加上各大城市黑市橫行，匯率混亂，為確保安全，請勿與黑市交易。機場的匯率較差，可先兌換小額埃鎊以支付進入市區的車費，進入市區後，經過匯率比較再擇優兌幣。

由於埃及物價不算高，一般來說無須一次兌換太多埃鎊，不妨每次以50美金或100美金為單位作兌換。大面額的紙鈔使用機會不高，兌換時盡量以小面額為主。由於近年埃及匯率波動大，當地商家甚至更喜歡收美金，因此其實不用兌換太多埃鎊，也可以免去換太多埃鎊花不完的苦惱。

旅行支票

旅行支票在主要銀行均可兌換，但為確保兌幣無虞，建議購買Thomas Cook或American Express，這兩種旅行支票的發行銀行在開羅、亞歷山卓、路克索、亞斯文都設有分行，便於旅客兌幣。

信用卡

多數的五星級飯店、高級餐廳、航空公司及高價商品商店都接收信用卡，但除此之外，一般用餐、住宿、購物、在景區活動仍只通行現金。

小費

埃及是個什麼都要小費的國家，因此常讓遊客大傷腦筋。住宿飯店的床頭小費和行李搬送費通常為1美金，其他像是搭乘馬車或是騎駱駝，即使談好價錢，也常常事後被索取小費，因此最好在議價前談妥含小費的費用。

廁所

在埃及，連各大景點附設的廁所都需另外付費，唯獨開羅的埃及博物館例外，費用約為E£1~3。

電話

從埃及打到台灣：00-886-x（區域號碼去掉0）-xxxxxxxx

從台灣打到埃及：002-20-x(區域號碼去掉0)-xxxx xxxx (7~8碼電話號碼)

埃及各地區域號碼：開羅為2、亞歷山卓為3、路克索為95、亞斯文為97、西奈半島及夏慕雪為69。

衣著

儘管埃及是國際熱門的旅遊地，但因多數人民信奉伊斯蘭教，民情還是相當保守，因此女性前往埃及旅遊，除在濱海度假區的度假村中或尼羅河的遊輪上，盡量避免穿著過於暴露的衣物，特別是前往清真寺和教堂參觀時，切記千萬不可穿著背心或短褲。

埃及 Egypt

MOOK NEWAction no.81

U0020570

作者
朱月華・墨刻編輯部

攝影
墨刻攝影組・彭浩誠

編輯
朱月華

美術設計
李英娟・董嘉惠 (特約)

地圖繪製
Nina (特約)・墨刻編輯部

出版公司
墨刻出版股份有限公司
地址：台北市104民生東路二段141號9樓
電話：886-2-2500-7008
傳真：886-2-2500-7796
E-mail：mook_service@cph.com.tw
讀者服務：readerservice@cph.com.tw
墨刻官網：www.mook.com.tw

發行公司
英屬蓋曼群島商家庭傳媒股份有限公司城邦分公司
地址：台北市104民生東路二段141號2樓
電話：886-2-2500-7718　886-2-2500-7719
傳真：886-2-2500-1990　886-2-2500-1991
城邦讀書花園：www.cite.com.tw
劃撥：19863813
戶名：書虫股份有限公司

香港發行所
城邦(香港)出版集團有限公司
地址：香港九龍九龍城土瓜灣道86號順聯工業大廈6樓A室
電話：852-2508-6231
傳真：852-2578-9337

馬新發行所
城邦(馬新)出版集團 Cite (M) Sdn Bhd
地址：41, Jalan Radin Anum, Bandar Baru Sri Petaling, 57000
Kuala Lumpur, Malaysia.
電話：(603)90563833
傳真：(603)90576622
E-mail：services@cite.my

製版・印刷
藝樺設計有限公司・漾格科技股份有限公司

經銷商
聯合發行股份有限公司（電話：886-2-29178022）
誠品股份有限公司
金世盟實業股份有限公司

城邦書號
KV3081

定價
450元

ISBN
978-986-289-968-7・978-986-289-967-0(EPUB)
2024年1月初版

首席執行長　Chief Executive Officer
何飛鵬　Feipong Ho

生活旅遊事業總經理暨墨刻出版社長　PCH Group President & Mook Managing Director
李淑霞　Kelly Lee

總編輯　Editor in Chief
汪雨菁　Eugenia Uang

資深主編　Senior Managing Editor
呂宛霖　Donna Lu

編輯　Editor
趙思語・唐德容・陳楷琪・王藝霏・林昱霖
Yuyu Chew, Tejung Tang, Cathy Chen, Wang Yi Fei, Lin Yu Lin

資深美術設計主任　Senior Chief Designer
羅婕云　Jie-Yun Luo

資深美術設計　Senior Designer
李英娟　Rebecca Lee

影音企劃執行　Digital Planning Executive
邱茗晨　Mingchen Chiu

資深業務經理　Senior Advertising Manager
詹顏嘉　Jessie Jan

業務經理　Advertising Manager
劉玫玟　Karen Liu

業務專員　Advertising Specialist
程麒　Teresa Cheng

行銷企畫經理　Marketing Manager
呂妙君　Cloud Lu

行銷企畫專員　Marketing Specialist
許立心　Sandra Hsu

業務行政專員　Marketing & Advertising Specialist
呂瑜珊　Cindy Lu

印務部經理　Printing Dept. Manager
王竟為　Jing Wei Wan

國家圖書館出版品預行編目資料

埃及 /朱月華 / 墨刻編輯部作. -- 初版. -- 臺北市：墨刻出版股份有
限公司：英屬蓋曼群島商家庭傳媒股份有限公司城邦分公司發行,
2024.01
224面； 16.8×23公分. -- (自遊自在New action；81)
ISBN978-986-289-968-7(平裝)
1.CST: 旅遊 2.CST: 埃及
761.89　　　112020107

墨刻整合傳媒廣告團隊

提供全方位廣告、數位、影音、代編、出版、行銷等服務
為您創造最佳效益
歡迎與我們聯繫：mook_service@mook.com.tw